英语教育研究方法与论文写作的
多维度阐释

李小芳——著

中国书籍出版社
China Book Press

图书在版编目(CIP)数据

英语教育研究方法与论文写作的多维度阐释／李小
芳著. -- 北京：中国书籍出版社，2020.9
　ISBN 978-7-5068-8024-4

　Ⅰ．①英… Ⅱ．①李… Ⅲ．①英语—教学研究②英语
—论文—写作—研究 Ⅳ．①H319.3②H315

中国版本图书馆 CIP 数据核字(2020)第 189124 号

英语教育研究方法与论文写作的多维度阐释

李小芳　著

图书策划	成晓春
责任编辑	毕　磊
责任印制	孙马飞　马　芝
封面设计	王　斌
出版发行	中国书籍出版社
地　　址	北京市丰台区三路居路 97 号(邮编:100073)
电　　话	(010)52257143(总编室)　(010)52257140(发行部)
电子邮箱	eo@chinabp.com.cn
经　　销	全国新华书店
印　　厂	三河市明华印务有限公司
开　　本	710 毫米×1000 毫米　1/16
字　　数	403 千字
印　　张	22.5
版　　次	2021 年 6 月第 1 版　2021 年 6 月第 1 次印刷
书　　号	ISBN 978-7-5068-8024-4
定　　价	78.00 元

前　言

　　随着科技的飞速发展及国际交流的日益增多,人们对外语教育及外语科研的重视程度日益提升。外语教学科研水平也受到了人们的普遍关注。近年来,关于外语教育科研方法这个课题有越来越多专家学者对其进行研究,并相继发表一些学术成果。但这并不意味着没有继续研究的必要。从大的方面讲,相对其他学科,外语科研还比较薄弱,其中最重要的一个原因是许多外语教育工作者没有掌握科学的研究方法。在作者多年"外语教育科研方法"课程授课的基础上,为了让更多的外语教学工作者多角度掌握外语教学科研方法,尤其是掌握基本的科研论文写作要点,作者撰写了本书。

　　本书内容共分两个部分。第一部分包括前五章内容。第一章主要围绕外语教育科研进行大致阐述,内容包括科研的概念与分类,外语教育科研的特点、模式等。第二章为文献阅读,对外语教育研究中如何阅读、查找文献做了具体探讨,内容包括文献检索、文献管理、检索网站、如何读文献等。第三、四、五章,侧重介绍了个案研究、实验研究和调查研究,内容包括每种研究方法的定义、特点、数据收集、数据分析等。第二部分包括第六章到第十一章,主要介绍科研论文的写作,内容包括论文结构、引言、文献综述、研究方法、结果分析与讨论及结论;在每章的撰写中,首先对写作要领、内容、方法等进行了详细介绍,然后通过引用期刊论文和硕士论文案例来具体说明,最后介绍本章英文论文写作中的语法(时态、语态)及以英汉两种形式对常用句式及句型进行了列举及总结。

总体来讲,书中内容翔实,条理清晰,与时俱进,具有较强的理论性、实用性及学术价值。本书力图深入浅出地对外语教育科研方法进行阐析,以激发读者的阅读兴趣,增强读者对外语教育科研方法方面的认识,并起到抛砖引玉的作用。

本书是在参考大量文献的基础上,结合作者多年的教学与研究经验撰写而成的。在本书的撰写过程中,作者得到了许多专家学者的帮助,惠霞老师为本书的撰写提供了资料,并进行了整理、归纳等,引用了一些学者的论文或资料,如文秋芳、白丽茹、Dr. John Morley 等,在这里表示真诚的感谢。另外,由于作者的水平有限,虽然经过了反复的修改,但是书中仍然不免会有疏漏与不足,请广大读者给予批评与指正。

作者

2020 年 6 月

目　录

第一章 概述

随着全球化的发展，国际政治、经济、文化和技术合作项目越来越多，参与者的全面较高的素质将是其成功的重要保证，其中很重要的一部分就是人们的语言和文化素质。在社会对知识结构不断提出新要求的今天，学习外语就成了当代社会发展的必然要求，是现代人应必备的一种基本素质。

随着教学模式、学习模式的改变，教师认知和学生认知都会发生变化，科研的方向和重点（题目、领域、所跨学科）也会产生根本性的改变。外语教育对学习者的认知能力和语言行为的发展起到一定的促进作用，使学习者多方面、多角度观察和思考世界，从而更好地理解世界。

第一节 基本概念

在讲研究方法之前，先讲什么叫研究。提到"研究"这个词，很多人把它神秘化，认为只有穿着白大褂、戴着高度近视镜的专家们在实验室里干的活才算是研究。其实不然，研究就在我们身边，渗透在人们日常生活和思维之中。

一、研究的概念

在很多情况下，科研一般是指利用科研手段和装备，为了认识客观事物的内在本质和运动规律而进行的调查研究、实验、试制等一系列活动，为创造发明新产品和新技术提供理论依据。科学研究的基本任务就是探索、认识未知。

日常生活中常有难以解释的现象，我们自觉、不自觉地就提出问题，提出假设，然后通过观察、分析、提问、实验等手段，来检验假设。一个假设被推翻，又提出第二个假设；第二个假设被否定，再提出第三个，直到得到一个满意的解释。我们每一个人都有过自问自答的经历，自问自答实际上就是爱因斯坦所说的"思维中的实验"。在外语学习过程中，这种"猜测"（假设）现象就更多。对一个词义、一个语法现象，不知要"猜测"多少次，推翻多少个"假说"，最后才敢说学会了一点东西。乔姆斯基等人认为，习得第二语言语法的过程就是不断进行假设检验的过程。

我们外语教师最常遇到的问题就是为什么有些学生学得好，有的就差一些。再如，为什么有些语言现象容易学、有些难学……？我们如何认识、解释这些问题？我们可以有多种方法，但是迄今为止最可靠的还是采用科学的研究方法，尽管它还有这样那样的局限性或不足。

应用语言学研究者 E. Hatch&H. Farhad（1982）将"研究"定义为："用系统方法探求问题的答案"（a systematic approach to finding arswers to questions）。这个定义涵盖了研究的 3 个要素：问题（questions）系统方法（a systematic approach）和答案（answers）。本书将采用"研究是用有组织的系统方法探求问题的答案"（Research is the organized, systematic search for answers to the questions we ask）。正是因为有问题，我们才需要去解决问题，但是解决问题的手段是有组织的、系统的，只有这样，最终才能得到满意或合理的答案。有了研究的问题，并不能自动产生系统的研究方法，没有系统的方法自然不会得到有效的答案。

这种态度引发了几个有趣的问题。提及系统性可能意味着应用连贯的理论，但它更可能意味着使用一种或多或少经过精心策划的方法来进行研究。我们说的系统指它有一套理论和标准做法为指导，积累了一套行之有效的规矩。它之所以不同于我们日常的"研究"，是因为每一步都有一定的规则。比如观察，要保证系统、全面、客观，就要用特定方法收集材料，而且是特定人群的某方面的材料；研究要有步骤、有统计程序；解释也要有特定理论框架作指导，并与其他理论和框架开展对话。

相信研究是建立在数据基础上的，这就产生了关于什么才是真正数据的问题。所以，也可能是数字、陈述、问卷回答、错误、学习者语言，也可能是图片、电影、视频、录音甚至是感觉和情感遭遇。

客观性通常是指研究者的行动或判断的不渗透性，也就是不依赖于被研究者的意愿或希望的外部现实。传统定量研究的大部分方法都是为了确保研究的结果和解释对真正做研究的人有好处。客观性还表明，从一个研究环境中获得的那些结果和解释将适用于其他研究环境，因此客观性和概括性是密切相关的。

常识往往是我们进行研究的出发点，研究到后来也许证实了常识的正确性，也许推翻或修正了常识。比如埃利斯（Ellis，2005）是著名应用语言学家，他提出的二语习得研究框架包括：二语习得理论、内部因素、外部因素、个体差异、学习者语言、课堂教学和研究方法七个方面。二语习得理论涵盖认知和社会文化两大理论阵营的不同观点。二语认知理论关注二语习得的认知心理过程，这类理论包括普遍语法、联通论和构式语法等。二语社会文化理论将二语学习看成一种受社会交际、社会意识形态和社会语境影响的社会化活动，一切复杂心理活动都是在交流中产生的，学习者参与交流，从而习得语言。这类理论包括社会文化理论、语言社会化学说、对话理论以及应用语言学理论等。学习者内部因素研究主要关注学习者内在的语言习得机制，包括母语迁移、语言内化、语言知识结构的重构、普遍语法的作用等。学习者外部因素研究主要考察二语习得的社会环境、学习者交互以及语言输入。个体差异研究涉及年龄、语言学能、认知方式、智力、动机、学习策略和学习风格。

那么常识与经过科研得出的结论区别又在哪里呢？简单地讲，科研是遵循特定规则而进行的研究，是"有组织的""系统的""有特定方法的""可验证的"调查研究。一个人的常识是有限的、不全面的、不系统的，往往只基于表面和零散的证据，没有经过反复多样的验证。举个明显的例子：一位英语教师说，把全部课文统统背下来，英文一定能学好。问他何以见得？他答道，我们老师就是这么教的，我也是这么学的，我学会了。这种回答就包含着局限性和不系统性，真要检验背诵课文是否行之有效，要做涉及几千人、几万人的实验。可以肯定，实验之后，不论有多少人是靠背书学好英语的，但他们绝非仅仅靠背书，还有其他因素。

二、研究的分类

研究一般分为基础研究和应用研究，但在外语教学科研中，人们还常区分实用研究。这种区分也很有用，因为外语教学科研涉及许多方面和课题：从理论模式的建立，到理论模式的应用，再到各种结论或在课堂教学与学习中的运用。

大致地讲，研究理论模式属于基础研究。比方说，语言学家张博士认为，世界上6000多种语言是有普遍项的。他想研究在构成关系从句方面，世界各语言具有共同的东西（以上为演绎性的知识）。于是，他开始具体研究多种语言，并得出结论（实证性的知识），他调查的语言中都采用特定语法手段来构成关系从句。他最终要弄清各种语法手段或规则在多大程度上是"共有的"。比如他会去研究英语、斯瓦希里语和汉语中的关系从句规则有多少相同之点，有多少不同之处；这些表层规则的背后又有什么更深刻的支配性原则。可以设想，只调查一两种语言时，也许共同之处甚少；调查的语言越多，共同之处越多，能够进行的概括也更具象。

应用研究就是探讨模式的应用。比如语言学家李博士对张博士的普遍项理论有兴趣，他要研究张博士的理论是否可以预示一位母语为斯瓦希里语的英语学习者在习得关系从句时遵循一定的顺序，那么他要通过实际观察或实验证明，张博士所描写的规则是否是学习者习得的规则，这些规则能否预示习得中的困难和容易出现的错误等。不过，应该注意的是，要观察多个学习者以及不同母语背景、不同年龄性别、以不同语言为目的语的学习者，才能研究出有价值的模式。

实用性研究则是要把张博士和李博士的发现运用到实践教学中去。例如王教授不是语言学家，而是语言教育家，他善于把语言学理论作为基础编写更好的外语教材。他不仅参考语言学理论，同时参考心理学、教育学、语用学和其他有关学科的理论。王教授详细研究张博士和李博士的理论之后，凭着自己的知识和经验，认定在教材编写中可以参考他们的见解和理论模式。王教授自己也需要在课堂教学中采取不同的方法讲授关系从句，验证两位博士的理论观点在实践中是否有效，有多少根据。

这样讨论属于泛泛之谈。用几篇文章做例子加以说明，读者会更有体会。与上面讨论的语言普遍现象有关的就是语言类型学。语言类型学已有200多年的历史，历代都有语言学家致力于研究它。早的不说，20世纪初期，萨丕尔（Edward Sapir，1884—1939年）根据构成词的语素多寡将语言分为："分析语"（analytic），一个语素对应于一个词；"综合语"（synthetic），少量的语素构成一个词；"多式综合语"（polysynthetic），数量上较多的语素与一些特定词根一起共同构成一个词。后来他又根据词形的变化，将语言分为四种类型：孤立语（isolating，绝对没有词缀的）；黏着语（agglutinative，有简单词缀的）；融合语（fusional，有较多语素变化的，可参照屈折语）；符号语（symbolic，通过词的异根来变化）。金立鑫发表的《语言类型学——当代语言学中的一门显学》（《外国语》，2006 第 5 期）专门讨论了语言类型学的发展和趋势，这就属于理论研究。许余龙发表的《语言的共性、类型和对比——试论语言对比的理论源泉和目的》（《外语教学》，2010 第 4 期）扩展了讨论范围，还涉及了该理论可能对实践的启示。他写道："我们可以进一步认为，语言类型学的研究可以使我们对语言的本质和规律有更深入的了解，这也是对比研究最终可以对语言学理论所作出的贡献。因此，就理论性对比研究而言，语言对比通常可以在语言类型异同的基础上进行，其成果可以引发更深层次的语言类型学研究，最终使我们对语言的本质和规律（即语言共性）有更深刻的了解。"（许余龙，2009）

应用性对比研究则通常是由外语教学和翻译等一些应用领域中遇到的某个具体问题触发的，通过对比研究可以对这个问题提供某种解答，最终将其应用到外语教学和翻译等实践中去。不难看出，语言类型学、语言共性研究和理论对比研究，都会涉及语言的异同；而语言的异同，势必会联系到外语教学和翻译问题。不能说二者之间的关系是单向的，即理论指导实践；外语教学和翻译问题给理论研究提供大量证据，而且是理论研究的最后评判者。换句话说，不管多么大的理论问题，都要从语言的具体现象中寻找根据。许余龙这样写道："对比语言学是对语言差异的概括，而不是零星孤立的观察。也就是说，我们做对比研究的目的是尽可能对语言之间的差异做出概括性的表述，并使得这种表述是可以证伪的。"20 世纪 70 年代初，吉南（E. Keenan）和科姆里（B. Comrie）在考察了 50 余种语言中的关系从句后，发表了《名词短语的可及性与语法共性》（Noun phrase accessibility and universal grammar. Linguistic Inquiry）。他们发现，"这些语言中的关系从句类型几乎都遵循下面这个等级序列：主语>直接宾语>非直接宾语>领属宾语。"因此，他们根据先行词在从句中的语法身份（主语、直接宾语等），提出了著名的"名词短语可及性等级"。随后进行的许多研究都表明，可及性假说广泛适用于各类关系从句在自然语言中的分布。此外，这一基于自然语言的假说被证实同样适用于学习语言。在第二语言习得领域，很多研究都显示，学习者习得各类关系从句的难易程度和先后顺序与可及性等级序列基本一致，可及性越高的关系从句越容易习得，产出越多，出错越少。吉南和科姆里发现，在所有的语言里，主句中被修饰的名词成分可以是关系从句的主语；大多数语言中，被关系从句修饰的名词成分可在从句中做宾语；有其他关系从句结构形式的语言依次递减。

以上例子说明，基础研究、应用研究和实用研究之间的界限是存在的，但并不很大，至少不是不可逾越的鸿沟。它们之间的影响也是双向的，基础研究指导应用研究和实用研究：在很多情况下，应用研究和实用研究又直接影响着理论的修改与完善。这几个研究实例给我们什么启示呢？我想可以这样说：第一，不能说"我搞应用语言学，可以不过问理论语言学"。我们的教学重点课题常常来自理论语言学或者是受到理论语言学的启发。第二，研究背后的理论框架更是离不开理论语言学，往往是通过实证研究来支持或反对或改进某种语言理论。第三，理论语言学里的思想能够帮助我们更好地观察课堂上发生的现象。我的体会是，懂点理论语言学能拓宽科研思路，明确指导原则，解释研究成果，深化对教学问题的理解。

三、英语教育研究的分类

如同其他社会科学研究一样，外语教学研究可以根据不同的标准进行分类。根据研究数据的来源，外语教学研究可以分为第一手研究和第二手研究。第一手研究是指研究者亲自深入课堂，从学生或教师处直接获取所需要数据的实证研究或经验研究。第二手研究是指对间接获得的数据或资料进行的研究，它可以是文献研究、内容研究等，这类研究的特点是理论性、思辨性、综述性或者是介绍性的。

根据不同的研究目的，调查研究有描述性研究、探索性研究、相关性研究和解释性研究之分。描述性研究是报告外语教学诸因素的实际情况，一般不涉及不同因素和学习成绩之间的因果关系。探索性研究是一种可行性研究或称试点研究，它往往是研究者对某一研究问题没有确切把握时进行的初步的小型研究，其目的是决定该问题是否值得继续进行深入细致的研究。相关性研究是要发现不同因素之间是否有着相互联系或相互依存的关系，比如学习策略与外语成绩之间是什么样的关系。而解释性研究不仅要探讨不同因素之间是否存在因果关系，而且要解释为什么它们之间有这种关系，以及一种因素如何作用于另一种因素。

从收集数据的时间上来看，调查研究又可以分为横向研究和纵向研究。横向研究是研究者在同一时间内进行的调查研究，而纵向研究则是在不同的时期内进行重复调查，以了解受试者在不同阶段的变化情况的研究。研究者在不同时期对不同样本进行调查的纵向研究称为趋势研究，而在不同时期对相同样本进行调查的研究称为同组研究。

根据数据的性质和类型，外语教学研究有定性和定量研究。根据数据的变化采用统计手段进行的研究大部分为定量研究，例如实验研究和问卷研究。实验研究是通过有意识地改变某种因素，观察其他因素是否随之发生变化。如果其他因素显然随这种因素的变化而变化，就表明它对这个因素产生影响。在外语教学中，实验研究可以被广泛地使用，如教师采用了新的教学方法，如果希望了解新教法的效果，就可以采用实验研究方法。在实验研究中，新教学方法就是影响因素，学生的学习成绩就是受影响的因素。如果学生的学习成绩因为采用新教学方法得到了显著提高，就说明新教学方法有良好的教学效果。但是，实验研究要求有严格的操作程序。首先必须把全部受试者分为两组，一组为实验组，另一组为控制组。其中只对实验组使用新的教学方法，然后比较两组的学习成绩在实验前后的变化。如果学习成绩差异显著，说明新的教学方法发生了作用，否则说明新教学方法对学习成绩未能产生影响。但在进行实验分组研究时，要注意两组的情况基本相当，如性别、年龄、学习成绩、上课时间等情况基本相同。否则，很难说明成绩的变化一定是由新的教学方法引起的。因此，要使两组情况基本一致，分组的重要原则或者是随机法，或者是配对法。通过这样的实验设计才可能有效地验证新的教学方法优于旧的教学方法之类的研究假设。

根据近年来国际上发表的第二语言研究文献不难看出，20 世纪 80 年代至 90 年代初期定量研究占主导地位，而当今的研究趋势则是定性研究与定量研究并重，并有定性研究超过定量研究之势，或强调定量与定性结合的研究方法。

第二节　优秀研究的特点

本节讨论了传统上优秀研究的 13 个特性，并试图解释它们。它们大致可分为以下四个方面：立项方面、研究的方法和设计方面、研究的应用方面以及伦理方面。

一、立项方面

（一）有意义或让人感兴趣

虽然兴趣是一个出了名的难在纸上捕捉的概念，但在研究术语中，它经常需要在书面上明确提出。例如，说服权威人士腾出时间或资金来做研究，或为在大学里攻读更高学位的研究提出建议。例如，让人感兴趣的原因有多种可能性。

个人方面：

- 观察到的出乎意料的或不协调的事情。
- 同一事件的两个版本之间的差异。
- 两个平行小组对同一课的接受程度不同。

读书中：

- 从已建立的理论中做出的预测。
- 对他人研究的描述的含义是先前工作中无法解释的结果。
- 这是一个未被现有理论和观点所解释的难题，即学习正常假设（例如，从课本中）和实际结果之间的差异。

其他方面：

- 采用新方法、新资源的有效利用或某方面的回报。
- 一个新决定实施的内幕。

（二）创新性

这一特性与第一个特性密切相关，尽管它可能更加难以捉摸。事实上，在许多已发表的研究中，最初的贡献是相当小的。虽然每个人都梦想着能找到一种全新的角度来解释一组全新的数据，而这些数据是关于一个以前没有人想到过的问题的，但在实践中却不是这样的。原创性可能存在于任何一种组合，或（很少）存在于以下所有情况：

- 新问题。
- 新的数据——可能来自不同类型的班级，一个以前没有研究过的教育系统中的课程（例如，在一个以前没有评估过的学校系统中尝试作家会议）。
- 数据的组合——例如，将访谈添加到观察中。
- 新理论或修正。
- 评价一种新的教学方法或学习策略对以前获得的数据进行新的分析。
- 在新的环境中使用公认的数据收集方法。
- （甚至）复制以前的研究来比较结果，从而确定其可推广性。

（三）具体性

各种实证研究都是利用对具体事件的观察来揭示一般原理。例如，如果一位教师对课堂参与如何影响学习感兴趣，那么他就想弄清楚什么样的课堂行为构成了参与性，需要寻找什么样的学习迹象，以及有哪些相关的指标。它们之间的关系可以用 Cook（1986：17 - 19）的例子来说明，他通过增加八个阶段去说明每个概念、实际测试、测量、特定的任务、成绩及措施等。规范性传统的研究需要这种具体性，否则就无法进行测量。然而，定性研究需要在一个稍微不同的意义上进行具体研究：环境的具体性，个人、制度和教育环境的足够详细的描述，以便研究能充分代表个体性。

（四）透明度

透明度似乎是一种奇怪的特性，它被归类为研究的立项，它有两种严肃的方式：首先，研究思路和研究方法通常是通过阅读专业文献来提出的。一项研究的原创性通常要经过评估它与之前所做的研究进行比较。在一篇提交的论文中，文献综述是一个不可或缺的部分：对以前研究人员发现和探求的问题以及他们使用的方法进行评估，作者继续展示新的研究将如何有助于知识的积累。尽管教师们在自己的教室里进行的研究并不需要遵循与博士学位研究相同的展示和展示准则，但这个话题具有一定的历史渊源。老师及研究人员仍想知道其他人的想法，并试图解决问题是如何表现，类似研究的结果是什么。第二，任何研究都需要通过会议报告、讨论或发表的方式进行传播，以便其他公众特别是同行的研究可以对其进行评价，这是验证过程的一部分。

二、设计与方法

（一）敏感度

研究的目的是发现广义的概括和细微的区别。在语言学习的研究中，有许多人试图证明性格和成就之间的联系，同时也有许多对个别学习者学习特定课程的调查。然而，敏感性不仅仅是一个规模的问题，它主要是一个数据质量的问题，测试的区分能力以及内部知识的使用，特别是在参与观测研究的情况下可能需要一些时间来学习必要的技能获得高质量的数据。例如研究人员可能需要面试技巧、构建调查问卷、仔细观察和编码技术。但有些人由于不像他那样严肃地看待这个问题，导致他们的热情或其他因素影响了他们的判断。

（二）客观性

经典的研究设计力求消除研究人员的任何偏见，所获得的知识被视为是客观的，独立于任何特定的人类主体，具有个性、情感、职业抱负、希望和欲望。很明显，在教育研究中，特别是在评估中，向学习小组传达研究者的信息的可能性是非常开放的。

如果老师想比较小组讨论教学和视频剪辑的效果，但他有很强的偏好，他的研究可能会无意识地带领学生们向他喜欢的选择靠拢，使得他所偏好的教学更有趣，更轻松，或者花更多的时间。而客观的方法可能是通过替换那些没有这种偏好的老师去建立起对抗这种实验者偏见的保障措施。

（三）效度

假设一名研究人员跟随一名特定的学生观察在课堂上语言使用情况，然后进入社区，观察该语言的使用情况，或者在需要该语言的学习情景当中。通过在课堂上观察学生，进行访谈，记录成绩分数，考虑智商分数和个体差异测量，阅读他的日记，课程结束后等情境确定研究内容。

回答两个问题：

A. 对这些数据的解释是否符合现实——在这个案例中学生的现实？

B. 从这一解释中是否得出，其他处于类似情况的学生可能以同样的方式学习、对课程做出反应、在课程结束后遇到问题？

第一个问题是关于内部有效性或可信度的问题；第二个问题是关于外部有效性。内部效度指操纵变量引起的实验结果或所得在多大程度上代表现实情况。外部效度指研究的结果有多大的概括性或代表性。

一般情况下，研究者的理想是内部效度和外部效度都高，但是内部效度是优秀研究的充分条件，外部效度是优秀研究的必要条件。

（四）信度

在测量方法中，信度是指用户对该方法给出相同答案的可靠性。例如，给同一个人两次测试，得到的答案会大致一样，就像人们认为两次测量一磅糖的重量一样。当然在实践中，没有人期望由语言学习情况产生的复杂数据像一对标度一样可靠，一部分原因是复杂度不同，另一部分原因是大量学习语言数据无法度量。从统计学上说，这些限度可以被赋予一个量，比如95%和99%的置信度。

（五）证伪性

经验主义工作中的一个经典原则是，进步来自于发现一个理论错误的证据，而不是简单地通过发现证据来证实已经存在的想法。要使这成为可能，一个理论（再次强调，这个术语没有任何技术复杂性）必须足够精确，才能被证明是错误的。一个说"有时 x 发生，有时 y 发生"的理论不能被证伪，除非它能陈述产生结果 x 的条件，并将它们与产生 y 的条件区分开来。很明显，这是对一个理论重要性的衡量，这个理论可能需要很长时间和很有独创性的研究来证明它是错误的，并用另一个解释或证据和所有证据的理论来代替它。

有人认为，实际上大多数的研究工作都是通过确认现有的观念来进行的：即通过寻找支持的证据。当寻求确认的过程实际上产生了一种反常的和不确定的结果时，变化就来了，而这些结果又促使人们转向一种新的、更广泛适用的理论。在语言学习研究中，许多作者（McLaughlin，1987；Ellis，1994）指出，证伪原则往往被忽视，这也加剧了理论形成的难度。

三、应用

（一）可复制性

可复制性指有人再次做同样的研究还能获得相同的研究结果。事实上，在标准的应用语言学文献中，复制研究并不多见，至少有人（Brindley，1990）认为这降低了文献的价值。人们寻找一个研究课题时，喜欢去研究一个新事物，而不是重复别人的工作，但是重复别人的研究，在新形势下和一定基础上也有一定的价值，如果结果不同，利益将会很高。

（二）普遍性

从某种意义上说，所有的研究都是对教育研究领域的一些问题做出有意义的概括（即尽可能最普遍、最准确的表述），对语言学习情况的研究也不例外。例如，语言学家会寻找一种最经济的方法来捕捉某一规则中的语法规则，或某个词的主义和次义的集合——在词汇项中；课堂研究人员寻找课堂环境的最重要特征以及它们之间的相互作用。从这个意义上说，研究工作从特定的、具体的数据，到一般的陈述，数据可以支持。在应用语言学研究中，许多活动致力于寻找语言学习通常发生的条件。"寻求条件"的研究，通常涉及个人差异，如能力、动机等，试图建立通用的陈述。在很多情况下，教学需要这样的概括：把在一种情况下得出的原则推广到新的情况。这种意义更确切地说应该是"行动"而不是"研究"。这类研究的目的是为了更深入地理解这些特定的语境；这种理解必然包括认识到什么是特殊的和独特的，什么是典型的、正常的和普通的。

（三）实用性

从某种更实际的角度来说，上文提到的概括性指的是研究的效用。这些发现在未来的直接环境中还能被使用吗？或者应用于其他环境中？一是实证研究结果实际上几乎没有实际用途，把基础研究结果应用到专业实践中总是一件冒险的事情。在语言教育方面也是如此，研究结果往往不太完整或具有一定的局限性。另一方面，研究的作用是帮助我们提出我们可以质疑的假设。重要点在于有意义的发现总会帮助纠正不正确的观点或给别人新的启示。

四、伦理道德

在语言教育研究中，很少有与主流伦理问题类似的研究科学，如核物理学、生物学或化学的军事应用，或在药品和化妆品工业中使用动物。然而，在研究结果的收集、解释和发表方面存在重要的伦理问题，这些问题既影响研究者，也影响提供数据的客户或研究对象。

有关这些问题应着重关注以下几方面：

- 保护提供资料的客户。
- 保障所收集资料的有效性。
- 资料的拥有权。
- 关于披露和发布的协议。
- 关于可推广性和在其他情况下的应用的工作守则。

很难将一项好的研究在以上几方面全部达到要求。有些设计在某些特征上比较明显，而有些设计则在其他特征上更突出。例如，定量研究容易具有客观性、高信度、可推翻性、可重复性，而定性研究则容易具有趣味性、创造性、敏感性、高效度、具体性等。如何保证一项科研最后成功？并没有一定之规。最好不局限于一种方法，而是包括好几种方法，例如既用问卷，又用面试，或又用日记，这可以得到"三角核查"（triangulation）。分析数据的方法也最好是多种，以防误差。

第三节　英语教育科研的范式

对现存文献中已经确立的问题进行考虑而产生的研究一门外语或第二语言是一项十分复杂的任务。学习者如何学会一门外语，经过何种心理过程，大脑发生什么变化，知识系统和社会观念发生什么变化等，这些问题都还没有得到公认的结论。教学方面、测试方法、教材编写、大纲设计等方面，也都莫衷一是；二语学习与母语学习的关系，二语/外语习得与认知的关系，习得一门外语的心理过程是什么，外语学习成绩与外语文化认同有何种关系，语言的 5 项技能之间到底是什么关系等，把研究者的思维引向更加深入的领域和全新的天地。正因为如此，几十年来，外语教学中的科研热闹非凡，而且吸引着不同学科的各路名家，外语教学已经成为名副其实的跨学科、多学科、超学科的研究领域。

外语学习和教学的复杂性决定了外语教学科研的多样性。近 70 年来，虽然外语科研成绩斐然，但总的来讲，仍处于一种"众说纷纭"的阶段。科研的多样化和复杂性至少与以下四个方面有密切关系。

第一，外语教学与学习现象不属于一个学科，而是涉及多个学科，如哲学、语言学、心理学、社会学、人类学、教育学、神经学、生物学、计算机科学等。所以，研究外语教学与学习时采用的方法，也往往来自多个学科，这些方法都有着自己的理论、角度、程序和工具。

第二，外语教学首先涉及语言，语言的实质讲不清，语言学习的实质就说不清；语言学习的实质不清楚，如何教授语言和如何学习语言当然就说不清楚。

第三，外语教学本身情况复杂。例如，是在社交中自然习得一种语言，还是在课堂上正式学习一种语言，情况大不相同。所学语言在所在国家是一种外语还是一种第二语言，学习环境也不相同。学习者的个人情况千差万别，这些差别主要表现在年龄（成人与儿童大不相同）、性别、所受教育程度、学习目的和学习动机、语言学能（language aptitude）、认知方式、人格特征（personality traits）（如自尊心、自律性、焦虑感、社会性、内向/外向）、学习动机、学习风格等方面。

第四，研究方法不同。这是指由于哲学观点不同、科研理论不同、客观条件不同等差异而造成的方法上的区别（下面会详细讲到这些区别）。

第五，所用的研究工具不同。使用观察、记录、测试、面谈、问卷等工具来收集材料，不同于用实验来收集材料；不同研究设计带来材料的不同，分析材料方法的不同，可能会引起结果的不同。不同的研究者为了自己的特定研究，要设计自己的测量工具，采取特别的办法收集材料。其中，语言测试不知道已经设计了多少套，各种问卷（测量语言学能、动机、态度、自信心、焦虑感等）也不知有多少版本，各种调查问卷也有许多，各种量表也无法统计了。研究工具的多样性使这个领域的研究生机勃勃，也使研究者的意见难以统一。

不过，我们不必担忧，外语教学/应用语言学还是一门年轻的学科，理论层出不穷、方法不断精化、派别林立等是件好事，不是坏事。可以说，科研方法日益与哲学结合，研究工具日趋细化、科学，科研项目越做越深，真理越探越明。我们现在对语言和语言教学的认识比30年前的认识深刻多了，这就是进步，这就意味着希望。

外语教学科研的这种复杂情况容易使刚刚进入这个领域的研究者眼花缭乱，摸不着头脑。如果能够把众多的思维、目标、设计和收集材料的方法加以概括和分类，提炼出几条共同特点，建立一个有章可循的、前后一致的理论框架，就能使新的研究者比较容易地找到自己的位置，明确自己的研究与他人的研究呈现何种关系。它也可以使研究者了解不同思路的观点，从而选择合适的路子进行自己的某项特定研究。

一、综合法和分析法

与世界上其他事物一样，外语教学也是十分复杂的，是由许多不同组成成分构成的。研究者可以选择其中任何一个组成成分进行研究。例如，可以研究第一语言对第二语言习得的影响，也可以研究学习者的性格变量对习得速度的作用，可以研究社会环境对习得的作用与社会环境的相互作用，也可以研究语言习得的生理基础或生物基础。不论我们举出多少例子，很难穷尽能够研究的方面或领域。换一个角度，也可以把许多因素按共性归结为"范畴"，如生物因素、语言因素、情感因素、社会因素等。这样概括一下，讨论起来更加方便，讨论一深入，便知道每一个范畴都是外语学习的一个子系统。每个子系统还包括许多子系统，例如语言系统又可以分为语音系统、音系系统、形态系统、句法系统等。这些子系统并不是独立的，而是互相联系的。很难想象，只学习语音而不学习词汇，或只学习词汇而不学习语法；也不能想象，只学习语言的形式，而不学习语言的运用。

研究如此复杂的领域，有两种思路可供选择：一是从整体下手或从大的子系统下手，以便清楚地观察各个组成成分之间的相互关系；二是从最小的子系统着手，经过详尽研究之后，再把小的子系统"组装"成大的子系统，然后统观整体呈现的各种关系。第一种思路叫综合法，第二种思路叫分析法。综合法与整体观类似，分析法与成分观相近。整体观就是把各个子系统看成构成一个有内在联系的整体。成分观就是研究一个或一组单独的因素之后再把它们组装成子系统。两种思路各有其优点和价值，但并不互相矛盾，而是相辅相成。到本书后面的章节，读者会发现，这个区分类似定性研究法和定量研究法的区别。定性研究法着眼于整体——整个人、整个事件、整个单位等。例如，外语水平是个抽象的概念。如果用听写、翻译、完形题、论文中任何一项测验成绩来代表外语水平，那就是一个整体观。有人说过，如果你只有半个小时来测出 50 个候选人的外语水平，听写就是最简便、最可靠的测试方式。听写、翻译、作文等是综合性测试，把语言的多种方面都测到了。这等于通过了解整体来了解各个部分，通过了解过程来测量出结果。我读了你的翻译或作文，我就知道你的词汇量大不大，语法是否平稳，结构变化是否丰富，而且能看出你有没有深刻思想。现在的许多标准试卷都把语言水平分解成语音、语调、词汇量、语法知识、阅读能力、口语能力、听力理解等方面来考察，各项的得分之和就是你的外语水平。这就是形成成分观，既是从部分去看整体，也是通过结果来预示过程。同样，如果口语测试之后，由考官打个印象分，就是整体观；如果把口语录下音来，再转写成文字，逐句分析有多少错误，语速如何，词汇量多大，语音和语调是否有毛病等，就是成分观。如果再把范围缩小点，测试你的元音发音是否准确，让考官给个印象分，就是整体观；如果把你的元音发音用摄谱仪记录下来，一一与母语者的元音音谱相对照加以分析，那就是成分观。

不过，做出区分是为了我们思维更清楚，自觉意识更强，而不是让我们故意偏向哪种方法。其实，以上列举的几种情况，都可以同时采用两种办法，既用综合法，又用分析法，使二者的结果互为参照，相互补充，所得结果更为可靠。例如，考一篇听写，再考一篇翻译，一小时之内绝对能对参试者的水平有个大致了解，而且比较准确。之后，仔细阅卷后你会发现某些问题，有的严重，有的不太严重；可以把严重的问题拿出来，设计单项测验，如词汇量大小、冠词用法等。发现有的人在翻译中词汇量很大，而在听写中词汇量很小，这就说明他的听力有问题，也许是语音语调有毛病。这就是为什么两种方法都要掌握的原因，具体使用哪种方法，视情况而定，才是最科学的。

二、归纳法和演绎法

这两种方法的区别涉及科研的目标。归纳法是说，研究者可能没有理论指导或现成的假设，开始于对外语学习现象的观察和记录等，材料收集到一定程度时对掌握的材料加以分析整理，最后写成报告，把自己的观察加以详细描写，描写之中也可能提出某种假设。所以这种研究称为"产生假设的研究"。例如，我们要探讨为什么有些外语学习者比其他学习者总是学得好些。我们决定在课堂环境下观察几组学习者的表现，把一切有关的信息都记录下来（谁常常举手主动回答问题，谁主动向老师提问，谁参与得多，谁的态度被动、消极，谁记的笔记最多，谁总是自言自语等），然后把课堂表现与学期成绩相比较，最后找出优秀学习者的课堂表现特征。我们可以参考其他研究者的观点，也可以从头开始，不带任何"先见"。一般地讲，采用归纳法时，最好避免先入为主，不带任何框框，从原始材料入手，让材料本身"讲话"，从中发现规律性的东西。

演绎法则不同。研究者已经有了一种或几种来自归纳法的假设，或来自其他研究者的理论假设，也就是已经有某种看法，受假设驱使，目的是检验这种假设是否正确，最后形成理论。所以，演绎法又称为"检验假设的研究"。演绎法要检验的假设也可以是来自其他领域的理论。例如，在认知心理学中，有"场独立"和"场依存"两个概念。这两个词是什么意思？简单地讲，有些人能够把一个场（field）的某一部分（例如一个图案中的一部分）看作一个独立于周围环境的整体，而对另一部分人来讲，这个场的组织结构决定着他们对其各个组成部分的感知。能够把一个事物从周围环境区别开来的人属于场独立型，不能把一个事物与周围环境区别开来的人属于场依存型。假设我们突然想到，这种认知方式的区别也许适用于外语学习者的学习风格。场独立型的学习者所表现的学习风格应该不同于场依存型的学习风格，两种学习风格也许会导致不同的学习效果，在不同学习阶段或不同学习活动中导致不同的学习效果。我们还可以进一步假设：场独立学习者的成绩优于场依存学习者，因为前者更善于从自然语言中发现语言规则。

单纯的归纳法或演绎法都是不多的。况且，在科学研究中，经常需要交替使用归纳法和演绎法。在演绎逻辑阶段，我们推断出观察，也就是可以预示会出现什么情况；在归纳逻辑阶段，根据观察进行推断（产生假设或理论）。它们的起点和终点有所不同，但所经过的过程很相似，都需要几次反复之后，所得结果才更可靠。

第二章　文献阅读

文献检索是指某学者或个人按照科研、学习以及工作的需要获取文献的过程。文献是指具有历史、科研价值的文章和图书或与某一学科有关的重要资料，随着现代网络技术的发展，文献检索大部分是基于计算机网络技术来实现的。

狭义的检索是指依据一定的方法，从已经组织好的大量有关文献集合中，查找并获取特定的相关文献的过程。这里的文献集合，不是通常所指的文献本身，而是关于文献的信息或文献的线索。

英语教学科研的文献检索是一项实践性很强的活动，一般来说，文献检索有以下步骤。

（1）具备明确查找目的与要求。

（2）选择合适的检索工具。

（3）确定科学的检索途径和方法。

（4）根据文献线索，查阅原始文献。

现在，在英语教学科研中，主要依靠的是计算机检索。检索的主要数据库有以下几种。

（1）Web of Science：全球获取学术信息的重要数据库，它包括自然科学、社会科学、艺术与人文领域的信息，来自全世界近 9000 种最负盛名的高影响力研究期刊及 12000 多种学术会议、多学科内容。它由 Science Citation Index-Expanded（SCIE，科学引文索引）；Social Sciences Citation Index（SSCI，社会科学引文索引）；CPCI（会议录引文索引）部分组成。

（2）CSSCI：中文社会科学引文索引（Chinese Social Sciences Citation Index）。用来检索中文社会科学领域的论文收录和文献被引用情况。CSSCI 由南京大学中国社会科学研究评价中心开发研制而成，是国家、教育部重点课题攻关项目。CSSCI 遵循文献计量学规律，采取定量与定性评价相结合的方法从全国 2700 余种中文人文社会科学学术性期刊中精选出学术性强、编辑规范的期刊作为来源期刊。目前收录包括法学、管理学、经济学、历史学、政治学等在内的 25 大类的 500 多种学术期刊。

（3）中国知网：国家知识基础设施（National Knowledge Infrastructure，NKI）的概念，由世界银行于 1998 年提出。CNKI 工程是以实现全社会知识资源传播共享与增值利用为目标的信息化建设项目，由清华大学、清华同方发起，始建于 1999 年 6 月。也是现在人们运用最为广泛的数据库之一。

（4）维普网：建立于 2000 年，其所依赖的《中文科技期刊数据库》，是中国最大的数字期刊数据库。

其他不一一列举。下面就以"中国知网"为例阐明文献的检索，其他的都有相似之处。

第一节　文献检索

一、CNKI 文献检索

（一）普通检索

在中国知网的界面，左侧，文献检索、知识源检索及引文检索三个方面，最中心为填写检索的内容，右侧有高级检索及出版物检索；在跨库方面有学术期刊、博硕、会议、报纸、年鉴、专利、标准和成果。单库有图书、古籍、法律法规、政府文件、企业标准、科技报告和政府采购等

图 2-1-1　CNKI 主页面

检索的条目有主题、关键词、篇名、全文、作者单位、摘要、文献中图分类号、被引文献和文献来源。可以根据自己的需要进行检索。

现在我们以"莎士比亚"为例进行检索，首先，在最上面一行，可以选定自己检索的范围是全部文献、期刊、博硕士、会议、报纸等，根据需要进行选择并点击。检索后可以出现如下结果：主题，莎士比亚（4811）莎士比亚戏剧（658）哈姆雷特（297）威尼斯商人（312）等后面的数字代表此类作品的数量。

图 2-1-2　CNKI 检索主页面

当点击分组浏览右下角的可视化按钮时，可视化图表呈现。

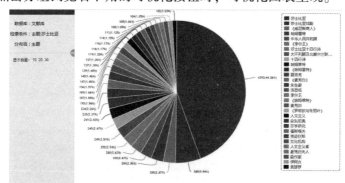

图 2-1-3　CNKI 主题可视化图形

当点击发表年度、研究层次、作者、机构、基金时，分别会显示发表年代及发文数量，研究层次名称及发文数量，作者姓名及发文数量，机构名称及发文数量，基金名称及发文数量。点击可视化按钮，可以出现可视化图形。

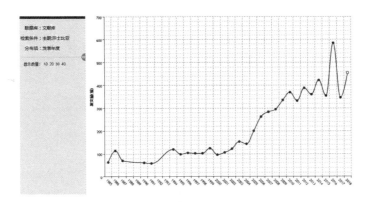

图 2-1-4　CNKI 发表年代表

图 2-1-5　CNKI 发表年代可视化图形

图 2-1-6　CNKI 作者发文表

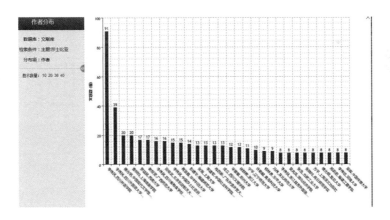

图 2-1-7　CNKI 作者发文可视化图形

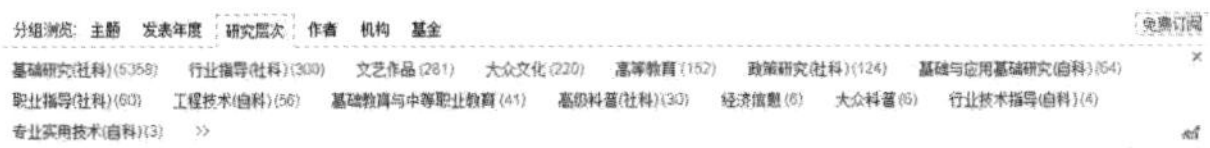

图 2-1-8　CNKI 研究层次发文表

英语教育研究方法与论文写作的多维度阐释

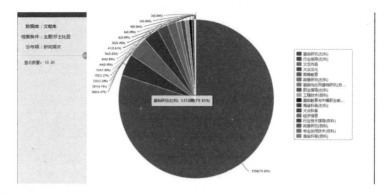

图 2-1-9　CNKI 研究层次可视化图形

图 2-1-10　CNKI 机构发文表

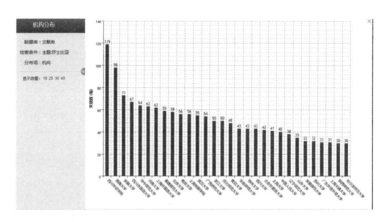

图 2-1-11　CNKI 机构发文可视化图形

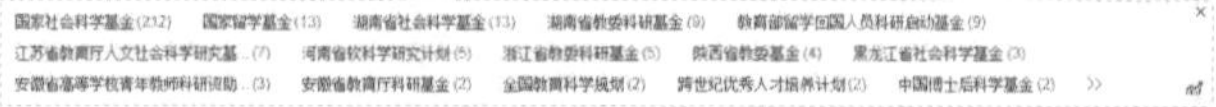

图 2-1-12　CNKI 基金发文表

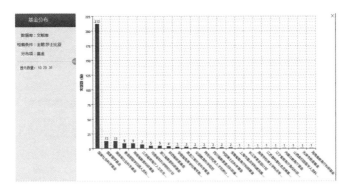

图 2-1-13　CNKI 基金可视化图形

在首页的最下面，我们可以看到与此相关的文献数目，例如：查到有关"莎士比亚"的文献总数 6905 条，下面还有一栏为：相关搜索（莎士比亚化、莎士比亚音乐、李尔王、威尼斯商人、哈姆雷特、莎士比亚悲剧、莎士比亚喜剧等）；在最后一栏显示与此相关的知名专家：王守仁、李正栓、罗益民等。

图 2-1-14　CNKI 文献量及知名专家

通过这样的方式我们就可以知道，所查阅的相关文献方面的知名专家，这样有利于我们进行论文的写作及增加对本研究的了解。

（二）高级检索

具体的检索，也就是包含一定检索条件时，这个时候就可以在"中国知网"进行文献高级检索。

在"中国知网"检索页面，点击高级检索就会出现高级检索页面，在这里输入检索条件：主题、关键词、篇名、摘要、全文、被引文献、中图分类号，词频（设置 2、3、4、5、6、7、8、9），关系：并含、或含、不含；精确检索还是模糊检索进行选择；也可以进行作者检索：作者、第一作者；作者单位检索，发表时间、文献来源、支持基金等条件设置；网络首发、增强出版、数据论文、中英文扩展、同义词扩展等进行选择，然后点击检索按钮，这样就能进行有目的性的检索。左侧，可以进行文献分类：基础科学、工程科技一辑、工程科技二辑、农业科技、医药卫生科技、哲学与人文科学、社会科学一辑、社会科学二辑、经济与管理科学的选择；也可以进行专业检测、作者发文检索、句子检索及一筐式检索。

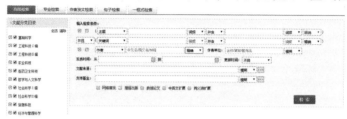

图 2-1-15　CNKI 高级检索页面

例如我们在查阅“莎士比亚”相关文献的时候，作者李伟民，四川外语学院的李伟民有 91 篇，四川省粮食学校的李伟民有 16 篇，中国莎士比亚研究会的李伟民有 15 篇，如果我们只想对中国莎士比亚研究会的李伟民进行查阅，那么这个时候我们就要进行高级检索。

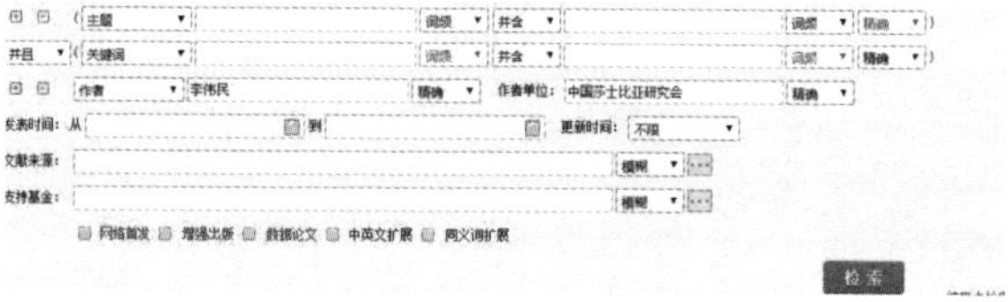

图 2-1-16　中国莎士比亚研究会的李伟民 CNKI 高级检索页面

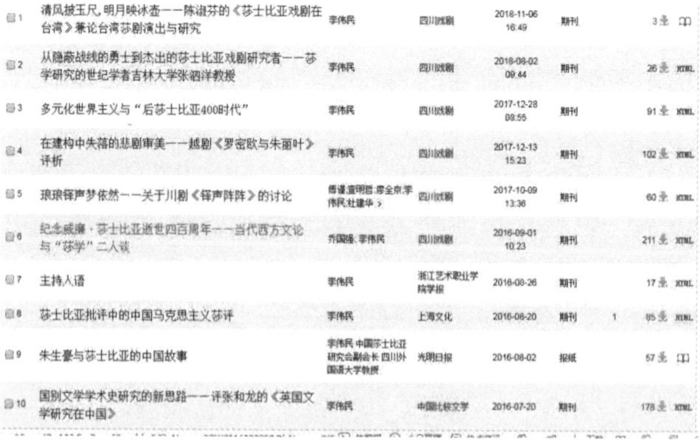

1	清风披玉尺，明月映冰壶——陈淑芬的《莎士比亚戏剧在台湾》兼论台湾莎剧演出与研究	李伟民	四川戏剧	2018-11-06 16:49	期刊		3	
2	从隐蔽战线的勇士到杰出的莎士比亚戏剧研究者——莎学研究的世纪学者吉林大学张泗洋教授	李伟民	四川戏剧	2018-08-02 09:44	期刊		26	HTML
3	多元化世界主义与“后莎士比亚400时代”	李伟民	四川戏剧	2017-12-28 08:55	期刊		91	HTML
4	在建构中失落的悲剧审美——越剧《罗密欧与朱丽叶》评析	李伟民	四川戏剧	2017-12-13 15:23	期刊		102	HTML
5	琅琅铎声梦依然——关于川剧《铎声阵阵》的讨论	傅谨;童明哲;廖全京;李伟民;杜建华 >	四川戏剧	2017-10-09 13:36	期刊		60	HTML
6	纪念威廉·莎士比亚逝世四百周年——当代西方文论与“莎学”二人谈	乔国强;李伟民	四川戏剧	2016-09-01 10:23	期刊		211	HTML
7	主持人语	李伟民	浙江艺术职业学院学报	2016-08-26	期刊		17	HTML
8	莎士比亚批评中的中国马克思主义莎评	李伟民	上海文化	2016-08-20	期刊	1	85	HTML
9	朱生豪与莎士比亚的中国故事	李伟民 中国莎士比亚研究会副会长 四川外国语大学教授	光明日报	2016-08-02	报纸		57	
10	国别文学学术史研究的新思路——评张和龙的《英国文学研究在中国》	李伟民	中国比较文学	2016-07-20	期刊		178	HTML

图 2-1-17　中国莎士比亚研究会的李伟民 CNKI 高级检索结果

在文献检索的时候，对不同的期刊有条件限制的时候，点击期刊，然后来源类别中包括：全部期刊、SCI 来源期刊、EI 来源期刊、核心期刊、

CSSCI 期刊、CSCD 期刊。对所要求的期刊进行打勾然后就会搜索到符合自己所需要的文献。例如我们只对发表在 CSSCI 期刊的有关莎士比亚的文献进行检索，在主题栏输入"莎士比亚"，在来源类别，勾选 CSSCI，那么检索到的文献全部，为 CSSCI 期刊上的文献。

图 2-1-18　CNKI 莎士比亚 CSSCI 期刊检索页面

　　而且我们也可以进行博硕士、会议、报纸、图书、年鉴、百科、辞典、专利等文献数据的查询。还可以进行专业检索、作者发文检索、句子检索、一筐式检索等。

二、批量下载

　　进行批量下载时先将搜索出来的自己要下载的文献在文件列表中勾选，或者首先将不需要的文献删掉，然后再在"篇名"前边的小方框内进行勾选，这表示整个页面都进行了勾选，然后再翻到下一页选定所需要的文献，勾选完所需要的文献后，点击"批量下载"，即可将所需要的文献一次性下载。如果要进行下次批量下载时一定要按清除键，对上次所选定的文件进行清除，否则，下载下来的文件可能会包含上次所勾选的文献。

图 2-1-19　CNKI 批量下载页面

如果想导出参考文献的话，可以点击导出参考文献。在左边会出现文献导出的各种格式，如 GB/7714-2015 格式引文、CAJ-CD 格式引文、CNKI e-study，refworks，endnote，noteExpress、Notefirst 和自定义各种格式，然后点击"导出"即可。也可以直接复制到剪贴板、打印、存为 excel 格式或 word 格式，或者生成检索报告。

图 2-1-20　CNKI 导出参考文献页面

如果要一次性阅读所选文献的摘要，我们就可以点击右上角的"摘要"，每一页显示 10、20 或 50，所选文献的摘要就会显示，这样便于阅读。

图 2-1-21　CNKI 摘要显示页面

三、外文文献

在 CNKI 文献检索中也可以对有关检索的关键词，查阅外文文献，点击"外文文献"，就会检索到关于此主题词相关的外国文献，也可以对此做计量可视化分析，可视化分析也包括发文量、关键词共现、语言分布、作者分布、学科分布及关键词分布等。

图 2-1-22　CNKI 外文文献页面

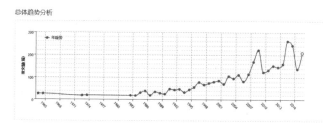

图 2-1-23　CNKI 外文文献总体趋势分析

在关键词共现网络方面，可以对图形进行放大、缩小或还原，也可以进行球距的调节。也可以对节点过滤的出现频次进行选择；在关系分析方面，进行临近节点的选择或显示贡献次数的选择；在聚类分析方面，也可以对聚类分析进行选择、显示中心点进行选择。

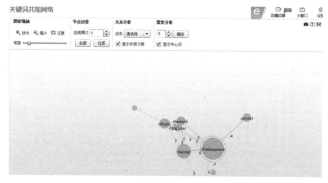

图 2-1-24　CNKI 外文文献关键词共现网络

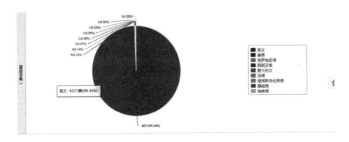

图 2-1-25　CNKI 外文文献语言分布

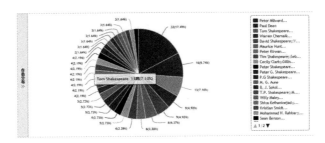

图 2-1-26　CNKI 外文文献作者分布

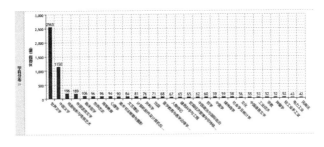

图 2-1-27　CNKI 外文文献学科分布

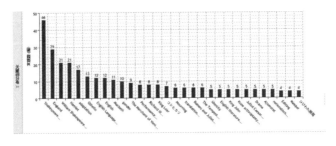

图 2-1-28　CNKI 外文文献关键词分布

第二节　文献管理

文献管理软件是学者或作者用于记录、组织、调阅引用文献的计算机程序。一旦引用文献被记录，就可以重复多次地生成文献引用目录。例如在书籍、文章或者论文当中的参考文献目录。科技文献的快速增长促进了文献管理软件的开发。

一、文献管理的方便性

文献管理的方便性主要包括以下几个方面的内容。

（1）建立目录：要管理的文献不上千也上百了，建立目录分门别类才好。

（2）搜索：EndNote 和 Biblioscape 区别不大，都支持题目、作者、关键字等搜索功能。NoteExpress 支持与数据库相同搜索条件的检索功能。

（3）排序：NoteExpress 的排序功能很强，支持所有字段的排序，并且支持多个字段的组合排序

（4）连接文件：EndNote、Biblioscape 、NoteExpress 都具备把一个文献条目链接一个文件的功能。这样在浏览文献时就可以方便地打开全文了。

（5）查找相同：EndNote、Biblioscape 、NoteExpress 都具有查找相同文献的功能。

（6）交叉引用：也就是一篇文献引用另一篇文献。EndNote 不支持交叉引用关系。Biblioscape 很好，可以在文献之间建立很多关系，引用、同作者等。

（7）同步与云存储：同步即在不同的电脑上管理，访问同一个文献数据库，同时也可以将数据库储存在云服务器上提供更安全和稳定的数据库 。

（8）多学科文献管理功能：NoteExpress 支持多学科交叉文献的管理，以及独有的虚拟文件夹功能。

（9）标记标签功能：EndNote 提供简单的标记功能。NoteExpress 的标记标签功能比较强大，提供星标，不同优先级以及文字标签云的功能。

二、常用软件介绍

（一）Endnote

国外软件，SCI（Thomson Scientific 公司）的官方软件。提供桌面版和网络版。若编写 SCI 稿件，更有必要采用此软件。系统资源占用小，有很强的功能扩展，能管理的数据库没有上限。优点：连接上千个数据库文献的检索效率高（少数数据库需要账户密码才能连接）；提供 Word 插件，支持边书写论文边插入参考文献并调整顺序或删除，编号也会即时更新；对插入的参考文献的样式（模板）可进行新建、修改，以适应不同期刊的参考文献格式；在 PDF 全文显示窗口中支持自由标记高亮字句，并可添加注释；可将桌面版的数据同步到网络版中，即时更新个人数据库；在导入英文文献时能自动更新题录信息。

缺点：收费软件；在导入中文 PDF 文献时不能直接生成题录；若使用 Endnote 则建议使用 office2007 或以上，因为 word2007 的插件功能更丰富。

（二）Notefirst

国产软件，新一代的网络版文献管理软件，功能不仅具有国外主流的文献管理软件所提供的功能，还具有全面支持国标，支持多语言方案，支持双语参考文献等其他软件所不具备的功能，是中国科研人员和研究生们不可缺少的文献管理和论文写作工具。

优势：网络版软件，同一用户在不同计算机间的题录数据可自动同步更新；提供专门的读书笔记模块，方便读者记录一些好的研究想法；内置 PDF 阅读器，功能较强大，包括添加各种标记、注释以及书签；不仅是文献管理软件，更是一个分享资源、协作研究的专业平台；支持中文参考文献标准以及 EI 收录期刊双语参考文献格式；对中文文献的题录更新能力较强。

缺点：需注册账户才能使用

（三）Mendeley

是一款国外跨平台文献管理软件，同时也是一个在线的学术社交网络平台。可一键抓取网页上的文献信息添加到个人的 library 中。对比起传统的文献管理软件，比如 Endnote 之类的来说，它最显著优势就是开源并免费。比较适合本地操作和大量 PDF 的文件管理。

优点：免费软件；提供 Word 插件，支持边书写论文边插入参考文献；免费提供各 2GB 的文献存储和 100MB 的共享空间。

缺点：不支持中文参考文献标准；不能在软件中联机检索文献；对中文文献支持能力太差，（导入中文文献时标题呈现出乱码或 No title），虽然免费，但对于以后将用到大量中文文献的我们来说并不适用，且该软件没有汉化版本，学习和使用的难度较大。

（四）NoteExpress

NoteExpress 是北京爱琴海软件公司开发的一款专业级别的文献检索与管理系统，其核心功能涵盖"知识采集、管理、应用、挖掘"的知识管理的所有环节，是学术研究，知识管理的必备工具，发表论文的好帮手。

优点：已经做好了许多国内杂志的格式，不用自己再去建立新样式；支持笔记功能，可以随时对感兴趣的参考文献作笔记，并可进行分类管理；提供相关检索历史保存功能。

缺点：收费软件；不具有内置的 PDF 阅读器；不具备网络同步功能。

（五）Zotero

Zotero 是开源的文献管理工具，可以方便地收集、组织、引用和共享文献的工具。由安德鲁.W.梅隆基金会，斯隆基金会以及美国博物馆和图书馆服务协会资助开发。

优点：对在线文献数据库网页中的文献题录直接抓取（主功能）；申请账户后支持同步，100MB 免费空间，本地库无上限；支持文献笔记功能。

缺点：须使用 Firefox 浏览器；文献管理、分类方式较单一。

这些文献管理软件的功能大多是相似的，下面就以 CNKI E-study 为例具体说明一下文献管理软件的具体用法。

三、CNKI E-study 软件应用

在 CNKI 文献导入格式页面，找到 CNKI E-study 下载软件按钮，点击并下载安装。

图 2-2-1　CNKI E-study 软件下载页面

图 2-2-2　CNKI E-study 软件图标

打开 CNKI E-study，它的主要功能有资料管理、检索工具、阅读工具、笔记素材、开题报告、下载、写作与投稿、工具、帮助。下面对其功能一一进行介绍。

图 2-2-3　CNKI E-study 软件功能页面

（一）资料管理

在资料管理功能方面可以新建学习单元、导入学习单元、新建文件夹、导入本地文件夹、添加文件、新建题录、导入题录、导出题录、打开文件、打印文献格式转换等功能。

下面我们就举例进行说明，比如说，我们将自己需要的"教育技术"文献下载到桌面上，并建立文件夹，然后我们打开 E-study，建立学习单元、打开文献导入、点击打开文件，就会看到下图。

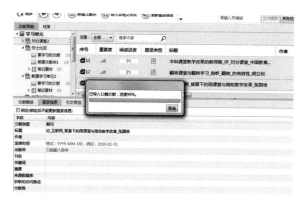

图 2-2-4 CNKI E-study 文献导入

图 2-2-5 CNKI E-study 文献导入成功

当文献导入成功后，我们打开所导入的文献，页面下方就会出现文献推送、题录信息、引文预览、摘要、属性、附件、备注等功能按钮。分别点击各个按钮，会出现相应的文献信息。

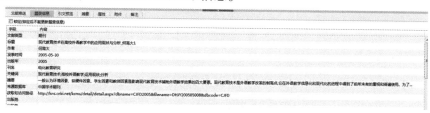

图 2-2-6 CNKI E-study 题录信息

图 2-2-7 CNKI E-study 引文预览

图 2-2-8　CNKI E-study 属性

图 2-2-9　CNKI E-study 摘要

图 2-2-10　CNKI E-study 附件

当对某个文献做备注时，比如认为此文为权威文献，我们可以点击备注，标题：权威，然后再具体内容方面编辑权威的理由。软件会有记录，下次我们就可以点击它，方便阅读。

图 2-2-11　CNKI E-study 备注

打开文献后，可以看到上面有显示目录、插入题录到 word、word 撰写、快速添加笔记、高亮、下划线、添加图片笔记、拖拽、选择文本、选择图像、文字识别、直线、曲线、椭圆、放大、缩小等按钮，紧接着有文内搜索，当我们想再搜索某个内容，文内搜索功能旁，输入关键词后即可搜索本文想要搜索的内容。

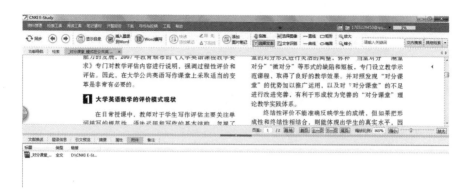

图 2-2-12　CNKI E-study 功能

（二）检索工具

检索工具方面，包括学者检索、科研项目检索、工具书检索、学术概念检索、翻译、统计指标检索、学术图片检索，学术表格检索和 Google scholar。

1. 学者检索

利用检索工具通过联网的状态下进行的，点击"学者检索"，就会链接到 CNKI 学者库，进入检索页面，输入学者姓名，就会搜索到有关学者的文献。

图 2-2-13　CNKI 学者库

例如输入著名学者"文秋芳"，所有名为"文秋芳"的信息就会出现，然后点击自己所需要的具体学者，就会出现"展示全部成果、学术影响力分析、学术关系网络、所在领域研究现状"等信息。

英语教育研究方法与论文写作的多维度阐释

图 2-2-14　CNKI 学者库检索

图 2-2-15　CNKI 学者库检索目录

2. 科研项目检索

点击"科研项目检索"就出现 CNKI 科研项目申报信息库；其中包括首页、最新申报信息、即将截止申报信息、全部项目的申报数量、申报中的数量、已经截止的数量，并且下边还有学科导航以及行业导航。

图 2-2-16 CNKI 科研项目检索

图 2-2-17 CNKI 科研项目检索学科导航

图 2-2-18 CNKI 科研项目检索行业导航

3. 工具书库

点击工具书检索就可以进入 CNKI 工具书库，这里包括工具书总库、语文馆、专业馆、百科馆、总书目、工具书类型、独立子产品、工具书旧版等。然后在检索框中输入自己所要检索的工具书名称，击检索即可。

图 2-2-19 CNKI 工具书库

语文馆包括汉语、英语、小语种、少数民族语种；百科馆；专业馆包括基础科学、工程科技、农业科技、医药卫生科技、哲学与人文科技、社会科学、信息科技、经济与管理科学；独立子产品包括中国基础教育精品工具书总库、智叟助教辅学平台、中国规范术语：全国科学技术名词审定委员会公布名词、汉语大词典—&康熙字典、植物志等等。

图 2-2-20　CNKI 工具书库馆

4. 学术概念检索

点击"学术概念检索"，将会检索的 CNKI 概念知识元库，这里包括全文检索、工具书、数字、学术定义及学科导航。

图 2-2-21　CNKI 概念知识元库

如在对话框中输入"学习策略"，点击搜索就会出现与此相关的文献信息：题名、作者单位、文献来源、发表时间、被引频次、下载次数等信息，这对论文写作中概念的搜索及概念的定义有很大的帮助。

图 2-2-22　CNKI 概念知识元库概念搜索

5. 翻译助手

点击 CNKI "翻译助手"，这里包括学术翻译必备词汇、近期中文热门查询词汇、近期英文热门查询词汇、缩略词等。在搜索框中输入要查询的内容，如输入"景泰蓝"就会查阅到相应的语言表达、双语例句、英文例句、相关文摘等。

图 2-2-23　CNKI 翻译助手

图 2-2-24　CNKI 翻译助手搜索结果

6. 统计指标检索

点击"统计指标检索",即可进入"中国经济社会大数据研究平台",包括统计年检导航、进度数据分析、年度数据分析、行业数据分析、国际数据、地区数据、部门产业数据、决策支持研究、我的统计数据。

图 2-2-25　CNKI 中国经济社会大数据研究平台

图 2-2-26　CNKI 统计年检导航

图 2-2-27　CNKI 进度数据分析

图 2-2-28　CNKI 年度数据分析

图 2-2-29　CNKI 行业数据分析

图 2-2-30　CNKI 地区数据分析

图 2-2-31　CNKI 部门产业数据分析

图 2-2-32　CNKI 决策支持研究

图 2-2-33　决策支持研究页面

图 2-2-34　决策支持研究设置页面

7. 学术图片检索

在检索工具中点击"学术图片检索"，就可以进入 CNKI 学术图片库，这里包括基础科学、工程科技、农业科技、医药卫生科技、哲学与人文科学、社会科学、信息科学、经济与管理科学；下拉菜单中包括热门图片、期刊论文图片、博硕论文图片、会议及其他图片。

图 2-2-35　CNKI 学术图片库

图 2-2-36　CNKI 学术图片库博硕论文图片

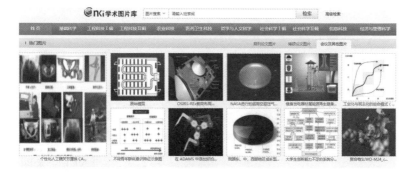

图 2-2-37　CNKI 学术图片库会议及其他图片

在学术图片库中输入关键词，如"外语教学"，点击检索，就会找到与此相关的图片，并且对图片进行了颜色、学科、发表年度、关键词、图片类别分类。我们就可以根据自己的需要进行图片下载，在下拉菜单对图片进行了综合排序、相关度、图片大小、出版日期、信息量、清晰度、全部下载的按钮，这样我们就可以很方便地查阅到所需要的图片。

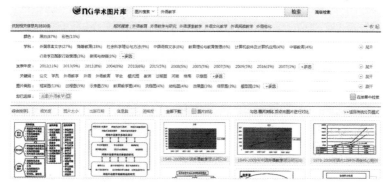

图 2-2-38　CNKI 学术图片库检索结果

8. 学术表格检索

点击检索工具中的学术表格检索，在对话框中输入需要检索的表格名称，例如输入"学习策略"就会减缩到与此相关的所有表格。

图 2-2-39　CNKI 学术表格检索

（三）阅读工具

阅读工具栏目下有拖拽、选择对象、选择文本、选择图像、文字识别、书签、对比阅读、页面导读（首页、上页、下页、末页可以选择）、页面显示（连续、单页、对开、连续对开）、适合页面、适合宽度、实际大小、显示/隐藏目录、显示/隐藏标注及安全背景设置功能。

在论文的写作过程中，还有一个常用的功能，就是"文字识别"功能，当看到一篇文献的时候，我们想引用里边的一段文字，可以直接点击"文字识别"，将所引用的内容选定后，然后点击，就会出来一个对话框，文字识别为 word 版，然后发送到所要编辑的文档，避免了文字编辑过程中出现困难。

图 2-2-40　CNKI E-study "文字识别" 功能

图 2-2-41　CNKI E-study 文字识别结果

图 2-2-42　CNKI E-study "文字识别" 发送对话框

（四）笔记素材

在笔记素材菜单下有背景及意义、国内发展现状、国外发展现状、直线工具、曲线工具、椭圆工具、显示/隐藏页面笔记数素材、显示/隐藏文件笔记素材、删除笔记素材等功能键。

打开学习单元后，可以对阅读文献做笔记，进行直线、曲线、椭圆笔记的标注；也可以选择文本后，快速添加笔记、高亮、下划线、添加笔记、背景及意义、国内发展现状、国外发展现状。

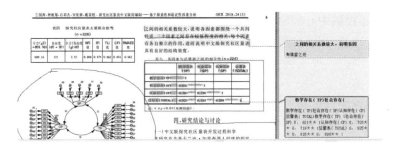

图 2-2-43　CNKI E-study "文笔记素材"

（五）开题报告

开题报告下设生成开题报告，CNKI 开题报告模板。此模板中，有首页、选题背景及意义、国内外本学科领域的发展现状、课题主要研究目标、研究内容、预期目标、拟采用的研究方法技术路线及其可行性分析、预期的研究进展、参考文献等。

在论文写作中最常用的功能是"插入题录到 word"，当点击此按钮后，可以直接插入参考文献，这样就很省力，不用再进行文献的上标、排序以及后边的引用文献的格式书写，这为论文写作提供了极大的便利。

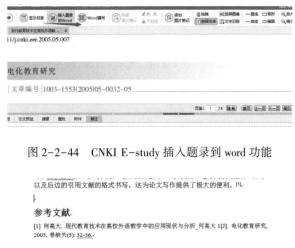

图 2-2-44　CNKI E-study 插入题录到 word 功能

以及后边的引用文献的格式书写，这为论文写作提供了极大的便利。[1]

参考文献

[1] 何高大. 现代教育技术在高校外语教学中的应用现状与分析_何高大 1[J]. 电化教育研究, 2005, 卷缺失(5): 32-36.

图 2-2-45　CNKI E-study 插入题录到 word 功能图例

（六）写作与投稿

写作与投稿包括选择出版物撰写论文、进入 word 撰写、选择出版物投稿、CNKI 投稿中心及管理我的投稿库。

点击选择出版物撰写论文，首先将自己需要出版的刊物，点击后就会出现中文期刊、外文期刊，然后有期刊名称、出版周期、影响因子、主办单位、投稿模板、投稿说明。选择某一刊物开始撰写，这样写下的论文就和这一刊物的要求是一致的，而且有投稿说明，这样极大方便了论文写作及投稿的采稿率。

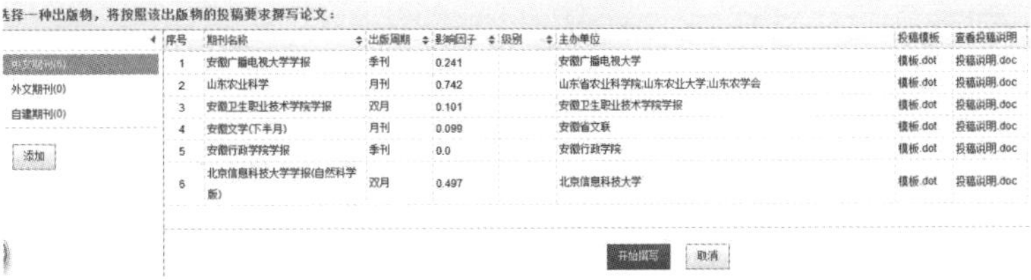

图 2-2-46　CNKI E-study 选择出版物撰写论文

选择自己将要投稿的期刊开始撰写，撰写完毕后直接打开投稿，选择出版物进行投稿，点击投稿后就可以直接进入该期刊的投稿系统进行投稿。

图 2-2-47　CNKI E-study 选择出版物投稿

图 2-2-48　CNKI E-study 出版物投稿

此外，CNKI E-study 还有下载（下载全文、下载管理、下载设置），工具菜单（文件同步失败记录、环境检测报告），帮助菜单（意见反馈、产品中心、产品升级、关于、导出日志）等功能。

注：※下载电子版文献时（CAJ，PDF，html），把文章题目粘贴为文

件名（文件名不能有特殊符号）。

※不同主题存入不同文件夹。文件夹的题目要简短，如：PD，LTP，PKC。

※看过的文献归入子文件夹，最起码要把有用的和没用的分开。

※文献根据重要程度在文件名前加 001，002，003 编号，然后按名称排列图标，最重要的文献就排在最前了。此外重要文献要注意追踪，及时修正实验。

第三节　检索网站

21 世纪是信息的社会，要在这个高速发展的时代中生存，就必然要懂得如何搜集信息、运用信息。而文献检索就是我们的工具。

一、中文文献检索

（一）中文图书

※鸠摩搜书：https：//www. jiumodiary. com/（各类网盘，外链网站检索）

※读秀：http：//www. duxiu. com/（唯一检索到书的内容的强大引擎!）

※超星：http：//book. chaoxing. com/（手机软件更好用）

※豆瓣：https：//www. douban. com/（书目必搜）

※淘宝：https：//www. taobao. com/（自费的书可能会出现）

※当当：http：//www. dangdang. com/（查新书；没货的书也有记录）

※孔夫子旧书网：http：//www. kongfz. com/（总有罕见的旧书浮现）

※西林街：http：//www. xilinjie. com/（非会员一天只能检索 3 次）

（二）中文论文

※中国知网：http：//www. cnki. net/

※嗨论文图书馆：http：//www. hilunwen. com/（在线可以买账户，非

常便宜。用 4 元购买一个月 vip，可以永久登录知网、万方、维普、独秀等网站。）

※国家哲学社会科学文献中心

图 2-3-1　国家哲学社会科学文献中心首页

国家哲学社会科学文献中心是由中国社会科学院牵头，教育部和国家新闻出版广电总局配合建设，2016 年 12 月 30 日正式上线运行。

主要开设有资讯、资源、专题、服务四个栏目，资源包括中文期刊、外文期刊、外文图书、古籍四类，收录哲学社会科学相关领域文献共计10000000 余条，提供有线阅读、全文下载等服务；还收录有国内外哲学社会科学领域重要的政府机构、高等院校、学术机构以及数据库的链接便于广大读者查阅、使用。初步形成国家哲学社会科学学术期刊数据库、外文学术期刊数据库、中国社会科学院科研成果数据库等特色资源数据库。

二、英文文献检索

（一）英文图书

※书贼网：http：//booksc. org/（强大到无法想象）

※ 杰 尼 西 斯 图 书 馆：http：//libgen. io/（ 备 用 网 址：http：//gen. lib. rus. ec/）

※印度电子图书馆：http：//www. new. dli. ernet. in/

※ 亚 马 逊 海 外 购：https：//www. amazon. cn/b/？ &node = 1403206071&tag = baiduiclickcn-23&ref = pz_ ic_ AGS_ N_ 17119_ 8049

（二）英文论文

（1）EBSCOO 发现系统：检索相关性最高，最强大。一般图书馆会购买。http：//eds. a. ebscohost. com/eds/search/basic？ sid = a611a66c - 4548 - 42b0-b8eb-fc6651d80f25@ sessionmgr4010&vid =1&hid =4202

（2）ProQuest：http：//search. proquest. com/

（3）PQDD 学位论文：http：//search. proquest. com/？ _ ga（英文硕博论文必用）。

（4）JSTOR：http：//www. jstor. org/（提供大量版权过期英文论文的免费下载）

（5）超星发现系统：http：//ss. chaoxing. com/（可以搜索到大量的英文文献，并且通过邮箱免费传递，工作人员大概一天就将文献发送到邮箱。一些罕见文献竟可通过这个找到。用超星手机软件"学习通"更方便！）

（6）百度学术：http：//xueshu. baidu. com/（近几年真的愈发强大了！）

（7）谷歌镜像：http：//uuu. tn/yxueshu. exe（浏览器访问该地址，绿色免安装程序，仅 568kb，超精简，下载至桌面即可）

（8）虫部落：http：//scholar. chongbuluo. com/

（9）剑桥学术期刊网：https：//www. cambridge. org/core/

（10）Springer：https：//link. springer. com/

（11）Cite Seer X：Cite Seer X 是免费论文搜索网，是 Cite Seer 的换代产品，而 Cite Seer 引文搜索引擎是利用自动引文标引系统（ACI）建立的第一个学术论文数字图书馆。Cite Seer X 的检索界面简洁清晰，默认为文献（Documents）检索，还支持 Authors、tables 检索。若选择"Include Citations"进行搜索，期刊文献等检索范围会扩大，不仅包括学术文献全文的数据库，还会列出数据库中每篇论文的参考文献。点击"Advanced Search"，还可以进入高级检索界面。高级检索会增加检索的精确度，除了支持作者、作者单位、篇名等基本检索之外，还支持文本内容以及用户为论文定义的标签等更为详细的检索。

图 2-3-2　Cite Seer X 首页

（12）Find Articles：Find Articles 作为文献论文搜索引擎，提供了多种顶极刊物的上千万篇论文，涵盖多方面的内容，包括艺术、商业、计算机与技术等。该网站大部分为免费全文资料，检索操作简单，查找十分方便。Find Articles 资料来源较为广泛，主要是来自于杂志、定期刊物和报纸等。

图 2-3-3　Find Articles 首页

（13）HighWire：HighWire，斯坦福学术文献电子期刊，由美国斯坦福大学图书馆创立，全球最大的学术文献出版商之一，世界上最大的免费科学期刊库。收录的期刊覆盖以下学科：生命科学、医学、物理学、社会科学，输入需要查找内容的关键词即可，提供免费全文阅读。

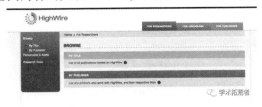

图 2-3-4　HighWire 首页

三、视频类网站检索

（一）电影：

※看巴士：http：//www.kan84.net/
※电影天堂：http：//www.dytt8.net/index.htm（rmvb 标准压缩）

※西林街：http：//www.xilinjie.com/（网盘搜索）

※天天美剧：http：//www.ttmeiju.com/（美剧神速更新）

※BT兔子：http：//www.btrabbit.cc/（种子神器）

※彩虹影院：http：//www.caihong.cool/list1

※豆瓣：https：//www.douban.com/

※字幕库：http：//www.zimuku.net/（解决电影没有字幕的问题）

※疯狂解析：http：//www.v718.com/

（二）公开课：

※网易公开课：https：//open.163.com/

※超星视频：http：//video.chaoxing.com/（手机软件"学习通"更强大！）

※新浪公开课：http：//open.sina.com.cn/

※中国公开课：http：//opencla.cctv.com/

※百家讲坛：http：//tv.cctv.com/lm/bjjt/

四、网络检索技巧

（1）Google是一个很好的图书馆。因为国外的论文全文通常都是pdf格式的，所以不妨在输入的论文名字前加个"pdf"作为关键词搜索。

（2）如果通过这些全文数据库还不能查阅到所需要的论文，不妨把论文发表期刊页码记下来，然后到Google上搜索其working paper。如果还不能搜集到，那么还可以尝试搜寻作者的主页。如果仍然没有，还可以尝试通过作者的邮件地址直接写信索取。

（3）检索词的转换：常见的转换是同义词、近义词、相关词（与检索词不是同一个意思但是有关联的词）、单复数及缩写形式，如果是动词还有可能有不同的时态。

（4）使用截词符：虽然从理论上来说我们找到所有的同义词和近义词可以扩大检索结果，但是要想做到这一点是相当困难的。这时可以利用截词符来帮忙。一般用的截词符是"？"和"＊"表示1个字符。例如comput？表示computer，computers，computing等。

（5）使用上位词：有些检索系统有主题词途径，则可以选用上位主题词。例如水果是苹果的上位词。一般我们检索文献不是英文就是中文的，对于其他语种的则不做要求。如果是要求查全率很高，则可以检索一些不常用的语种的文献，如日文、法文、德文等。

（6）如果这些方法都尝试了还不行，还可以在 EBSCO 查阅国内馆藏，请求帮助。

（7）最后，尝试以上各种办法都无法得到某篇文献，要么忍痛放弃，要么只有求助国外的朋友，或者从其他文献中间接引用。

第四节　如何读文献

阅读文献对科研和撰写研究论文来说是最基本的，以下为文献阅读经验总结，希望能让读者有所思考和感悟。

一、注重文献选择

（1）关键词、主题词一定要选好，这样，才能保证所要内容的全面。因为换个主题词，可以有新的内容出现。

（2）查 SCI、EI、SSCI、CSSCI 或该领域的权威期刊，知道在这个领域有建树的学者，找他近期发表的文章。

（3）如果有与自己课题相关或有切入点的综述，可以根据相应的参考文献找到那些原始的研究论文。

（4）注意文章的参考价值，刊物的影响因子、文章的被引次数，这些能反映文章的参考价值，同时要注意引用这篇文章的其他文章是如何评价这篇文章的。

二、文献阅读

（一）集中时间看文献

看文献的时间越分散，浪费时间越多。集中时间看更容易联系起来，形成整体印象。

（二）注重摘要

摘要可以说是一个论文的窗口。多数文章看摘要，少数文章看全文。真正有用的全文并不多，过分追求全文是浪费，不可走极端。当然只看摘要也是不对的。多数文章题目、摘要简单浏览后，直接把几个 Figure 及 Title 一看，一般能掌握大部分。

（三）通读全文

读第一遍的时候一定要认真，争取明白每句的大意，如果是英文文献，能不查字典最好先不查字典。因为读论文的目的并不是学英语，而是获取信息，查了字典以后思维会非常混乱，往往读完全文不知所谓。可以在读的过程中将生字标记，待通读全文后再查找其意思。读英文原版文献有窍门的，我们每个单词都认识读完了却不知他在说什么，这是最大的问题。在阅读的时候一定要注意大量的关系连词，它们承上启下引领了全文。中国人喜欢罗列事实，给出一个观点然后就是大量的事实，这也是中文文献的特点，我们从小都在读这样的文章，很适应。西方人的文献注重逻辑和推理，从头到尾是非常严格的，就像 GRE 里面的阅读是一样的，进行的是大量重复、新旧观点的支持和反驳，有严格的提纲，尤其是好的杂志体现得更为突出。读每一段落找到它的主题，往往是很容易的，大量的无用信息可以一带而过，节约宝贵时间和精力。

（四）增加阅读量

由于刚刚接触这一领域，对许多问题还没有什么概念，读起来十分吃力，许多内容也读不懂。随着阅读量的增加，最后可以实现融会贯通。所以，对新手而言，应当重视阅读文献的数量，积累多了，自然就由量变发展为质变了

（五）做好记录和标记

复印或打印的文献，直接用笔标记或批注。PDF 或 html 格式的文献，可以用编辑器标亮或改变文字颜色。这是避免时间浪费的又一重要手段。否则等于没看。

注意：

（1）每次读完文献（不管是细读还是粗读），合上文献后，想想看，文章最重要的关键信息是什么，如果不知道，就从 abstract、conclusion 里

找，并且从 discussion 里最好确认一下。这样一来，一篇文章就过关了。关键信息其实都不会很多，基本上是一些 concepts，如果你发现你需要记得很多，那往往是没有读到重点。

（2）扩充知识面的读法，重点读 introduction，看人家提出的问题，以及目前的进展类似的文章，每天读一两篇，一个月内就基本上对这个领域的某个方向有个大概的了解。读好的 review 也行，但这样人容易懒惰。

（3）读文章的时候，尤其是看 discussion 的时候，看到好的英文句型，最好有意识地记一下，看一下作者是谁，哪篇文章，哪个期刊，这样以后写的时候效率高些。比自己在那里半天琢磨出一个句子强得多。当然，读的多，写的多，你需要记的句型就越少。其实很简单，有意识地去总结和记忆，就不容易忘记。这里建议英语不强的同学使用之前说过的 AI 写作助手，从首页可以看到目前已经有 400 万的语料，相信这个工具对提高写作效率会大有帮助。

（4）把下载的论文打印出来，根据与自己课题的相关性分三类，一类要精读，二类要泛读，三类要选择性的读。分别装订在一起。

（5）看完的文献千万不要丢在一边不管，3-4 个月一定要温习一遍，可以根据需要，对比自己的试验结果来看。

三、英文文献阅读

（1）先找 5 篇跟自己论文最相关的外文文章，花一个月的时间认认真真的看，反复看，要求全部读懂，不懂的地方可以和同学或老师交流一下。一个月以后你就已经上路了。

（2）如何读标题：不要忽视一篇论文的标题，看完标题以后想想要是让你写你怎么用一句话来表达这个标题，根据标题推测一下作者论文可能是什么内容。有时候一句比较长的标题让你写，你可能还不会表达。下次你写的时候就可以借鉴了。

（3）如何读摘要：快速浏览一遍，这里主要介绍这篇文章做了些什么。也许初看摘要不好理解，看不懂，这时候不要气馁，不管它往下看，等你看完这篇文章的时候也许你都明白了。因为摘要写得很简洁，省略了很多前提和条件，在你第一眼看到摘要而不明白作者意图的时候看不懂是正常的。

（4）如何读引言：当你了解了你研究领域的一些情况之后，看引言应该是一件很容易的事情了，都是介绍性的东西，写的应该都差不多，所以看文献多了以后看这部分的内容就很快了，一扫而过。对有些写得很经典的句子要记下，下次写就可以用了。

（5）如何读：当文献看多了以后，这部分内容也很简单了，无非就是介绍研究问题、工具、被试及步骤。

（6）如何看试验结果：看结果这部分一定要结合结果中的图和表看，这样看得快。主要看懂试验的结果，体会作者的表达方法（例如作者用不同的句子结构描述一些数字的结果）。看完以后再想想：就这么一点结果，别人居然可以大篇幅地写这么多，要是我可能半页就说完了。

（7）如何看分析与讨论：这是一篇文章的重点，也是最花时间的。一般不急于看分析讨论。自己会想，要是这些结果自己会怎样来写这部分分析与讨论呢？然后慢慢看作者的分析与讨论，仔细体会作者观点，为我所用。当然有时候别人的观点比较新，分析比较深刻，偶尔看不懂也在情理之中。当你看得多了，你肯定会看得越来越懂，自己的观点就会越来越多。

（8）如何看结论：当把论文看完时，这个时候看结论就一目了然了，如果再反过去看摘要，其实差不多。

（9）在写论文时，我们也可以借助"AI 学术写作平台"来优化和帮助提高写作质量。

AI 学术写作平台简介：基于目前全球准确率最高的自然语言识别模型－BERT 对全网百万级以上的在线 SCI 论文数据进行分析、处理、匹配。为保证数据源的权威性，所有论文均为已在线的 SCI 论文。数据库涵盖所有学科，实时更新入库，目前已收录 5775730 条语料。

科技类论文具有格式化写作的特点，即论文不同部分具有特征的表达方式。根据这一原理，平台根据论文写作实际场景分为多个模块，根据不同论文类型包括综述（Review）、病例报道（Case report）及论著（original article）。

论著根据文章结构又分：

※Title（标题）

※Abstract（摘要）

※Keywords（关键词）

※Background/Introduction（背景）

※Materials and methods（材料和方法）

※Results（结果）

※Discussion（讨论）

用户可以选择相应模块，输入关键词，多个关键词可空格分开，也可以输入一句话，支持双语输入（中/英），系统自动搜索海量数据，匹配语义最相近的内容，并予以中英翻译展示，用户单击英文结果，即可复制至写作区。具体如图 2-4-1 及 2-4-2 所示。

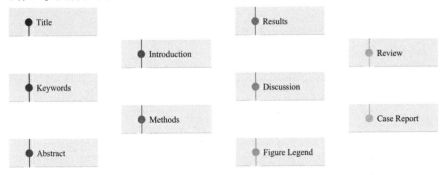

图 2-4-1　AI 学术写作平台

图 2-4-2　AI 学术写作平台页面

阅读文献是每个研究者在整个研究过程中必须经历的一个阶段。我们可以通过人工搜索或计算机搜索的手段确立需要阅读的资料。在开始阅读文献之前，先要建立一份意向性阅读书目，然后划出阅读材料的范围。接着要做的是确定哪些材料需要详细阅读。

第三章　个案研究

近年来，随着我国外语教学工作的持续推进，越来越多的外语教师和外语学习者开始加入应用语言学研究的队伍中。进行应用语言学研究，必先洞悉相关研究方法。所谓工欲善其事，必先利其器，学术研究的成功与否在很大程度上取决于所选择的研究方法。量化研究和质性研究就是应用语言学研究中最常用的两种方法。一般而言，量化研究关注某种现象的发展趋势和结果，而质性研究则侧重对该种现象背后的原因和过程进行解释；量化研究主要关注现象，而质性研究则透过现象看本质，质性研究一般情况下选样较少，通常情况下采用个案研究。在应用语言学研究中，对于某种现象，研究者希望知其然，更希望知其所以然。近年来应用语言学领域一些重要国际学术期刊上，质性研究文章的比例逐步增加。但是质性数据收集费时费力，面对质性数据的处理，研究新手往往感到一片茫然，不知所措。目前，市面上关于质性研究的著述，多侧重理论阐述，对于质性研究过程的具体操作，特别是应用语言学领域的质性研究步骤缺乏详尽的指导。本章以应用语言学研究中的案例分析为主，辅以简单明了的理论解释，力求对质性研究的设计和分析方法以及成果报告进行系统、具体的阐释。

第一节　概论

质性研究强调在自然环境中，以研究人员作为主要研究工具进行多种数据的收集。研究人员通常基于收集到的数据，采用归纳分析的方法，从研究对象的角度，借鉴相关理论对所研究的现象进行分析和解释。

一、何时需要质性研究

什么时候需要作质性研究呢？当我们需要探索某个问题或事件并想对此得到全面详细的理解时，我们需要作质性研究。当我们需要了解一个群体或想知道他们的所思所想时，也需要作质性研究。这些研究只能通过与相关人员直接交谈，去他们的住所或工作单位拜访，听他们讲述自己的经历等方法才能实现。当我们想从研究对象视角看问题时，我们常采用质性研究的方法，因为我们希望研究对象与我们分享他们的故事和经历，缩小研究人员与研究对象之间的距离。为了进一步缩小研究人员与研究对象之间的距离，我们也可以直接与研究对象合作，如请他们评述我们的研究问题或请他们参与数据收集和分析的过程。我们进行质性研究是因为我们想理解研究对象所处的社会文化环境对研究对象行为或信念的影响。我们也可以通过质性研究进行量化研究的后续研究，发现各种因果关系或模型之间的内在关系。量化研究给我们提供了一个事件发生或发展的宏观趋势，却不能告诉我们研究对象为什么和在什么环境下做出这样的回答，他们给出这些回答背后的深层思考是什么。当现有理论无法解释某个问题的复杂性时，我们需要通过质性研究去发展新的理论。当统计分析无法解释研究问题时，如有关人们之间的交往，以及性别、种族、经济地位、个体差异对某种现象或事件的影响，我们就需要采用质性研究方法。质性研究还可以是大型量化研究的有力补充，但不是其替代品。

作质性研究，研究人员需要哪些投入呢？质性研究对研究人员的最核心要求就是投入大量时间和相关资源，一般要求研究人员做到如下四个方面。

（1）在研究场地投入大量时间。研究人员需要在研究场地度过数小时、数日、数月或数年，广泛收集数据，赢得研究对象的信任和支持，获得局内人的视角。

（2）参与复杂、费时的数据分析过程。从大量的数据中理出主题或分类。对于大多数质性研究人员来说，数据分析常常是孤独、纠结的过程，因为数据往往非常复杂、多样，所以数据分析的整个过程具有很强的挑战性。

（3）撰写长篇报告。质性研究的数据内容丰富，研究人员需要从多角度分析、阐释某个观点。由于引用研究对象的话语，研究报告通常比较长。

（4）开展质性研究通常没有固定的准则或具体的步骤可以遵循。整个研究过程是不断演化和变化的，因而很难完全按照别人的方式来开展自己的质性研究。

二、概念

质性研究（qualitative research）旨在探索人类如何理解他们的世界以及他们在这个世界中的经历。质性研究关注人们经历过的、感觉到的社会体验，努力理解某个环境下某个事件或现象发生的前因后果。此类研究的目的不是要预测未来是否会发生类似的事件或现象，而是要理解某种环境对研究对象的影响。研究人员追求对某种事件或现象的深层次理解，整合研究对象的每个经历，并通过自己的感悟展现出来。这种研究通常是在自然的环境下进行，研究对象数量很小，而且是有目的地选取出来的。研究人员需要花大量的时间进入研究场地，与研究对象深度交流。质性研究注重过程、意义和理解，因而质性研究的成果具有丰富的描述内容。研究人员在报告研究发现时，常常会引用研究对象的话语、文本资料中的记载、图片等相关数据进行佐证。

质性研究人员总是努力展现某个问题或事件的全貌。因此，质性研究人员通常从多角度报告所研究的问题或事件，力争找到相关的各种因素及其内在联系，掌握事件发生的全貌。质性研究人员不会拘泥于多种因素之间的因果关系，而会寻找多种因素之间复杂的、相互影响的内在关系。表3-1-1 概括了质性研究和量化研究的主要差异（陈向明，2001；Merriam，1998）。由于指导思想之间的差异，质性研究和量化研究所关注的焦点各有不同。简单地说，质性研究是通过研究人员和研究对象之间的互动对某一现象或事件进行深入、细致、长期的体验，从而逐渐全面地理解该现象或事件的"本质"。而量化研究主要依靠对某一现象或事件可以量化的部分及其相关关系进行测量、计算和分析，以达到对现象或事件"本质"的一定把握。当然，我们也要注意不要人为地夸大两者之间的区别。事实上，任何一项研究都是一种对"本质"的研究，也都有"质性"的成分。即使在量化研究中，也不能排除研究人员的主观决策，如选择研究问题，设定理论假设，确定统计变量等。因此，我们应把表 3-1-1 中质性研究与量化研究的对比看成是二者在几个不同层面上侧重点的不同，而不是绝对的对立。

表 3-1-1　质性研究与量化研究的特点对比

方面	质性研究	量化研究
研究重点	质（本质）	量（数量）
研究重点	现象学	实证主义
研究目标	理解，描述，发现，提出新假设	预测，控制，证实，验证假设
研究内容	事件，过程，意义，整体探究	事实，原因，影响，事物
研究人员	反思的自我，互动的个体	客观的权威
研究人员与研究对象的关系	密切接触，相互影响	相对分离，避免影响
设计特点	灵活性，渐进性，演变性	预设性，结构性
抽样方法	目的性抽样，样本较小	随机抽样，样本较大
数据采集方法	研究人员作为主要研究工具，访谈，观察，文件手机	非互动采集方法（测试，问卷，统计表，计算机等）
研究阶段	演化，变化，重叠交叉	分明，事先设定
分析框架	逐步形成	事先设定
分析方式	研究人员归纳，寻找主题，贯穿研究全过程	用统计方法演绎，在资料收集之后
数据解释	文化主位，互为主体	文化客位，主客对立
研究发现	全面性，综合性，丰富描述性，独特性，地域性	精确性，数字性，概括性，普遍性
效度	相互关系，证伪，可信性，严谨性	固定的检测方法，证实
推广度	认同推广，理论推广，累计推广	可控制，可推广到抽样总体

三、个案研究

个案研究（case study）没有一个统一的确切定义，因为个案研究的研究重点和研究对象的数量可以是一个，也可以是几个，甚至更多。但是个案研究的核心是对某一个特殊案例或几个案例（如学校、教师、学生、专业等）进行深入细致的研究。访谈是其中最常用的一种数据收集方法，书面资料收集、观察等则用于收集相关辅助数据。研究人员常常根据其研究所基于的理论框架或相关文献的掌握确定要收集的数据种类。例如，如果研究人员认为某一群体英语学习的成功主要取决于与同学和家长的交流以及课堂教学，就会收集这些能影响英语学习的相关数据。

个案研究在外语教育研究中运用比较广泛，主要用于探究从教师和学生的角度理解外语教与学的过程。很多外语教育个案研究也是一种过程性研究，既要调查某个体或团体的背景、现状及所处的社会环境，又要调查某个体或团体在发展过程中的成长规律、顺序和变化。比如，可以用个案研究的方法对某位教师或某组学生进行跟踪调查，了解教师的教学信念和教学方法，或了解学生对英语学习的态度、动机及学习效果等。此类研究也需要对研究对象所在学校的各方面情况进行详细了解，通过深入访谈了解研究对象的教育等方面的背景情况，并在报告中进行细致描述。由于个案研究是研究某一个或几个案例，案例的选择需要格外注意。大多数案例的选择都是有目的性的。对于刚起步的研究人员来说，个案研究看上去很容易，对案例进行详细描述就可以了，但事实上，个案研究与其他质性研究方法一样，要想找出案例之间的关系并上升到理论层面仍需要花很大力气。

第二节　数据收集

在明确了研究问题和研究思路之后，研究人员就该准备进入研究场地收集数据了。质性研究的数据来源多种多样，常用的数据来源方式包括观察、访谈、有声思维及日记等。

一、观察

定性研究方法的首要原则是研究者不操纵研究背景，而是把研究背景看成是自然发生的事件、过程、相互关系。它的目的是了解在自然发生的状态下的自然发生的现象。自然观察方法也就是以发现为本的方法：研究者事先不带有任何框框，尽量避免操纵所研究的背景，也不对研究结果提出任何制约。所以这种方法十分强调不干预性。我们所观察的语言和文化处于一个动态发展的过程，必须忠实地记录这些发展，收集各方面的数据。自然观察的方法也叫作现场调查研究，现场调查研究收集的是定性的数据。和自然观察法很不相同的是实验方法，实验方法采用控制和操纵的手段，根据假设专门设计实验，使某些要观察的行为在实验室的环境下更为集中地显示出来。尽管自然观察和实验方法的出发点和所采取的途径不一样，但是它们可以互为补充，相辅相成。自然观察可用于考察现象，发现问题，从一般到特殊；而实验方法可以对所发现的问题进行集中和系统的观察，从特殊到一般。把两者的结果加以对照和比较，就能由表及里，深入事物的本质。在讨论定性研究方法时，我们也顺便接触到实验方法，以资比较。

（一）分类

视观察者在现场调查中的地位和作用，可以分为直接的（非参与性的）观察、参与性观察两种。

1. 直接观察

调查人完全不参与其所调查的事件的任何活动，只是客观地观察整个活动的过程，这种从旁观察的方法能够保证数据的客观性和准确性，但是所能获得的数据都是表面的语言材料，说话人的经验和感受则难以了解，所以观察人虽然不会影响所调查的事物，但却不易深入了解所调查的事物。

2. **参与性观察**

观察者参与他所观察的活动，但有程度上的不同，一种是完全参与的观察，被调查的人不知道观察者的身份和调查目的，调查者参与所有他感兴趣的领域，和被调查人自然地进行交往。调查者可以是真心实意地，也可以装成真心实意地参与活动，总之人们不知道他是一个调查者，还是一个参与者。这种观察方法的好处是能够以参与者的身份获得亲身感受，但参与活动本身往往会影响你所要观察的社会过程。另一种是作为观察者参与（participant-as-observer）的观察，参与所调查的全部活动，但要让人们知道你是在进行调查研究。这种调查方法的问题在于被调查人可能把注意力转移到你的研究项目，而忽略了社会活动的自然性，使你所调查的活动缺乏典型性。还有一种是作为参与者的观察者（observer-as-participant）的观察，调查者的身份是明白的，他也参与被调查人的社会过程，而且并不假装他是真正的参与者。

（二）观察量表的运用

由于观察过程比较复杂，影响因素较多，现在许多采用观察法的研究采用量表进行研究。就拿课堂话语研究来说，在国外，第二语言教学研究自 20 世纪 60 年代以来，随着研究者对课堂和课堂研究的关注，课堂观察工具应运而生，早期的课堂观察工具有 Jarvis 课堂观察量表（1968）、Politzer 教师行为特点量表（1969）、Rothfarb 师生互动量表（1970）、70 年代又相继出现了 22 种课堂观察量表，但很多国"量表对课堂活动的划分存在很大的随意性"目前，国外第二语言教学的课堂研究中，普遍使用的是由 Nina Spada、Maria frohlich 和 Patrick allen 于 1984 年提出的 COLT 量表，该量表产生 20 年来，广泛应用于第语言课堂观察研究。它以设计合理，使用简洁而著称，如表 3-2-1 所示。

表3-2-1 COLT量表

Communicative Orientation of Language Teaching(COLE):Part.A

SCHOOL _____ GRADE(A) _____

TEACHER _____ LESSON(MINITES) _____ DATE _____

SUBJECT _____ OBSERVER _____

Col.1	Col.2	PARTIC.ORGANIZATIO							CONTENT						OTHER TOPICS														TOPIC CONTROL			STUDEY MODALITY						MATERIAL								
TIME	ACTIVITIES	Class N			Group p	Com b.			MAN		LANGUAGE				NARROW			LIMITED				BROAD								OL									TEX T					USE		
		T↔S/C	S↔S/C	S↔S/C	Same	Different	Individual	Grid	Procedure	Discipline	Form	Function	Discourse	Socioling	Classroom	Stereotype	Ped/Bio	Other Personal	Rout/C soc	Fam/Com	School/T	other	ablitied	Pers/Ref	Literation	Model/T	Other	Teacher	Teacher & Stu	Student	Listening	Speaking	Reading	Writing	Other	Minimal	Extended	Audio	Visual	Pedagogic	Semi-Pedag	Non-Pedag	High Control	Semi Control	Mini Control
		3	4	5	6	7	8	9	10	11	12	13	14	15	16	17	18	19	20	21	22	23	24	25	26	27	28	29	30	31	32	33	34	35	36	37	38	39	40	41	42	43	44	45	46	47	48	49

Communicative Orientation of Language Teaching (COLT):Part B

COMMUNIC. FEATURES		TARGET LANG		INFORMATION GAP				SUS. SPEECH		REACTION TO COMES.	INCORPORATION of S.UTTERANCE						TARGET LANG	TARGET LANG			INFORMATION GAP				SUST SPEECH		FORM RESTR	REACTION TO COMES.	INCORPORATION of S.UTTERANCE					
Notalk	Off-task	L2	L1	Giving Info Predict.	Giving Info Unpred.	Request Info Pseudo	Request Info Genuine	Minimal	Sustained	Explicit Code Reaction	No Incorp.	Repetition	Paraphrase	Comment	Expansion	Elaboration	Choral (Choral)	L2	L1	Disc.-Initiat.	Giving Info Predict.	Giving Info Unpred.	Request Info Pseudo	Request Info Genuine	Ultraminimal / Minimal	Sustained	Restricted / Limited / Unrestricted	Explicit Code Reaction	No Incorp.	Repetition	Paraphrase	Comment	Expansion	Elaboration

1. COLT 量表观察项说明

COLT 量表由两部分组成：Part A 用于描述课堂上一段时间内的活动，Part B 用于描述师生或者生生之间话语的互动交际特征。Part A 由七个观察项组成：时间（time）、活动（activity）、组织形式（participant organization）、话语内容（content）、话题控制（content control）、学生状态（modality）、材料（materials），每一个大的观察项中又包含若干具体的小观察项。COLT 量表的 Part B 由 Teacher verbal interaction and Student verbal interaction 组成，用于分别考察师生的课堂互动交际情况。教师交际互动量表（teacher verbal interaction）包含交际特征（communicate features）、目标语（target language）、信息差（information gap）、持续话语（sustained speech）对形式或意义的反应（reaction to form or message）、对学生话语的反馈（Incorporation of students utterance）等观察项；学生交际互动量表（student verbal interaction）包含目标语、信息差、持续话语、对形式或意义的反应、对教师/学生话语的反馈（incorporation of students utterances）和形式约束（form restriction）。

COLT 量表在使用上比较简便，观察者持该表在课堂上见场记录。

首先在 activity/ episode 一栏，记入课堂活动的内容，在 time 栏记录该活动开始的时间，然后对该项活动中涉及的观察项进行分项记录。如热身环节，包括教师向学生问候和点名两项，开始时间为 10：30，观察者应将"10：30"记入"time"栏，在"activity/ episode"中记入"热身（问候、点名）"，因为该活动涉及全班集体活动，并且是教师针对全班学生，所以在"class"中的 T-S/C 和 Choral 对应的方框中打"√"，由此完成对一项课堂活动的观察记录，下表展示了该项活动的具体操作（表 3-2-2）

表 3-2-2　COLT 量表操作

		class			group		indiv		man
		T-S/C	S-S/C	Choral	Same task	different tasks	Same task	Different tasks	procedure
1	2	3	4	5	6	7	8	9	10
10：30	热身（问题、点名）	√		√					

		class			group		indiv		man
		T-S/C	S-S/C	Choral	Same task	Different tasks	Same task	Different tasks	Procedure
1	2	3	4	5	6	7	8	9	10
10:30	热身（问候、点名）	√		√					

　　此量表的 A 部分和 B 部分分别考察了课堂活动的两个方面。A 部分提供了整个课堂活动的纵向考察，从活动内容的话语形式展现整个课堂的全貌，将课堂活动的不同方面分类列出，同时又对每一大类加以细化概括；B 部分是专门为师生交际互动设计的量表，它将教师语言和学生语言分别进行设计，单独统计，有利于考察师生的课堂话语互动情况。此量表的设计全面，既注重整体，又突出重点。在使用之前，研究者需要对量表的适用情况进行调查研究，认真研究量表中哪些观察项适合自己的研究设计，不可盲目使用，同时也要在使用的过程中对其进行相应的改动，或者是删减，使它符合我们的研究。

　　2. 弗兰德互动分析系统

　　课堂互动极为细致与繁杂，为了进行有效的观察，弗兰德（Flanders）在 1970 年提出互动分析系统（Flanders Interaction Analysis System）。它是一种教室中师生教学互动行为的观察系统，运用一套代码系统（Coding System）记录在教室中师生互动的重要事件，以分析研究教学行为去了解发生在教室互动情境中事件的影响，达到帮助教师了解并进而改进其教学行为。一般而言，教室观察大致可分为"量化观察法"（以系统的规则、记录方式来进行的系统观察）和"质化观察法"（结合人的主观意识的观察技巧）。为求观察的广度与深度，我们理应兼采"量化观察法"与"质化观察法"。在各种教室观察方法之中，弗兰德（Flanders）在 1970 年所提出的互动分析系统发表的年代最早，分类最为简明，易于执行与解释，而且能兼顾质的研究之特性与量的研究之客观优点。

　　为了方便教师及教学督导人员进行操作，弗兰德互动分析系统对每一类行为都下了操作性定义。教室中所有师生的语言互动情况分为 10 个类别，其中 1~7 类记录教师对学生说话的状况；第 8 和第 9 类记录学生对教师说话的情形；在上课中，除了教师与学生的对话外，还有第 10 类，则是记录教室可能出现的静止状态（安静或混乱）。其中"1"代表接纳学生的情感：以一种不具威胁性的方式，接纳及澄清学生的态度或情感语气；"2"代表称赞或鼓励的动作或行为；"3"代表接受或利用学生的想法，澄清、扩大或发展学生所提出的意见或想法；"4"代表提问：以教师的意见或想法为基础，询问学生有关内容或步骤的问题，并期待学生回答；"5"代表演讲：就内容或步骤提供事实或见解，表达教师自己的观念，提出教师自己的解释，或者引述某位权威者（而非学生）的看法；"6"代表：指示、指令或命令；"7"代表批评学生或维护权威。"8"代表学生话语由教师驱动：学生为了回应教师所讲的话；"9"代表学生话语—学生主动开启对话；"10"代表安静或混乱（表 3-2-3、表 3-2-4）。

表 3-2-3　弗兰德互动分析系统（汉语版）

分类		编码	内容
教师语言	间接影响	1	接受情感
		2	鼓励或表扬
		3	接纳或利用学生的观点
		4	提问
	直接影响	5	讲授
		6	给予指导或指令
		7	批语或维护权威性
学生语言		8	学生被动说话
		9	学生主动说话
沉默或混乱		10	有无效语言

下面的表为弗兰德互动分析系统（英语版）。

表 3-2-4 弗兰德互动分析系统（英语版）

Flanders' Interaction Analysis Categories (FIAC)

1 Accepts feeling: accepts and clarifies the feeling tone of the participants in a non-threatening manner. Feelings may be positive or negative. Predicting and recalling feelings are included	Speaker Talk Indirect Influence
2 Praises or encourages: praises or encourages action or behavior. Jokes that release tension, not at the expense of another individual, nodding head or saying 'uh huh?' or 'go on' are included	
3 Accepts or uses ideas of others: clarifying, building, or developing ideas or suggestions by a student. Brings more of his own ideas into play, shift to category five.	Speaker Talk Direct Influence
4 Asks questions: asking a question about content or procedure with the intent that a participant may answer	
5 Lectures: giving facts or opinions about content or procedures; expressing his own ideas; asking rhetorical questions	
6 Gives directions: directions, commands, or orders with which a student is expected to comply.	
7 Criticizes or justifies authority: statements, intended to change behavior from non-acceptable to acceptable pattern, bawling someone out; stating why the speaker is doing what he is doing, extreme self-reference.	
8 Participant talk-responses: talk by participants in response to teacher. Speaker initiates the contact or solicits participant's statement.	Participant Talk
9 Participant talk-initiation: talk by participants which they initiate. If 'calling on' participant is only to indicate who may talk next, observer must decide whether participant wanted to talk. If he did, use this category	
10 Silence or confusion: pauses, short periods of silence and periods of confusion in which communication cannot be understood by the observer.	

FIAS 是一种著名的教室观察系统，它分析的是教室情境中师生双方所说的语言，除了可以用来记录和分析教师在教学情境的教学行为，提供教师改进教学的反馈信息，减少生手教师耗费不必要的时间和心力外，还可以作为教师教学评价的一项 参考 指标。通过使用 FIAS 的数字代码系统对课堂上发生的一系列事件按时间顺序记录，这些事件按先后顺序连接成一

个时间序列，呈现出课堂教学的结构、行为模式和风格。对于所记录的时间序列数据，我们可以采用互动分析矩阵法、比率分析法、时间线标记法来进行分析，从而对课堂教学情况做出有意义的分析。其优点在于以量化的方式对课堂教学中师生言语交互行为进行分析处理，这样可以用被量化的数据对教师的教学进行分析和反思，结合课堂观察所得到的有关教学的质性描述，可对课堂教学进行全面的认识和分析。

FIAS 的局限在于重视口语行为，不重视非口语行为忽略了许多重要信息；其次，重视教师对整个班级的行为而对学生话语的分类太少，忽略个别学生的行为；还有 FIAS 所转化后的变量数据可以了解教师的教学风格和各种广泛的比较研究，但是无法回溯分析是因为哪些具体的话语而得到此数据。

二、访谈

根据不同的分类标准，访谈可以分为很多种。根据正式程度，访谈可分为非正式访谈和正式访谈；根据结构要求，访谈可分为结构式访谈和非结构式访谈；根据访谈目的，可分为非定向访谈和聚焦访谈；根据访谈对象人数，可分为单独访谈和小组访谈。需要注意的是这些访谈形式之间存在重叠，例如，一个正式访谈可能同时也是结构式访谈和聚焦访谈，研究人员可以根据具体情况选取适合的访谈形式。

访谈问题的设计也是一个重要环节。本部分以相关作者的论文和研究为例介绍了访谈问题的设计。在设计访谈问题时，可以按照导入问题、宏观问题、重点问题和补充问题的顺序进行。本章还介绍了访谈作为一种人际交流的方式需要研究人员掌握的一些提问技巧。研究人员需要在不断访谈的过程中提高自己的访谈技巧。本部分还以相关作者的经验教训为例讨论了访谈的一些其他相关事项，如访谈地点的选择、访谈设备的运行和访谈的转写等。

（一）访谈的分类

我们经常在电视节目中看到主持人与嘉宾在一起就某个话题进行讨论。一般来讲，主持人会提出一些问题，请嘉宾来回答或阐述其观点。英语教学中的访谈与这种访谈节目有许多相似的地方，但也有不同之处。相同之处在于两者都希望获取访谈对象的信息，了解访谈对象对某些事件的观点或者看法。不同之处在于电视访谈中的主持人要能够控制局面，而且在很多情况下，主持人会很明确地阐述自己的观点或看法；相比之下，英语教学中的访谈则通常要求访谈者尽量避免阐述自己的观点，以免对访谈对象的观点产生影响。在西方学术界，不同学者对访谈进行了不同的分类。比如 Hitchcock 和 Hughes（1989）根据访谈的内容和形式，把访谈分为正式访谈、调查式访谈、心理咨询式访谈、日记访谈、个人史访谈及人种志访谈。Cohen 和 Manionf（1994）把访谈分为结构式访谈、非结构式访谈、非定向访谈及聚焦访谈。访谈根据正式程度还可以分为非正式访谈和正式访谈。根据访谈的人数，可以进行单独访谈，也可以进行小组访谈。下面具体介绍几种常用的访谈形式，研究人员可以根据具体的情况选取不同的访谈方式。

1. 正式访谈和非正式访谈

非正式访谈是指访谈对象和访谈者进行一般性的、非结构式的访谈。可能针对某一具体的问题进行讨论，也可能针对某些概括性的问题进行交流。访谈的地点比较随意，如研究人员到访谈对象的办公室或自习室，或者在电话中进行交流，此类访谈都可以作为非正式访谈的数据来源。而正式访谈一般指访谈对象和访谈者正式约定在某一时间和地点见面，针对所研究的问题进行问答。正式访谈比非正式访谈数据收集密集度大，适用于在较短的时间内收集与研究相关的大量信息。正式访谈是获取重要研究信息的主要手段，但采用次数通常不会太多。

非正式访谈可以在研究人员刚开始进入研究场地时进行。这时候研究人员对研究场地的情况不太了解，可以通过谈话的方式从访谈对象那里初步了解情况。一般这种访谈的问题不宜太深入，其优势在于可以提供一些研究人员感兴趣的话题，也有助于了解研究对象的背景情况，为下一步的研究提供参考信息。研究人员可以把这些非正式访谈的内容加以归类，为后期进行更正式的访谈奠定基础。在研究的过程中，有些重要的发现或者访谈对象真实的观点可能是通过这些非正式访谈而获得的。在后期的研究中，如果条件允许，研究人员也可以不定期地与访谈对象进行交流，以便了解相关信息。但是，非正式访谈所了解到的信息一般用作辅助性数据，需要与通过其他方式收集的数据进行对照分析。

2. 结构式访谈和半结构式访谈

半结构式访谈是质性研究中常用的一种访谈方式。这种访谈方式比非结构式访谈要更有章法，主题突出，要求研究人员事先准备一些指导性的问题。非正式访谈可以帮助研究人员对研究问题有初步了解，而半结构访谈能够提供更多、更深入的信息。同时，与严格规定程序的结构式访谈相比，半结构式访谈为研究人员提供了随机应变的空间。研究人员可根据访谈对象提供的信息灵活处理一些需要提出的访谈问题。

结构式访谈又称标准化访谈，这种方式对访谈过程高度控制。访谈的过程也是高度标准化的，即对所有访谈对象提出的问题、提问的次序、方式以及对访谈对象回答的记录方式等是完全统一的。这种访谈方式的最大优点是能够控制调查结果的可靠程度。但是其缺点在于灵活性较差，不利于访谈过程中访谈者根据访谈对象的回答进行互动和深入挖掘。

3. 单独访谈和小组访谈

根据参加的访谈人数，还可以把访谈分为单独访谈和小组访谈。顾名思义，单独访谈就是研究人员与访谈对象进行一对一的访谈。小组访谈是研究人员与访谈对象进行一对多的访谈。作为一种常见的访谈方式，小组访谈可以使研究人员在相对较短的时间内获取比较多的信息，因而可以降低时间和其他成本。在进行小组访谈时，研究人员应该事先计算出每个问题所需要的时间，从而控制好访谈的局面。进行小组访谈时，研究人员应考虑如下三个方面（Morgan&Kmeger，1998）。

（1）参与人员的数量

一般来讲，6—10人比较合适。如人数太少，则体现不出小组访谈的优势，比如参与人员之间的互动、时间和其他成本的节约。

（2）访谈问题的数量

一般来讲，8—12个问题比较恰当。问题设计的太多则不能深入地探讨；但是如果太少，可能无法涵盖研究人员所要了解问题的各个方面。

（3）访谈时间

一般来讲，1—2个小时。这样大约计算一下，如果有6个人参加，共10个问题，访谈时间约1.5小时，那么每个人针对每个问题的发言时间大约是1.5分钟。研究人员可根据具体的访谈问题而设置出每个问题大致所需要的时间。例如，有些简单的问题可以每个人0.5分钟，而重点的问题每个人可以有2.5分钟的发言时间。

表3-2-5列举了单独访谈和小组访谈的利与弊。研究人员可以根据所研究的课题和所具备的条件进行选择。例如，若想了解某位学生英语学习比较差的原因时，可以对其进行单独访谈。这样，这位学生不会因为别人在场而感到尴尬，或不愿意讲出一些真实的原因。如果研究人员想了解几

位英语学习成绩比较好的学生所采取的学习策略时，就可以采用小组访谈，这样时间成本会大大降低，而且小组的互动可能会让参加者更积极地讨论某些问题。如果一位研究人员需要同时访谈很多人，那么就可以从时间和效率的角度考虑，小组访谈更合适。

表3-2-5　单独访谈与小组访谈的对比

	单独访谈	小组访谈
利	◇可以一对一，不受他人的干扰，访谈对象不会受他人观点的影响，或者顾虑别人的看法而不能讲述自己的看法 ◇可以更深入地探讨某些问题 ◇给予访谈对象更多的时间 ◇访谈进度和局面比较好控制	◇时间成本低，同时采访多人可以大大节约时间 ◇小组的互动可能会让访谈对象更深入地讨论某些话题
弊	◇时间成本比较高	◇访谈对象可能因为有顾虑不能讲述真实想法 ◇每个人的发言时间受限制 ◇某些人可能会抢占发言权

另外，在进行小组访谈时，如果能征得参与人员的同意，最好进行录像。小组访谈时，可能大家并没有按照所规定的顺序来发表意见，研究人员记录的工作量非常大。同时，如果只是进行录音，后期转写时，有时候很难分辨出发言人。因此，如果可能，尽量进行录像，以保证信息的准确性。

总之，访谈方式的选择应因时因地制宜。若希望获得初步的印象或者推论，可以采用非正式的访谈，在结构上可以采用无结构或者半结构式访谈，在参与人数上可以采用小组访谈。当然这些访谈的方式并不是排他的，在很多情况下有重叠的成分。例如，一个非正式访谈可能同时也是半结构的，有几位访谈对象参加，在访谈内容方面，可能是非定向的，也可能针对某一个问题进行讨论。一个正式访谈在结构上属于结构式访谈，但如果同时访谈了几位访谈对象，那么也可以算作是一个小组访谈。所以，需要研究人员根据具体的情况来决定访谈的方式。

（二）选择访谈对象

访谈对象的选择也有很多种。一种是随机抽取，比如大学生外语学习策略研究，可以从上百名参加某研究的学生中随机抽取，这种方法与量化研究较为接近。但是在更多的情况下，访谈对象是在小范围内选取的，也就是将在后文中提到的目的抽样。目的抽样中包括了各种筛选对象的方法，如熟人介绍，以滚雪球的方式选取访谈对象就是一种。

如果符合条件的访谈对象很多，那么研究人员就需要进行筛选。在筛选的过程中，要注意所选的访谈对象是否能够提供真正有价值的信息。研究人员可以先通过一些非正式的交谈或者间接寻找符合条件的访谈对象，然后从中选取一些具有代表性的访谈对象。例如文秋芳，张虹发表在《外语教学》（2017年1月）的研究：倾听来自高校青年英语教师的心声：一项质性研究。为了使其研究对象具有高校青年英语教师代表性，采取了下列抽样方法（表3-2-6）。本研究中虽然接受深度访谈的青年英语教师均在40岁以下，他们来自全国10所不同层次及不同类型的高校，其中包含3名博士后，2名博士，2名在读博士，3名硕士，教龄范围2—18年，职称有副教授、讲师和助教。

表 3-2-6　研究者分布情况

研究参与者	学历	职称	教龄（年）	工作学校
多肉	博士后	副教授	9	某985师范大学
仙人掌	博士后	副教授	11	某省属综合大学
梅花	博士后	讲师	2	某外国语大学
杨树	博士	副教授	13	某省属师范大学
垂柳	博士	讲师	7	某211理工科大学
芥菜种	博士生	讲师	12	某民族大学
百合	博士生	讲师	18	某211师范大学
荷花	硕士	讲师	18	某211综合大学
雏菊	硕士	讲师	3	某外国语大学
绿萝	硕士	助教	2	某211理工科大学

（三）确定访谈内容

在确定了访谈的形式之后，研究人员需要对访谈的内容进行精心准备。访谈的内容要根据所研究的题目而定。访谈成功与否在很大程度上取决于访谈问题的准备。研究人员应根据访谈的形式事先准备访谈问题。如果是非定向的访谈或者非正式的访谈，访谈问题可以灵活些。但如果是正式的结构式访谈，每一个问题都应该经过深思熟虑。访谈问题的设计非常重要。一般来讲，应遵照循序渐进的原则，即刚开始先问一些背景问题，接着问一些宏观类的问题，然后，再问重点问题；或者与采访对象建立起信任关系以后，在后期采访中提问更多的重点问题。最后，在访谈快结束时，再补充问一些没有问到或者在采访过程中临时添加的问题，或者请访谈对象谈一些他们感兴趣的问题，这样一方面可以使访谈对象有机会谈一些自己感兴趣的话题或者认为重要的话题；另一方面，研究人员可能从这些源自访谈对象的数据中，发现自己在事先的设计中没有注意到的重要信息。文秋芳、张虹发表在《外语教学》（2017 年 1 月）的研究文章：《倾听来自高校青年英语教师的心声：一项质性研究》。本研究采取了半结构型访谈，访谈前，研究者者根据研究目的和研究问题准备了一个粗线条的访谈提纲，内容大致包括教师背景信息、是否接受过专门系统的教学理念与方法的培训、与同事的互动情况、在工作中关注的问题、专业发展规划、专业发展环境、专业发展困难等问题。可是实际访谈时，他们采用的是自然聊天式，有问有答，也允许被访者自己提问，访谈内容可以根据情况随时调整，为的是让被访者不感到压力，最大限度地保证数据的真实性和可靠性。

（四）确定访谈地点

在访谈时，一般应选择访谈对象熟悉的地方或者访谈对象觉得方便的地方。访谈者事先应咨询访谈对象，让对方来决定在什么地方进行采访。如果采访的内容涉及一些访谈对象不希望其他人知道的内容，如个人对于某项政策的不满，不想让同事或领导知道，在这种情况下，访谈者尤其要注意保护访谈对象。相对于量化研究，质性研究会更容易泄露访谈对象的身份，因此，研究人员更要注意保护访谈对象的权益，使其以后的工作不受影响。

另外，建议研究人员尽量选择安静、无人打扰的地方进行访谈。除了要考虑到访谈对象的因素之外，也要考虑到录音效果。如果噪音很大，那么在后期的访谈转写时困难也会很大。访谈转写本来就是一件非常耗时耗力的工作，如果又加入了背景杂音，会使得后期的访谈转写工作量加倍。

（5）准备访谈设备

早期的访谈者往往只有一支笔和一个笔记本可以利用。访谈时，只能记下访谈对象的大致回答，在结束访谈后，立刻进行整理，最大限度地保证信息的完整性和准确性。而如今，现代化设备如录音机、录音笔和录像机等为访谈提供了非常好的工具。这些录音设备的现代化为访谈收集数据提供了极大便利。但是，访谈者应事先做好设备的准备工作，如检查录音设备是否能正常工作。在采访过程中，如果出现设备故障会给数据的收集带来一些不必要的麻烦。

（6）实施访谈

访谈时，访谈对象和访谈者之间的互动会对访谈效果造成非常大的影响。这种影响可能是正面的，也可能是负面的。作为研究人员的访谈者，必须对此有很清楚的认识并能够竭尽全力趋利避害。如果访谈对象信赖研究人员，而且有能力针对研究问题提出比较全面的看法和意见，这是最理想的情况。但是如果访谈对象对于研究人员不完全信任或者保留自己的意见，那么研究人员就可能得不到所需要的数据。另外，质性研究的性质决定了参与人员可能会面临一定的风险。访谈可能要求访谈对象对一些话题进行非常深入的探讨，因此，有些访谈对象可能会有所保留。比如在讨论学生的英语成绩和素质教育的问题时，有的访谈对象可能会担心自己的言论对个人或学校产生不良影响，因而不会在受访时讲出自己的真实想法。

在很多情况下，研究人员要与研究对象真诚相待。同时，也要警惕研究人员自己容易陷入的不利情况，比如因为情感上的因素而不能客观地看待问题。另外，研究人员也应该警觉一些自己固有的看法，避免因自己的偏见曲解收集到不准确的数据。总之，任何访谈者和访谈对象之间的互动都有可能带来正面或者负面的效应。研究人员所能做的就是对两者的关系保持高度警觉；而且在研究的过程中，访谈者应当与访谈对象保持适度的距离，以便能够了解访谈对象真实的想法。

针对重点访谈的问题，如何能最大限度地收集到最有效的数据？在访谈中，问题的设计和提问技巧非常重要。虽然我们应该强调技巧并不代表一切，但是良好的问题设计和恰当的提问技巧有利于研究人员更有效地收集到所需的数据。所以，在进行访谈之前，研究人员应该对问题设计和提问技巧有所了解，并在每次访谈之后总结问题和经验，为下次的成功访谈作准备。

在文秋芳，张虹发表在《外语教学》（2017年1月）的研究：《倾听来自高校青年英语教师的心声：一项质性研究》。作者专门介绍了采访者与被访者的关系本研究的采访者为本文第二作者，而且"被访者都是采访者很熟悉的同学或者朋友，在多年交往中能够互相信任、互相理解。采访者从事过多项质性研究，具有熟练的访谈技巧，能够让被采访者坦率、真诚地倾诉自己的想法。这次访谈前，采访者也向被访者说明访谈资料的研究用途，并告知文中不会采用他们的真名。"

（七）访谈技巧

在访谈的过程中，访谈者会事先准备好一些指导性的问题，但是访谈者应该有心理准备，访谈者所预测的内容和访谈对象所回答的内容可能会有所冲突。在这种情况下，访谈者应该保持平静，认真倾听，并抓住机会追问相关信息。关于访谈时如何提问，Berry 根据相关文献提出了十项建议：

（1）问题要清晰。如果设计的问题有歧义，或者问题不清晰，访谈对象就会有不同的理解，或者迷惑，因而不能提供研究人员需要的信息。在访谈时，一定要运用访谈对象所能理解的语言，尽量避免使用太多的术语。

（2）问题要一个一个地问。这样做的好处显而易见，问的问题多了，可能访谈对象就不能详细回答，而是粗略回答。如果同时问了几个问题，可能访谈对象只回答了其中的一个或者两个，而没能涉及或者充分回答其他的问题。

（3）要问开放性的问题，但要避免问题的倾向性。开放性的问题有利于访谈对象更深入或更广泛地发表对一些问题的看法。如果是封闭性的问题，研究人员得到的信息可能就会很少。另外，如果研究人员的问题有倾向性，也会在很大程度上影响访谈对象的回答。

（4）在提问的时候，把问题进行排序。先问事实性的问题，后问观点和信念类的问题。在访谈刚开始的时候，访谈对象可能会紧张或者与研究人员尚未建立起完全信任的关系，先问一些事实性的问题，既比较简单，又能让访谈对象进入状态，为后面的访谈问题作准备。

（5）进一步探索或追加后续问题。根据访谈的进展，进一步追加问题，更加深入挖掘所讨论的问题。这一点在半结构式访谈中尤其重要，因为在半结构式访谈中，会有一些问题事先无法准备。正因为这些问题是开放式的，所以研究人员无法事先预知访谈对象对这类问题的回答。如果研究人员发现访谈对象的回答中有与研究相关的内容，就可以进一步追加问题或者问一些后续问题。

（6）解释或澄清问题。如果访谈对象对有些问题不清楚，可以对这些问题进行解释；如果在访谈的过程中，访谈对象的回答不太明确，研究人员也可以提问一些确认访谈对象意图的问题。

（7）避免敏感性的问题。根据所研究的问题，访谈中的深入探讨可能会涉及访谈对象的个人隐私或者触及比较敏感的问题。因此，研究人员应该尽量避免一些敏感性的问题，以免造成双方的不愉快。

（8）鼓励访谈对象自由发挥，但是访谈者需能控制局面。在访谈中，研究人员希望访谈对象能够提供尽量多的信息。但是有时候，也会出现访谈对象滔滔不绝，或者出现访谈对象过多谈论与研究课题不相关的话题的现象。在这种情况下，研究人员需要及时采取措施，把话题转移到所访谈的问题上来，控制住局面。

（9）访谈中，多听少说，避免个人观点的阐述。为了不影响访谈对象的观点和态度，研究人员有必要在访谈的过程中尽量多听。即便访谈对象的观点与研究人员的观点相差甚远，研究人员也要尽量少发表自己的意见。

（10）允许沉默，建立和谐的关系。有些访谈可能会涉及一些访谈对象不太愿意提及的话题或问题，在这种情况下，研究人员应该尊重访谈对象，允许访谈对象对某些问题保持缄默。只有这样，研究人员才能继续保持与访谈对象的良好关系，从而有利于研究工作继续开展。

（八）转写访谈内容

与我们前面提到的访谈方式相对应，访谈的数据记录也有几种方式。根据访谈的方式及录音工具，研究人员用相应的方法对访谈进行转写和整理。在非正式访谈中，研究人员可能只有在访谈结束后，根据自己的记忆记录所访谈的内容，或者是在访谈的时候做一些笔记，根据笔记再进行整理。如果在访谈的过程中使用了录音设备，那么就可以根据录音进行转写。如果有录像，除了转写录音数据，我们也要关注访谈对象的肢体语言（如表情），因为这些肢体语言也可能揭示有关研究对象的重要信息。

访谈转写是一项费力耗时的工程。一般来讲，对访谈进行转写和整理的过程也是研究人员对数据进行初步分析的过程。通过转写，研究人员可以详细了解访谈对象的观点或想法。在文秋芳，张虹发表在《外语教学》（2017 年 1 月）的研究：《倾听来自高校青年英语教师的心声：一项质性研究》中，作者对数据采用了自下而上的扎根分析进行一、二级编码，然后，借鉴了 Maslow（1943）的需求层次理论进行第三级编码，对数据进行预处理，对访谈录音一边转写一边整理。

具体做法是采用扎根、关键词搜索的方法，自下而上地对数据进行归类编码分析，使主题从数据中浮现出来，也就是对数据进行逐字逐句的阅读，根据研究问题提取被研究者使用的、用来表达教师自己看待世界方式的"本土概念"，再以这些"本土概念"为依据进行开放式编码，在对数据进行了开放编码后，将所有的一级码由高到低进行频率排序，查看哪些一级码蕴含的意义相对突出，然后反复阅读频率高的一级码，找到它们之间的联系，然后将表述相似意义的一级码再归类，形成更大的类属，这就是二级编码；比如，我们将"活下去就行了""不能体面地活着"聚类成"收入"二级码；在对二级编码后，仍旧按照频率排序，找出突出的二级码；在前期编码的基础上，继续仔突出的二三级码，仔细反复阅读数据和突出的二级码，将二级码提升到更理论化的编码，通过对二级码包含的概念类属之间的关系进行分析，用马斯洛（Maslow1943）的"需求层次理论"进行三级理论编码，比如，将"收入"和"职称"列为"生存需求"，由低到高顺次为"情感需求""精神追求"。在完成三级理论编码后，我们就根据每个三级码所对应的二级码和一级码所呈现的访谈数据再进行深入解读，并选择典型访谈摘录用于后期研究论文的撰写。

在论文写作过程中，提炼数据是一个复杂繁琐的工程，但是当看到彩虹时那又是多么令人高兴的事情。

三、有声思维

（一）定义

在"二语习得"领域中，乔姆斯基（Chomsky）在语言习得机制（LAD）中提出的"黑盒子"（black box）理论与有声思维法有着异曲同工之处。乔姆斯基认为人的大脑内部是个黑盒子，它具有一种特殊的语言机制，这种机制控制着语言的生成，这种机制就是共同语法（universal grammar）。如果能打开这个"黑盒子"，看看里面到底是什么，人们就可以了解语言习得的机制，对于学习者的学习将大有益处。有声思维法近年来开始应用应用于其他领域，尤其是在外语教学方面有着广泛的应用。Hosenfeld（1976，1977）、Cohen（1987）、Seguinot（1996）、Beare（2001）、郭纯洁、刘芳（1997）、文秋芳、郭纯洁（1998）、Griffin（2004）、Bowles（2005）、Li（2006）等人运用有声思维法，在外语阅读、写作、翻译、二语习得等领域进行研究，有声思维法已经发展成了一种成熟的研究方法。

有声思维法（think aloud protocols），最早是心理学常用的方法之一，是由德国心理学家 Duncker（1945）首先提出来的。有声思维法，顾名思义，是将大脑里进行的思维活动有声化。郭纯洁（2007）根据 Ericsson&Simon（1984）的观点对有声思维做出以下定义：受试者（接受测试的人）在完成某项任务的过程中，随时随地地讲出头脑里的各种信息。实验过程中，受试者要尽可能地说出大脑中所思考的内容，研究者则用录音设备将这一过程记录并转写成文本形式。因此，有声思维的方法主要是观察人内心活动的一种研究方法。

（二）数据的采集

数据的采集主要形式是自述报告（包括口述、笔述、事后追述、事中叙述）。有声思维的数据采集与其他方法相比，有声思维数据的采集是一个复杂的过程。数据的采集主要包括三个方面：受试者的培训、测试注意事项和转写技术规范。

1. 受试者的培训

技术培训大体上可以分为两部分：培训受试者的语言表达技术和训练受试者对提醒机制的反应。语言表达技术培训可以采用多种形式，也没有时间、地点上的限制。一般来说，主要采用演练与指导相结合的方式。所谓演练，就是让受试者反复地完成某一或某些任务（如阅读某些文章），同时进行有声思维报告，这些重复的有声思维报告都以录音或录像的方式记录下来。测试者对每次报告中的停顿和沉默时间进行统计，将停顿和沉默的时间短、内容丰富的有声思维报告挑选出来，回放给受试者听或观看，让他们从中感悟到什么样的报告才是较好的有声思维汇报。

技术培训还包括让受试者对提醒机制能够快速做出反应的训练。所谓提醒机制，是指为防止受试者在测试时出现长时间的沉默而设置的某些提醒方法。测试者必须使受试者对提醒机制产生条件反射效应：一有提醒，立刻就有语言表达。提醒方法有多种多样，常见的有两种：灯光提醒和声音提醒。对这两种方法的选择应该根据测试任务而定：测试任务主要是视觉行为（如阅读理解）的，可以选择声音提醒；测试任务主要是听觉行为（如听力理解）的，可以选择灯光提醒。

除此之外，要对受试者的进行心理培训，心理培训主要包括：

（1）克服受试者怕别人笑话的心理。

（2）克服受试者害怕泄露绝技的心理。

（3）克服受试者惧怕设备的心理。

（4）避免出现受试者迎合测试的心理。

2. 测试注意事项

在有声思维测试的实施中，测试者必须注意以下事项：

（1）培训材料不应与测试材料相同；

（2）测试环境必须保持声音、光线的稳定性，同时尽量使用受试者较为熟悉的环境；

（3）注意录音、录像设备与测试环境的协调性或这些设备的隐蔽性。

3. 转写技术规范

所谓转写（transcription），就是把声音语言转化为书面语言的过程。一般来说，对有声思维录音或录像的转写应遵循以下原则：完整、忠实、可靠。所谓完整，是指将有声思维录音、录像由始至终、全面地转写下来，包括各种非语言信息，如停顿、沉默、动作等。所谓忠实，是指转写时一定要忠于录音、录像材料，录音、录像上有什么就转写什么，不增加或删节材料内容。所谓可靠，是指转写的书面符号要与声音相符合，不歪曲原录音、录像的原始内容，同样的语音在转写过程中必须与同样的书面符号相对应。

注意常见的问题：

（1）对于含混不清的语音，转写者应该反复辨认；如有可能，可以向受试者征询、核实；如无法征询受试者，转写者应以最接近的语言符号将其转写下来，并以下划线或其他方式将其标出，以便提醒以后的数据分析。

（2）对于不连贯的语音或话语的技术处理，转写者应将不连贯的地方（省略的部分）以省略号代替；如果能够根据上下文判断出省略的部分，应将该部分补充出来，并放在中括号内，以显示其与其他部分的区别。

（3）对于非语言的声音，转写者应尽量找出与其最接近的语言表达形式；如确实无法找到相应的语言表达，应以文字说明的方式描述该非语言部分，并将说明文字放在括号内。

（4）对于停顿和沉默现象，转写者应以逗号标出正常的语音停顿，以分号标出稍大于正常的停顿，以省略号标出三秒以内的较长停顿。三秒以上的停顿即可视为沉默，三秒的沉默通常以小省略号（…）表示；大于三秒的沉默以大省略号（……）加沉默时间的方式表达，如 5 秒的沉默可以表示为"…（5'）…"或"……（5'"）。如受试者在沉默时伴有其他的动作，应将这些动作用文字说明，并将这些说明文字放在小括号内，置于沉默时间之后。

（5）对于受试者在有声思维报告中连续多次重复的现象，转写者应如实记录，重复多少次就转写多少次，不应该省略或遗漏。对于受试者报告中的修改现象，转写者也应该如实记录，不能在转写材料中直接修改。

（6）对于口误现象，转写者应该按照录音、录像里的情况如实转写；如确属口误，而受试者也不予纠正，转写者可以在该处加上文字说明，并对口误予以纠正，纠正的文字放在中括号内，说明的文字放在小括号内。

（三）有声思维的数据评估

对有声思维数据的评估主要是指对数据的有效性和可信度的评估。一般来说，这些标准包括如下几方面：

测试者有一定的有声思维数据采集经验；

受试者在研究项目所选择的样本中具有一定的代表性和典型性；

受试者接受了一定的技术和心理培训；

数据来自于有着良好合作态度的受试者；

受试者和测试者在测试前和测试中没有意外状况（如健康状况、心理状况等）的发生；

数据采集的环境符合测试要求；

数据不是在测试者启发或引导下收集的；

数据不是受试者为迎合或应付测试者而编造的；

录音、录像质量可靠、清晰；

录音、录像材料中累计的沉默时间不超过总测试时间的10%；

数据在转写过程中严格依照转写规范，不存在技术上的问题。

（四）有声思维的数据整理

由于有声思维是受试者完成特定任务时大脑处理各种信息过程语言记录，因此原始的有声思维数据是一种囊括各种信息的集合体，被称为混沌性数据。原始的有声思维数据必须经过一定的处理，才能对其进行有效的分析。一般来说，对有声思维数据的整理主要包括三个方面：切分（parsing）、编码（encoding）和分类（classifying）。

1. 切分

对转写后的有声思维材料，常常以短语或分句（也称为小句）为单位进行切分。当然，在特定的情况下，也可以词或语段（相当于段落）等为切分单位。短语或分句，特别是分句，一般被认为是思维单位（the idea unit），通常表达当时工作记忆（working memory，WM）处理的信息内容。因此，以分句或短语为单位对有声思维进行观察，在一定程度上就是观察工作记忆在特定时间内的持续工作状态。换句话说，有声思维材料中以小句为单位的信息分布规律，在一定程度上反映了特定时间内认知机制处理信息的状态和规律。

2. 编码

为了有效地对有声思维材料进行观察，在对材料进行切分后，一般来说，还需要对切分出来的单位进行编码。所谓编码，就是按照某种特定的标准将切分出来的单位用抽象的符号（字母或数字或其他符号）表达，以便机器识别、统计。编码的目的主要是为了使用机械的方式对材料进行处理（比如排序、分类、统计等）。当然，编码本身也是对材料进一步认识的过程。

3. 分类

分类是对有声思维材料整理和分析的重要内容。由于原始的有声思维数据是一种混沌性数据，各种信息混杂在一起。因此，要想从中发现某些特征或规律，必须对这些信息进行梳理、归类。对有声思维数据的分类在技术上主要有两种：对于没有经过编码的数据主要是人工分类；对于已经编码的数据可以应用定性数据分析软件（如 N6［1］、NVIVO7［2］或 WORDSMITH［3］等），自动分类或辅助人工分类。分类必须按照一定的标准进行，这些标准必须具有统一性、客观性和可操作性。

（五）有声思维的数据分析

通过定性分析去描述过程、状态，建立理论模型，对有声思维数据如何进行分析，取决于有声思维的研究能够解决什么样的问题。在理论上，有声思维研究通常分为三类：过程研究、策略研究和因素研究。

四、注意事项

实施有声思维时有许多需要注意的事项：实施前，需要选择受试者和精心设计实验任务；实验时，要确保实验环境安静，不受干扰，对受试者进行专门的模拟训练，目的是使受试者确实能够自如地使用有声思维；而且实验者要用录音机或录像机录下实验过程；实验后，研究者要尽可能地逐字忠实地将话语记录转录下来。转录时避免无根据的诠释，转录的数据要和原始的话语记录没有差别。可以让研究者以外的人转录；给转录者明确的指令，让转录者尽可能地照原始记录转录，不要重新组织语言，避免他人改变风格和语法，不要解释。如果磁带或录像不清楚，就在不清楚的地方标明"不清楚"；还可以让第三者对转录后的数据进行比较，并对原始话语进行记录。

以上对个案研究的数据收集进行了介绍，主要有访谈法、观察法、有声思维法，其次还可以通过记日记的方法收集数据。例如文秋芳在她的研究《英语学习成功者与不成功者在方法上的差异》中，其中一个收集数据的方法就是记日记，为了分析一个高分者和一个低分者的学习方法的差异，她让两个受试记日记一个星期，明确告诉受试日记的内容包括：

课外做的与学习英语有关的事；

每项活动所花的时间；

进行每项活动时的生理和心理状态（即是否精力充沛是否思想集中）；

进行每项活动时所采取的策略。

随后还就日记内容不清楚的地方进行了询问。在研究过程中，研究者需要根据自己的具体情况选择合适的数据收集方法。

第三节　NVIVO

到了数据分析阶段，可能会产生大量的质性研究数据，组成质性研究数据库。通常质性研究数据库主要包括访谈的音频文件（如个别访谈或集体访谈）、视频录像（如课堂教学录像）、田野记录（如课堂观察记录）、各种文件、书籍与杂志、电子邮件、网页、广告、日记、照片、电视节目的翻录、网络日志、电影、家庭录像等。与量化数据不同，质性研究得到的数据相对零散，资料分析相当费力，1980 年，少数质性研究者（如 Tom Richards 与 Lyn Richards）发现，可用计算机的文书处理软件进行搜寻与文件管理等工作。接着，有些计算机专业的质性研究者开始研发可协助质性研究资料分析的软件，但此时尚未普及。刘世闵、王为国，2007 即使到了 Miles 与 Huberman 在 1984 年撰写《质性数据分析》第一版时，也只谈到可用字处理的软件来协助。10 年后，Miles 与 Huberman（1994）出版第二版时，已有二十多种质性研究数据分析软件（计算机辅助质性数据分析软件，Computer Assisted Qualitative Data Analysis software 简称 CAQDAS）可供使用，Weitzman 与 Miles（1991）调查发现，有四分之三的受访者表示会使用计算机软件做资料输入、编码、搜寻及概念建构的工作（林本炫，2004），而这已经是十多年前的往事了。套装软件的出现，让文书处理质性研究的效能有了大幅度的改善，数位时代的来临，更将质性研究带入数字化与云端的时代。

近年来，质性研究在各个专业领域逐渐受到重视。信息时代的来临，改变了传统的思维模式，在研究过程中，可以透过计算机辅助质性数据分析软件（Computer Assisted Qualitative Data Analysis Software CAQ-DAS）帮助组织和管理大量文字，运用多媒体素材处理数据，链接网络与整合研究，以增进数据分析的可靠度与真实性。

NVivo 是国际最早也是目前最新的 CAQ-DAS，可以在音频、视频、图与文件数据分析的功能外，NCapture，可以撷取网页、PDFs 与 Facebook，Linkedln 或 Twitter 等社交媒体，并提供英文、简体中文、法文、德文、日文、巴西与墨西哥等七种接口语言，亦可利用云端，将 NVivo 项目储存于服务器，透过网络无远弗届的特性，协助研究者进行跨域、跨国或跨年度的整合研究，经过十多年的研究，NVivo 已确定能协助质性研究者在分析历程中提升准稚度和效率。

NVivo 作为一种重要的质性研究分析软件，适用于团体讨论、访谈、调查、录像、音频、社交媒体等非数量信息的处理。通过节点和编码，完成不同格式文件资料的提炼和萃取。

一、NVivo 界面介绍

使用 NVivo 工作区可以轻松访问您所有的项目材料，视图如下（图 3-3-1）

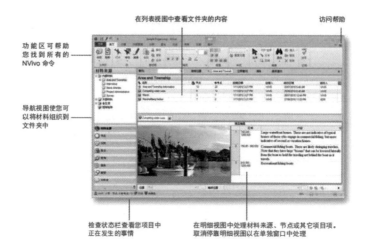

图 3-3-1　NVivo 工作区

功能区：助您找到命令，命令按逻辑组划分，在选项卡下收集在一起，每个选项卡与一种活动类型相关，例如创建新项目项或分析您的来源材料，功能区主要包含文件、首页、创建、外部数据、分析、查询、浏览、布局、视图等各项功能键（图 3-3-2）。

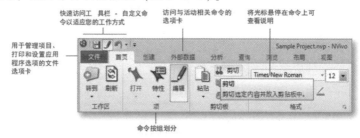

图 3-3-2　功能区

左边导航视图：主要用来便捷访问，如材料来源、节点、分类、集合、查询报表、模型、文件夹等（图 3-3-3）

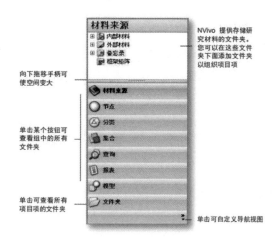

图 3-3-3　导航视图

列表视图：在导航视图中选择文件夹后，其内容将显示在列表视图中，在此视图中，我们可以添加新项、打开现有项并编辑项特性，在列表视图中，它包含节点、参考点、创建日期、修改日期、修改人、分类等功能（图 3-3-4）。

图 3-3-4　列表视图

明细视图：从列表视图中打开某个具体项时，它会显示在明细视图中（图 3-3-5）。

图 3-3-5　明细视图

二、将材料导入到 NVivo

将要在 NVivo 中分析的材料使用外部材料数据选项卡导入，可以导入文章、访谈、调查结果、音频/视频文件、图片、网页或社交媒体内容，可以导入访谈记录、期刊文章、报告和任何其他 Word 文档、PDF 文件、Excel 电子表格（.xls 或 .xlsx）、包含逗号或制表符分隔值的文本文件（.txt）、社交媒体数据的 NCapture 文件（例如，Facebook、Twitter 或 Linkedin 中的数据）、数据库表（例如，Microsoft Access 数据库表）等（图 3-3-6）。

图 3-3-6　外部材料数据选项卡

数据集一旦导入，就无法再编辑数据集的内容，在导入电子表格、文本文件或数据库表之前，我们应该准备数据并考虑其在 NVivo 中的使用方式。我们可以在明细视图中播放和分析音频或视频材料来源并对数据进行处理（图 3-3-7）。

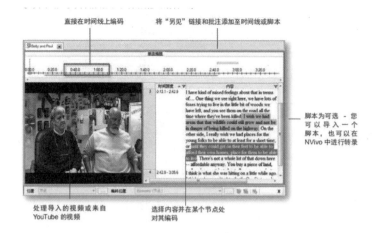

图 3-3-7　数据处理

也可以在明细视图中处理图片材料来源（图 3-3-8）

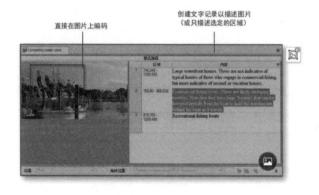

图 3-3-8　图片数据处理

NCapture 是一个浏览器扩展组件，使用此软件剪辑网页并在 NVivo 项目中将其作为 PDF 材料来源导入，或者捕捉社交媒体对话（从诸如 Facebook、Twitter 或 Linkedin 之类的平台中）并将其存储为 PDF 或数据集材料来源，以数据集的形式存储相关内容（图 3-3-9）。

将网页另存为 NCapture 文件

将其作为 PDF 材料来源导入

图 3-3-9　NCapture

三、编码和创建节点

然后我们对所输入的数据进行编码，我们可以从由粗到细进行编码，或者是由细到粗进行编码，然后再合并节点，并将其分组形成相关的类别。

如果我们已经知道自己在寻找的主题（例如，根据您的文献综述），我们可以先创建和组织节点，然后开始编码。具体做法如下：

（1）在导航视图中，单击节点。

（2）在创建选项卡下的节点组中，单击节点。

此时将打开新建节点对话框。

（3）输入名称和说明。

（4）单击确定，新节点即添加到列表视图中。

（5）您可以在新节点下添加"子"节点并创建节点层次结构（图 3-3-10）。

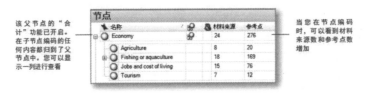

该父节点的"合计"功能已开启。在子节点编码的任何内容都归到了父节点中。您可以显示一列进行查看

当您在节点编码时，可以看到材料来源数和参考点数增加

图 3-3-10　编码

向项目中添加节点分类

您至少需要向项目中添加一个节点分类，才能对节点进行分类：

（1）在创建选项卡的分类组中，单击节点分类。

（2）在新建分类对话框中，选择您希望添加的分类类型：

要添加您自己的自定义分类，请选择创建新分类并输入名称和说明，要添加一个 NVivo 的现成分类，请选择将一个或多个预定义的分类添加至项目并选中所需分类的复选框。

（2）单击确定。

请注意：预定义的分类附带一系列属性。例如，人员这一分类具有年龄、职业等属性。自定义分类没有默认属性，但是您可以自行添加。选择分类，并在创建选项卡的分类组中，单击属性。

四、利用框架矩阵进行数据汇总

使用框架矩阵以表格格式对数据进行汇总。当处理访谈或焦点团体访谈脚本时，这一点特别有用。表格的行用于存放案例节点（例如，您的受访者），列用于存放主题节点。您可以在案例和课题相交的单元格中输入汇总。使用框架矩阵中的简明来源材料可以更轻松地执行以下操作：

（1）查看某一列可看到有关某个主题的全部内容。

（2）查看某一行可看到特定个人在不同主题上的信息。

（3）通过将一行和另一行进行对比来比较不同个人的经验。

一旦您在框架矩阵中精简了来源材料，就可以通过打印矩阵或将矩阵导出到电子表格轻松地与其他人共享数据。

图 3-3-11　框架矩阵进行数据汇总

五、项目可视化

NVivo 提供使用图表、模型和其他可视化技术发掘数据，可以探索发展趋势、测试理论、并理解来源材料中正在发生的事情。

（一）图表中显示数据

创建图表以显示或发掘项目中的数据。例如，您可以创建图表来查看编码材料来源的节点。

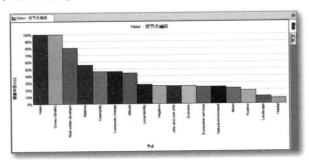

图 3-3-12　图表显示数据

（二）创建模型和项目项关系图将项目中的关系可视化

可以创建模型，也可以生成项目项关系图，以可视化、发掘和显示数据中的连接。使用浏览选项卡上的选项创建模型和项目项关系图，也可以新建模型聚类分析、聚类分析，树状结构图，项目关系图等。

图 3-3-13　图表中的模型创建

六、创建报表和导出模板

要创建自己的报表，请在浏览选项卡的报表组中，单击新建报表图

94

像。按照报表向导中的步骤选择字段、筛选器和报表布局。还可以使用报表设计器创建自己的报表（或者修改现有的报表）。

图 3-3-14　创建报表和导出模板

要运行某个 NVivo 的预定义报表，请执行以下操作：

（1）在导航视图中，单击报表，然后单击报表文件夹。

（2）在列表视图中，双击您希望运行的报表。

报表结果将显示在明细视图中。

第四章　实验研究

所谓实验研究，就是研究者有意识地使一个变量（自变量）发生变化，然后对这种变化是否对另个变量（因变量）产生影响进行观察。若给实验研究下一个正式的定义，那就是：设计一个能反映研究对象本质特征的情境，并使研究对象不受实验变量以外的因素所干扰，然后对其实施处理，以观察某种特性的变化，从而检验实验处理与该种特性之间的因果关系假设。这个正式的定义涉及的东西要多一些。第一，实验研究多半是已经预设了一个理论框架，认为变量甲与变量乙之间存在着因果关系，现在的任务是要用实验研究来验证这个假设。第二，为了确定该因果关系，就要排除其他因素的干扰，尽量做到只允许相关变量起作用，因此要控制某些变量。因此，我们先对变量做一下介绍。

第一节　变量

我们还没有给"变量"这个术语明确的定义。在实验研究中，对变量的区分和确定有严格的要求，现在我们来进行全面介绍。

一、变量和构念

将变量与它们所表示的深层结构区分开来是很重要的。变量和构念都随时间或个体而变化。然而，一个变量本质上是我们可以观察或量化的人类特征或相关能力，而一个构念则是它代表人类的实际特征或能力。例如，精通西班牙语，是一个人头脑里的想法。正因为如此，它很难被观察到，而且可能不同于研究人员为防范这一变量而进行的间接观察（也许是西班牙语水平测试的分数）。西班牙语的构念熟练度（实际的人类能力）

可以用西班牙语熟练度的可变测试分数（我们可以观察到的构念和测量的结果）来表示。然而，重要的是要记住，分数不是能力，而是能力的反映。像任何反射一样，如果操作得当，它实际反映了一个人的语言水平，否则可能是对实际构念的模糊或扭曲的表达。

变量（variable）指的就是随着时间变化而变化或因个体不同而有差异的因素。一个学生的英语水平会随着学习时间的推移而提高（变化），这样的话他的英语水平就是一个变量。另一方面，性别因素则不会随着时间变化而变化，而是因个体不同而有差异。在外语教学科研中，经常研究的变化变量包括语言水平（听、说、读、写、词汇量等）、教学方法、教材、大纲、学习动机、学习兴趣、自我评估、学习时间、输入量等；作为个体差异的变量包括智力、性别、学习策略、语言学能认知方式、母语背景、人格因素等。

事实上，在科学研究中，变量的功能很不相同；同一个变量在不同设计中的作用也不相同。明白变量的不同种类和它们在一项研究中的关系，对于研究者来说是首要的问题。

二、不同的变量

（一）自变量与因变量

自变量（independent variable）与因变量（dependent variable）是所有研究中最主要的因素。在一个项目中，我们至少要研究两个变量之间的关系。在这两个变量中，我们总是设想，其中一个的变化会对另一个产生影响。例如授课方式会影响学习进步的速度。这时，我们说授课方式就是自变量，学习进步就是因变量。自变量是我们要进行操纵或控制的变量，也就是有意识地促使它变化或保持不变。因变量是在自变量变化之后我们要观察其出现、消失或变化的因素。授课方式是我们可以操纵的，可以在甲班用任务教学法，在乙班用交际教学法，3个月之后，进行考试，观察两个班上的成绩变化，也就是因变量的变化。用一个公式讲，如果研究者考察两个变量 X 与 Y 的关系时间自己："如果增加或减少 X 时，Y 会发生什么变化呢？"其中 X 就是其自变量，Y 就是其因变量。

实际上，自变量和因变量并不总是只有一个，更多的情况下是有多个自变量和多个因变量。而且，谁是自变量，谁是因变量，并没有严格的客观标准，确定的时候多少会带有一些主观性和任意性。有些变量在一项研究中是自变量，而在另一项研究中是因变量。例如，研究语言实验中教学与发音的关系时，实验室教学是自变量，发音好坏是因变量；而研究发音好坏与听力理解的关系时，我们则可以将发音看作自变量，而把听力理解看作因变量——发音的好坏会影响听力理解。

（二）调节变量

调节变量（moderator variable）是一种比较特别的自变量，可称为次自变量。在实验中增加这种变量，是为了了解它怎样影响或改变自变量与因变量之间的关系。换句话说，当我们要测量自变量甲对因变量乙的影响时，又想到了可能第三个因素丙对它们也有影响，这时就把丙作为一个调节变量来分析。例如，我们要研究每周授课时数与学生成绩的关系，但又觉得学生的性别可能会影响这种关系，那么我们就可以将学生分成男女两组进行观察。如果性别没有影响，则测试结果相差甚小，如图 4-1-1 所示。

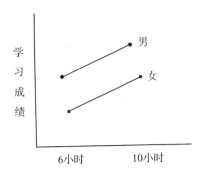

图 4-1-1　每周授课时数与学生成绩的关系的测试结果

如果增加授课时数之后，男生学习成绩明显提高，而女生学习成绩反而下降，则说明性别是个起调节作用的变量，如图 4-1-2 所示。

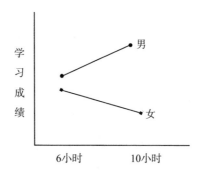

图 4-1-2　每周授课时数与学生成绩的关系的测试结果

自变量和调节变量的确定没有什么非常严格的客观标准，两者之间的主要区别就是研究者如何看待这两个不同的因素。例如，也可以将性别看作是自变量，将每周授课时数看作是调节变量。需要注意的一点就是：如果我们将一个因素看作是自变量，我们关注的是它与因变量之间的直接关系；如果将一个因素看作是调节变量，我们关注的是它如何影响自变量与因变量的关系。在外语教学的研究中，涉及的因素是非常多的，有条件的话，包括几个调节变量是较为合理的。

（三）控制变量

由于受到各种条件的限制，我们不可能同时研究所涉及的一切变量。每一个项目只能研究一部分变量，对其他不研究的变量则应设法使之中立化，也就是让它们不再影响所研究的自变量和因变量之间关系，那么这些受到控制的变量叫控制变量（control variable）。例如，在考察每周授课时数和学习成绩的关系时，一定还涉及其他变量。比如，教师的教学质量也是一个重要因素。要使它不再能对自变量和因变量的关系发生影响，可以让同一个教师教两个组，教师因素就算排除了。同理，使用同样的教材，教材因素就是控制变量。使用同样的教法，教法就成了控制变量。在运用随机抽样的程序分出实验组和控制组时，实际上是在控制许多变量：年龄、性别、英语水平、家庭背景等（因抽样时的标准而异）；在不让样本差异造成可能的影响时，剩下的只是"处理"过程的效应。

（四）介入变量

上述的三种变量相对来说具体一些，理解和操纵起来比较容易。介入变量（Intervening Variables）则比较抽象、深奥，但是非常重要。它是一种用来解释自变量和因变量的关系的理论框架，因此它是无法观察的理论建构，在很大程度上取决于研究者对所研究现象采取的理论立场。例如，在研究学习年限与英语水平的关系时，真正的问题是语言是否被学到手，或者说最棘手的问题是学习者头脑中的"外语学习过程"是什么样子。这个过程看不见，摸不着，它可以被说成是一个介入变量。但是对外语学习过程而言，不同的人有不同的看法，所以也许有人会说，这里的介入变量叫语言接触量（exposure to language）、语言输入量、教师教学效应等。把介入量说成是"语言接触量"的人会认为，学习者必须接触一定量的语言之后，才有可能总结语言规则；再接触一定量的语言之后，才有可能概括出更多的语法规则，直到掌握这种语言。总之，介入变量反映出研究者如何看待或解释自变量与因变量之间的关系问题。拿前面的例子说就是：为什么学习时间长了，学习成绩可以提高？大致地说，为什么自变量可以使因变量朝着预期的方向发生变化？这样一问，我们就可以知道什么是介入变量。

三、变量间的关系

上述的五种变量最重要的是自变量和因变量，因为研究的目的就是寻求它们之间的关系。自变量引起因变量的变化过程是介入变量。影响自变量和因变量之间关系的是调节变量，有可能影响自变量和因变量关系的，但在实验中被控制为中立的因素叫控制变量，它们没有进入实验。控制变量在研究中保持恒定，即没有变化，目的是更好地研究自变量对因变量的影响。干扰变量不是直接可以观察到的，因此，放在虚线箭头里。干扰变量越多，就越难说清楚两个变量之间的因果关系，一个变量的功能并不是这个变量本身所固有的。因此，变量在图中的位置不是一成不变的，它随着研究的变化而变化。有时在同一研究内，在不同的研究问题内变量的功能也可能不同。例如：动机这一变量在这个研究里是自变量，到了另一个研究里就变成因变量、调节变量控制变量或干扰变量。研究者必须要确定某个变量在不同研究问题中的不同功能，如图4-1-3所示。

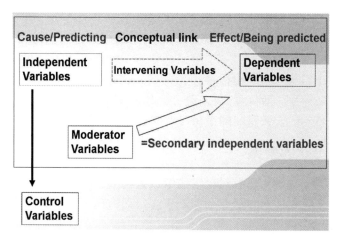

图 4-1-3　变量间的关系

其中，箭头表示研究的思路，不代表因果关系或时间顺序；一个方块也不是指一个变量，可以是多个变量。

四、控制无关变量

无关变量是一个相对概念，是相对于一项研究的自变量和因变量的关系而言的。它在研究中对研究结果的效度起着十分重要的作用。如果对无关变量的影响不加以控制或清除，就无法确定因变量变化的根本原因，其研究结果就难以使人信服。一般来讲，有 4 类无关变量：环境因素类、分组因素类、人为因素类和测量因素类。

（一）环境类

环境因素类无关变量指在研究过程中自然产生而又未能意识到的变量或在研究过程中的一种非自然条件。例如，在进行英语听力测试时，就常常产生易被忽视的环境类无关变量，如噪音、气温、光线、座次编排等。完成一项研究需要时间，完成一项实验同样也需要时间，很多事都是要在很长时间内才能发生的。学习一门外语需要时间，语言运用上发生变化也要时间。设计一项研究，要给收集数据或完成实验充足的时间。约翰森（Johnson，1983）组织学习英语的儿童与本族语儿童在夏令营里互相接触，白天在一起，晚上回家。经过 5 周之后，英语学习者考试一次，结果发现，其学习成绩没有什么提高。约翰森认为，其中的原因之一就是 5 周的实验时间是不够的，还没有让自变量发挥作用就结束了。再如，研究培训听力策略能否提高听力理解。一个小组有人教授具体策略：即如何听懂磁带上的报告或当面作的报告。另一小组只是被告知要自己去听这些报告。两周之后，两个小组都来听一个报告作为考试。这里，关键的问题是：两周的培训能否造成差别。如果测试表明，两组没有差别，那么就存在一个问题，是培训不奏效，还是时间太短没有允许它奏效？

（二）分组因素类

分组类无关变量指研究对比组的组成差异或因时间推移对比组的组成成分已产生变化的因素。研究者在着手进行研究时，一开始就要尽量使两组研究对象组成成分一致，避免一组对象在某一方面强过或次于另外一组。同时，还要考虑研究对象在研究过程中出现的诸如转学、生病或留级等问题。实验时间相对较长时，有的受试者就会失去兴致，不再参加；也有些是因各种原因不能到场，使得原来的样本太小或者失去代表性。如果某个实验是 10 次考试，某受试者参加了 9 次，因患感冒有 1 次没能参加，他的数据就要全部作废。为了避免这种情况，最好一开始就选取比较大的样本；而且，对中途退出的人做跟踪处理，因为中途退出的受试者很可能与留下来的受试者有明显不同，缺少了他们，实验就会产生一定的偏差。

（三）人为因素类

人为类无关变量指研究过程中研究者与被研究者的情感因素，心理因素对研究结果产生影响。其中，霍桑效应指被研究者非常乐意成为被研究对象，因而在研究过程中富有极高的热情，从而使其研究结果远远高过普通的被研究对象。霍桑效应（Hawthorne effect）指参加一项实验本身有时对受试者有某种特殊影响，使他们感到自己已经与总体中的其他成员不同。参加某项英语教学实验的学生可能有某种优越感，而同一年级的其他学生则没有。这就是实验环境本身给被试的影响，以至于最后的结果也受到影响。后来人们称之为"霍桑效应"。语言学习者更会这样。一次，研究者去听一堂外语课，专门用一种符号记下话轮转换（turn-taking）的各种形式。一位学员注意到，每当有人讲一次话，研究者就在本子上写点什么。于是，他就增加了自己的讲话次数。当他注意到研究者在记他的讲话，他发言次数更多了。遇到这种情况，克服的办法之一就是多听几次课。实验的时间拉长一些，这种效应会小一些。如果连续上两个月的课，那么研究者在场或者不在场的因素就会被学生忽略了成见效应则指被测试者的选择受其态度的影响。如学生通常对所喜爱的老师给予高度的评价，而事实上这位教师对工作极不负责。其他人为类干扰变量如研究者期望值和被研究者期望值等都常常对研究结果的有效度形成干扰，在研究过程中必须加以注意。

（四）测量因素类

无关变量主要源于测量方法的选用，如测试、问卷、观摩访谈等在研究过程中可能会带来某些干扰因素，如熟练效应、活动效应和测量方法与结果的非稳定性。熟练效应在语法教学研究中最常见。活动效应指测量方法本身导致了被研究者的变化。例如，问卷调查本身有可能促使学生临时形成某种观念，这样得出的数据会在很大程度上影响研究结果。测量方法与结果的非稳定性指研究过程中测量方法缺乏稳定且不连贯，导致所得结果不稳定。为了很好地掌握实验之前两组被试的起点，通常要先进行一次测试。这次测试是非常必要的，但是也确实存在副作用，即使受试者对实验的内容和最后的测试形式有所了解，增加了他们的敏感性。特别是那种只完成一两次语言任务的实验，这种测试等于给了他们一次练习的机会，最后的结果有失效的可能。所以有人称它为"练习效应"（practice effect）。例如，有一个假设说：操练之前先讲语法规则要比操练之前不讲规则或操练之后再讲规则对长期记忆更有益处。现在要检验这条假设，分成 3 个小组，第 1 组操练之前先讲语法规则，第 2 组操练之前不讲规则，第 3 组操练之后再讲规则。但是为了确保 3 组都对此语法规则一无所知，实验之前要考试一下。这次考试就会有测试效应或练习效应。当然也许有人会说，反正 3 个组都测的是同一试卷，要有什么效应，3 个组是一样的。但是，问题在于，如果都有测试效应，我们就不能知道最后的结果是效应问题还是"处理"的结果，抑或是两者都有。

五、变量的测量

我们一直在假设我们所提到的种种变量具有非常明确、并且是大家所公认的定义，仿佛它们都可以用度量衡单位来量一量。但是实际上，事情并不是这么简单的。我们平时所说的变量通常是一个抽象的、理论上的建构，其概念是深奥的、模糊的，不同的研究者对它们的理解和认识有很大的不同。就连语言水平这种简单的概念，10 个人就会有 10 种看法；从看法到测量办法，又有很长的路；如何测量这个概念，在一定意义上反映了研究者的理论立场。例如，"托福"据说是英语水平测试，它测的几个部分就反映"托福"的设计者对语言水平的看法。其明显的不足之处是没有口语测试，没有写作（后来在部分地区加试写作）。即使听、说、读、写都测到了，四个部分都测的什么和如何测的，也有许多不同意义。如：有人重语言形式，轻语言运用；有人重接受性技能，轻产生性技能；有人重客观题型，有人重主观题型。"语言水平"这个变量用何种测量工具体现出来？世界上有五花八门的试卷，实在没有办法的时候，一篇30分钟的听写就"代表"了"语言水平"。再比如，智力这个变量如何定义？又如何测量？有人可以把智力描写得十分深奥，但落实到测量工具的时候，无非包括语言表达、逻辑推理、解数学题的能力、记忆力等。

从变量到测量工具是相隔甚远的过程，要将不可操作的东西转换为可操作的东西，将不可测量的东西转换为可接触的东西，将不可测量的东西转换为可测可量的东西，中间很容易出现"失真"现象，因此设计测量工具要十分谨慎小心，尽力完善，尽可能全面地反映原来的变量的意义。其实，"失真"现象是很常见的。例如，听力测试中，听了5分钟的材料，回答4项选择问题时要谈近千字的文字，这其中有多少听力成分，有多少阅读成分，就很难说清楚。再如，测验二年级学生的写作能力时，让他们"试论超导材料的优缺点"或"中东和平进程纵横谈"，这都不是在测验写作，而是在测验知识了。

测起来不容易的变量大致有两种：一是变量代表的概念没有明确、固定、共享的内涵，诸如"能力""素质""先进"等；二是行为背后的深层情感、态度、价值观等。这叫"潜在变量"（latent variable）。遇到这种情况，只好根据与之有关的可观察现象进行推断。如，不去直接问"你喜欢不喜欢读书？"，而是问"最近读什么书了？""最近买什么书了？""每年花多少钱买书？"等。所谓变量的测量就是把变量与可观察现象的关系用数字表示出来。这个间接反映变量性质的现象叫"指标"（indicator），指标才是我们直接测量的东西。把变量转换成指标的过程叫变量操作化过程。当然，很多时候，一个潜在变量要由多个指标来体现。前面提到的"语言能力"就是一例：可以用听、说、读、写、译五个指标来显示。教师的"科研能力"除了发表的文章之外，还应该考虑申请到的科研项目数、科研项目的级别（国家社科、省市级、地市级等）、项目资金总数等；还可以考虑他的学术组织任职头衔、受聘（国内、国外）大学等等。

事实上，测量潜在变量的指标一般是来自某种研究理论。在某年进行的英语本科学生素质调查中，素质就是个潜在变量，我们是通过测量学生的智力、语言学能、认知方式、学习策略、自尊心、内向/外向等指标来体现学生素质的。而这个决定的根据来自"优秀学习者"（也叫个人差异研究）的理论。皮姆斯勒（Paul Pimsleur）设计的语言学能测试则有六个指标：学生的各科平均分数、对学习外语的情趣（动机）、词汇量、用语言分析的能力、语音区分能力、语音-字符联想能力。再比如，学习风格也是潜在变量，有人将它的指标分为：学生的认知方式（包括分析能力、空间思考能力、鉴别能力、分类能力、顺序处理信息能力、同时处理信息能力、记忆力）、学生的感觉反应（包括视觉反应、听觉反应、感情反应）和学生对学习条件的偏好（包括对学习时间、组织形式、教学秩序、学习环境的偏好）等。即使有了这么多指标，到测量的时候，还是要细化，比如把"学习时间"细化为"你喜欢上午/下午/晚上学习？"出现在问卷和量表上的题目都是具体、可观察的行为，这样才便于被试理解和回答，否则收回来的答卷就不可避免地包含失真的信息。

六、变量的测量方式

根据变量的可量化程度或测量精度，可将变量分成三个层次，也是三个类型。

（一）称名测量

称名测量也叫名义测量。称名测量指的就是一个事物与其他事物在属性、类别上不同，如性别、颜色等。如果其属性或类别只有两种结果，则为二分称名量，如性别分为男和女、成绩分为及格与不及格或合格与不合格。称名量所属的数据形式是计数数据（attributes data），就是计算研究对象的个数所获得的数据，如男生多少、女生多少等。称名变量有时也用数字表示，如用 1 表示男，2 表示女；或者 1 代表理科学生，2 代表文科学生，3 代表师范类学生，4 代表农科学生，5 代表医科学生。但这里的 0、1、2、3、4、5 并不代表事物之间差异的大小，只是分类的符号。称名变量的统计方法主要有次数计算、百分比、t-检验、相关等。

（二）等级测量

等级测量的变量叫等级变量，它指事物的某一属性的多少或大小排列起来的变量。如教师按能力大小或成绩高低排列等级：1，2，3……，这一系列数据表明"大于"某某，即第1高于第2，第2高于第3，而相邻两个等级的间隔是不等距的，也就是1与2和2与3之间的差距/差别并不相等。所以说它们只有等级上的差别，是一种既无相等单位又无绝对零点的变量。学生成绩常常采用顺序变量来计算：优＝100－81分，良＝80－61，中＝60－41，差＝40－21。顺序变量的常用统计方法有百分位数、中位数、秩次检验、等级相关等。

（三）等距测量

等距测量除了能完成称名测量和等级测量的任务外，还能保证每两个连续点之间的距离是相等的。例如：1分钟到2分钟与4分钟到5分钟的时间是相同的。同样，2米到3米与4米到5米的距离是相同的。因此，在测量时间、长度和距离等时，经常用到等距测量。

在学校里，考试使用的百分制属于等距测量，每两点之间的距离是等值的，都是1分。如果有两个学生，一个考了100分，另一个考了95分，我们可以说一个学生比另一个学生考得好，因为他多考了5分，这5分当中，每两个分值之间的差距完全相等。百分制就是建立在这样个假设的基础上，即1分到2分与5分到6分，或99分到100分的距离相同。

然而，上述观点似乎过于简单化。考试项目通常难度不一，因此不同项目所得的分数不一定等值。但在考试中，难度差异一般被忽略不计，我们把这样的测量方式仍旧看作是等距测量。英语测验中，甲生得80分，乙生得60分，进行比较时我们可以说甲生比乙生多20分，但却不能用倍数来表示。这是因为这类数据只具有相等的单位，而没有绝对的零点。这类变量虽然有0分，但是这个0分是人为确定的。如，某一学生没有参加期中考试，因此得了"0"分，这并不能说他没有一点英语能力或英语知识，这就像摄氏温度一样，0℃并不意味着没有温度；等距变量常用的统计方法有平均数、标准差、t-检测、F检验、积差相关等。

（四）三种测量之间的关系

3种测量中，就准确性而言，称名测量处在最低级，最不准确；等距测量处在最高级，最准确；等级测量处在两者之间，比称名测量准确，但不及等距测量。称名测量只表示类别；等级测量不仅表示类别，而且表示类别的顺序；等距测量除了表示类别和类别的顺序还表示顺序排列之间的距离。根据Brown（198：23）的测量方式，文秋芳把3种测量总结如下

（表4-1-1）。

表 4-1-1　三种测量之间的关系

测量方式	类别	顺序	距离
等距测量	+	+	+
等级测量	+	+	-
称名测量	+	-	-

较高级的测量可转变为较低级的测量，但较低级的测量不能转变为较高级的测量。以学生的水平测试为例，我们可以把百分制变成 5 个等级，但不可能把 5 个等级转变为百分制。虽说用什么方式测量变量取决于研究者，但研究的一般规则是"尽可能用最高级的测量方式来测量。这就是说，如果能用等距测量，决不要用等级测量"（Bemard，194：35）。

第二节　实验设计

真正的实验研究具备两个特点，其一是研究者对自变量的控制，其二是对被试者的随机抽样。但是，在教育领域进行真正的实验研究是非常困难的。有些自变量不能控制；有时随机抽样又十分困难，因为那样会将教学秩序打乱，因此往往用自然班做实验组和控制组。

下面我们举一个实验研究的案例，南京财经大学的陈成辉和肖辉发表的《"听说写一体"写作教学模式实验研究：模因论的视角》（《外语界》，2012 第 6 期）就是很好的例证。它有实验组和控制组，但没有随机抽样，没有正式前测，用高考英语分数代替了前测，其他都很规矩。下面，我们截取几段观察一番（其中的表格省略）。

一、研究对象

我们根据南京某高校 2010 级非英语专业大学一年级学生的英语高考成绩选取了两个班，共计 109 名学生。其中，一个班为法律专业 1001 班，55 人（男生 25 人，女生 30 人，平均年龄 18.2 岁）；另一个班为社会工作专业 1001 班，54 人（男生 23 人，女生 31 人，平均年龄 18.5 岁）。两个班的英语成绩用百分制换算后，对其进行了独立样本 t-检验。检验结果显示，两个班的平均分和标准差非常接近，没有显著差异（P = 0.314 > 0.05）。从整体上讲，两个班的英语成绩大致相当，两个班学生入学时的英语水平基本相同。我们把法律专业 1001 班作为实验班，社会工作专业 1001 班作为控制班。

二、"听说写一体"写作教学模式的实施步骤

(1) 首先，实验班学生在"精品作文"的基础上进行类似于复合式听写的训练，直到把作文中所有缺失的信息补充完整为止。这些作文挂在网上，实验班学生可以在网络教室学习，也可以把作文下载下来，随时随地听读。

(2) 在普通教室里，采取抽查或小组代表的方式，让实验班学生以与"精品作文"相同的话题进行脱稿陈述（presentation），目的是督促学生在课下不仅反复听"精品作文"，而且反复朗读甚至背诵。

(3) 在普通教室里，实验班学生以与"精品作文"相同的话题进行写作训练。每两周训练一次，并且按照大学英语四级考试作文题的评分原则和标准对作文进行评估，成绩记入平时成绩。

(4) 控制班学生也以与实验班相同的话题每两周写一次作文，作文按照四级考试作文题的评分原则和标准进行评估，成绩记入平时成绩。但是，控制班学生没有基于"精品作文"开展复合式听写和脱稿陈述。

简而言之，"听说写一体"写作教学模式为：复合式听写+脱稿陈述+写作训练。

三、测试

实验最后，我们对实验班和控制班学生进行了大学英语四级考试作文模拟测验，作文满分为一百分。评分采用、四级考试作文题的评分原则和标准，采用总体评分（global scoring）方法。评分工作由两名多次参加四级考试作文阅卷的教师承担，评分者之间的可靠系数 α 为 0.91。每篇作文的最后得分取两名阅卷者的平均分。

四、"听说写一体"写作教学模式对学生写作水平的影响

两个班大学英语四级考试作文模拟测验的结果表明，与传统的写作教学模式相比，"听说写一体"写作教学模式能显著提高学生的写作水平。表 2 显示，实验班的平均分比控制班高出 6.4814 分，而 P=0.00<0.05，说明实验班的作文成绩显著好于控制班。在这次测验中，实验班高分段（85 分以上）的学生有 6 人，而控制班高分段的学生仅有 2 人。"❶

从性别比例、年龄、高考分数等方面来说，两个组确实有可比性。然而，经过随机抽样的样本与没有经过随机抽样的样本的根本区别就在于，随机抽样的样本具有代表性，没有随机抽样的样本只能代表小组本身。第二个不足之处在于将高考分数当了前测，这容易让人挑出毛病。后测中，除了英语测试，他们还做了问卷调查和访谈，做到了多角核查。他们还对两组的主要英语错误做了分析，还进行了卡方检验（Chi square test），这一切都是规规矩矩的实验设计的要求。在学校自然环境下，做成这样已经不容易了。很难设想哪个学校或哪个城市让实验者随机抽样 200 学生进行

---

❶ 陈成辉，肖辉. "听说写一体"写作教学模式实验研究：模因论的视角 ［J］. 外语界，2012（6）.

为期一年的实验。

所谓真正的实验设计（true experimental design），就是要可以控制可能影响内部效度的所有因素。通常情况下有两种设计。

第一，只有实验后测试的控制组设计（post-test only control group design），可表示如下：

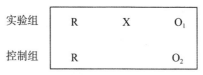

实验组　　R　　　X　　　　O_1

控制组　　R　　　　　　　　O_2

图 4-2-1　控制组设计

这里使用了两个组，一个经过 X 处理，一个没有经过 X 处理，这种做法控制了其他偶然因素。另外，两个组的形成是采用随机抽样程序挑选的，不仅避免了自然组（如自然班、自然材料等）之间可能存在的差异，而且也保证了在诸多变量上的同等水平（例如，高考时的分数、家庭出身、就读中学等）。随机抽样保证了两组的起点是一样的，不用再进行预测，这样比较好，因为预测会增加受试者对实验后测试的敏感性，他们猜测将来会考什么，并以此决定偏重学习什么。这样会增加测试与处理的交互作用效应（interaction effect）。实验之后，比较 O_1 和 O_2 的平均分数就可以了。

这种设计是最理想的模式，不仅简单而且科学。只要有可能进行随机抽样，都可以使用这种设计。

第二，含控制组实验前后测试的设计（pre-test/post-test control group design），可表示如下：

RO_1　　　X　　　O_2

RO_3　　　　　　　O_4

图 4-2-2　含控制组实验前后测试的设计

与第一种设计不同，这种设计增加了一项实验前的测试（O_1 和 O_3）。与第一种一样，影响内部效度的因素都得到了控制，但实验前的测试增加了测试效应的干扰。有时由于特殊原因需要统计实验前的数据；否则的话，根本不用在实验前进行一次测试。也有人建议，为了控制这种测试的交互作用效应，可以再增设一个不接受实验前测试的小组：

实验组	RO₁	X	O₂

实验组　　　　　RO₁　　X　　O₂
第一控制组　　　RO₃　　　　O₄
第二控制组　　　　　　　X　　O₅

图 4-2-3　不接受实验前测试的小组

实验研究设计比较困难，实施时间较长，而且牵涉的被试人员多，统计程序也不简单，因此我国外语界的实验研究相对来说是比较少的。吴旭东、张文东 2002 年统计了 1997 年至 2002 年上半年 7 种杂志上发表的文章，其中只有 28 篇属于实验研究，而且还存在这样那样的缺欠。近十来年似乎也没有明显增加：在期刊网上不容易搜到实验研究的文章。2009 年广外的牛瑞英发表了《合作输出相对于阅读输入对二语词汇习得作用的一项试验研究》（《现代外语》，2009 第 3 期）算是比较正规的实验研究：她借用两个相似的理论假设，一个是"深度处理假设"。该假设认为：对单词的处理越深，记忆就越好。针对处理深度难以测量的问题，后来提出的词汇习得条件试图找出增加单词处理深度的因素，并把处理深度量化。例如，产出性模型认为学习者对目标词的创造性产出处理有利于实现单词深度处理，加深目标词记忆。理论假设二是"参与负荷假设"。它认为，学习者单词处理中的参与负荷越大，单词记忆就越好，并提出一套任务诱导参与的动机——认知架构来量化处理深度：下面，我们引用牛瑞英的文章示范实验研究中的设计思考和实施中的注意事项（其中的表省略）。

本文的研究重点是合作输出对二语词汇习得的作用。作为研究的自变量，合作输出的任务形式是文章重构，任务结果是书面重构和口头重构，二者形成产出方式不同的两种输出任务，分别称作合作书面输出和合作口头输出。作为研究的因变量，二语词汇习得是指产出性和接收性词汇即时习得和延时记忆，它包含四个次变量。参照里德（Read，2000）的看法，这四个次变量分别定义如下：（1）接收性词汇即时习得：刚学过一个单词后能够回想起词义；通过接收性后测 1 进行测量。（2）产出性词汇即时习得：刚学过一个单词后能够想起并给出拼写；通过产出性后测 1 进行测量。（3）接收性词汇延时记忆：学过一个单词一段时间后能够回想起词义；通过接收性后测 2、3 和 4 进行测量。（4）产出性词汇延时记忆：学过一个单词一段时间后能够想起并给出拼写；通过产出性后测 2、3 和 4 进行测量。为了厘清合作输出的词习得作用，阅读输入被当作控制变量。基于以上设计，本研究试图回答以下问题：

（1）合作书面输出相对于阅读输入在多大程度上可以导致二语产出性和接收性词汇习得？

（2）合作口头输出相对于阅读输入在多大程度上可以导致二语产出性和接收性词

汇习得？

（3）合作书面输出和合作口头输出是否可以导致不同水平的二语产出性和接收性词汇习得？

二、受试

240 名英语专业一年级本科生（195 名女生和 45 名男生），参加了该研究。首先，根据学期末核心课程的成绩，从 20 个平行班中选出没有显著差异的 10 个班，然后根据"相同老师的班尽量分到一组"的原则把 10 个班分作三组：第一组 4 个班 96 名学生，完成合作书面输出任务；第二组 4 个班 98 名学生，完成合作口头输出任务；第三组 2 个班 46 名学生，完成阅读输入任务。对三组受试期末考试成绩的方差分析显示，他们的英语水平没有显著差异，F（2，237）0.206，P＝0.814。问卷显示受试的年龄为 27——21 岁，学习英语的时间为 7 至 9 年。

三、试验工具

实施词汇前测的目的是检测受试的目标词知识。前测要求受试写出 20 个英语单词，包括 10 个目标词和 10 个干扰词的汉语意思。前测应该比事后回忆更能准确地测量受试的单词知识。另外，由于受试样本量较大，潜在的前测效应该不会影响研究结果。词汇后测采用带字母提示的句子填充和词汇知识量表分别测量受试的产出性和接收性词汇习得。带字母提示的句子填充要求受试完成一组不完整的句子，例如：The reality is not as ic（美好的，愉快的）as he has expected.

为了促使受试给出目标词，每个句子都为目标词提供了提示字母和汉语意思，提示字母是根据先导测验的结果决定的。为了确保真实性，所有句子都选自英国国家语料库（British National Corpus）。词汇知识量表是用来测量接收性词汇知识的深度和质量的一种方法。该研究采纳了帕里巴科特和韦斯克（Paribakht&Wesche，1997）词汇知识量表的前四个自我报告项目，如表 1 所示（其内容是让被试标出对该词的熟悉程度：见过，忘了意思；见过，模糊，知道意思；见过，知道意思；从未见过等）。受试分别接受四次词汇后测，时间为紧跟实验任务之后、一个星期后、三个星期后和四个星期后。为了降低测试效应，四次测试的项目数量和顺序有所不同。产出性后测的信度 Cronbachα 系数为 0.7442，Guttman 对半信度为 0.6292；接收性后测的信度 Cronbachα 系数为 0.7780，Guttman 对半信度为 0.8009。

四、实验步骤

实验持续了六周，由各班老师协助完成。第一周，先进行词汇前测，要求受试不借助字典，课下也不要进行任何复习，三组受试都用了约 10 分钟完成。然后，根据其核心课程期末考试成绩和意愿，两组输出受试被分成二人小组接受实验前任务训练。第二周，三组受试严格按照任务要求，完成各自的实验任务。实验地点是语音实验室。戴上耳机后，小组成员可以听到对方说话，但听不到其他小组的对话，从而避免了小组间的互相干扰和影响。为了确保受试认真完成任务并便于追踪受试的任务表现，两组输出受试被告知其对话将被统一录音。三组分别用了 45、40 和 30 分钟完成任务。之后，受试立刻完成了后测 1。第三周、第五周和第六周，分别完成了后测 2、3 和 4。

为了降低测试效应，产出性测试皆先于接收性测试。

五、数据分析

根据词汇前测的结果，数据分析包含了 9 个目标词。经过前测的筛选和去除缺席的受试，有效受试为 195 人，其中合作书面输出 69 人，合作口头输出 72 人，阅读输入 34 人。三组受试期末考试成绩的方差分析表明其英语水平没有显著差异，F（27172）= 1.245，P = 0.29。

借鉴巴克罗夫特（Barcroft, 2002）的词汇产出评分方案，该研究采用字母基点评分来评估受试的产出性后测。字母基点评分是衡量正确的字母，把正确字母的比例直接转换成分数。受试的接收性后测通过等级评分来评估。具体做法是，把受试对目标词的自我报告知识用五点量表进行评分：0, 0.25, 0.5, 0.75 和 1.00。两种评分方式的目的都是为了捕获受试的部分词汇知识习得，并检测三组受试在词汇知识获取上的细微差别。作者对所有后测试卷进行了两次评分，并邀请同事给 2.5% 的试卷打分。字母基点评分和等级评分的评分员内部信度分别为 99.33% 和 99.56%，评分员之间的信度分别为 96.67% 和 98.75%，得分不同的项目通过协商获得解决。最后，把数据输入 SPSS（13.0）进行统计分析。首先运用单向方差分析检验三组受试间的词汇习得是否存在显著差异，然后用 LSD 事后检验验证显著差异出现在哪些任务之间。统计显著水平设定在 0.05。任务时间被看作任务内在因素，数据分析没有考虑此差异。"❶。

她的研究结果发现：（1）合作书面输出的产出性和接收性词汇即时习得以及产出性词汇一星期延时记忆比阅读输入明显要好；（2）合作口头输出的产出性和接收性词汇习得比阅读输入明显要好；（3）合作书面输出和合作口头输出的产出性和接收性词汇习得都没有明显差异。这几句话读起来并不容易，但是基本意思是非常清楚的：当习得词汇或产出词汇需要深度加工的时候，我们对词汇记忆就越加得深刻。这项实验非常复杂，作者尽量排除未知因素的干扰，因此在表达的时候十分吃力。这项研究不仅设计规矩，而且对应该检验的数据都进行了检验，例如显著水平检验、F 分布检验、t-检验、Cronbach α 系数检验、Guttman 对半信度等，这就是对待研究的严肃性。然而，被试分组时没有随机抽样，也没用配对法，只是计算了他们的英语水平没有显著性差异。此外，如果她实验的时间更长一些的话，或许会得到更好的效果。除此之外，赵海兰、龚子兰发表了《基于数字化游戏的教学对学生学习兴趣和学业成绩的影响——以英语教学为中心》（《现代教育技术》，2007 第 11 期），也是比较正规的实验研究，读者可以参考。

可以这样说，牛瑞英的主变量的控制算是比较好的，而实验控制是实验质量的关键。为了避免其他可能的变量干扰实验，可以通过引进新的主变量进行分组。例如我们要做两种教学法的实验，又担心由于性别不同而不同。这样，就可以采用双因素设计：共有两个变量（教学法及性别），四个处理（新旧教学法，男女）。也就是 2×2 = 4

---

❶ 牛瑞英. 合作输出相对于阅读输入对二语词汇习得作用的一项试验研究 [J]. 现代外语，2009（3）.

个处理，这需要四组被试参加。新旧教学法两个组，实验组用新法，控制组用旧法；男女各一组，都用新法教学，看性别是否影响对新旧方法的接受。这种称为"有形控制"（physical controlling）。第二种控制是"统计控制 I"（statistical controlling），也称为"无形控制"。我们知道，上面讲述的第一种控制操作起来是比较难的。因此，也可以在某些因素上先不着急另选两组（如性别差异），二是等到获得数据之后，分别处理男生和女生的数据，观察他们有否显示很大的差异。当然，还可以采用计算协方差（co-variance）的方法获得控制变量作用的信息。

与其他研究方法一样，实验法也存在它的优点和缺点。其主要不足之处就是人为造作：实验中发生的事情未必在现实世界中发生。其优势在于它能将自变量独立开来，从而能够进行因果推理；它比较容易复制；而且，它是最为严格的研究。

第三节　数据分析

在进行外语教学研究时，如果要对两组数据进行差异性比较，如实验前后的学习成绩比较，不同两组之间的焦虑、动机、策略等的比较。根据不同的情况，我们可以进行参数检验和非参数检验。

一、参数检验（均值分析）

参数检验包括下列三种：单样本 T 检验，独立样本 T 检验和配对样本 T 检验。

（一）单样本 T 检验

单样本单样本 T 检验属参数检验，选用该方法时需满足以下条件：
（1）因变量为定距变量；
（2）因变量呈正太分布；
（3）满足方差齐性假设。
此检验常用来解决某个组或团体与整个大的团体之间的差异性。

例如某班 30 名同学的 iq 成绩如下，全校的均值为 105，问此班同学的 iq 成绩与全校的平均分是否有显著性差异?

图 4-3-1　学生 iq 成绩

（二）用 SPSS 进行单样本检验

步骤 1：在数据编辑窗口中单击"分析（Analyze）"打开下拉菜单，选择"比较均值"，点击"单样本 T 检验"。

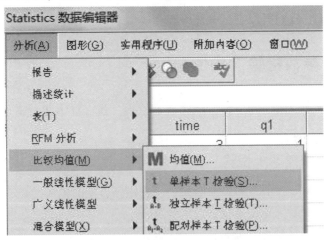

图 4-3-2　选择单样本 T 检验菜单

步骤 2：选择要进行分析的变量。在对话窗左边的变量列表中将变量 iq score 单击，将其移入检验变量框中。

步骤 3：在检验值方框中输入 105，即表示这是全校的平均分。点击确定，提交系统运行。

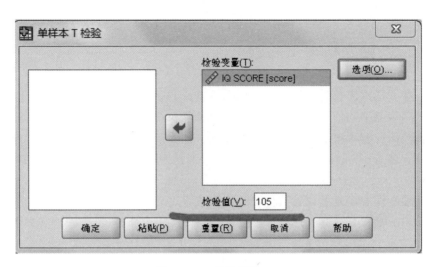

图 4-3-3　检验值为 105

结果如下：表 4-3-1 表明，这班学生 IQSCORE 的均值为 110.70，标准差为 8.103，均值的标准误为 1.479，样本容量为 30。

表 4-3-1　单个样本统计量

	N	均值	标准差	均值的标准误
IQSCORE	30	110.70	8.103	1.479

表 4-3-2 表明，t 值为 3.853，自由度为 29，均值差值为 5.700，且差分的 95% 置信区间不包含零，Sig.（双侧）值为 .001，具有显著性，此结果表明这班学生 IQSCORE 的成绩高于全校均分，且与全校平均成绩具有显著性差异。

表 4-3-2　单个样本检验

	检验值=105					
	t	df	Sig.（双侧）	均值差值	差分的 95% 置信区间	
					下限	上限
IQSCORE	3.853	29	.001	5.700	2.67	8.73

二、独立样本 T 检验

独立样本 T 检验是检验两个样本是否来自两个平均数相同的总体，即比较两组的平均值，所以独立样本 T 检验又称受试间 T 检验。该方法常用于实验研究和调查研究的定量数据处理，如实验研究两个不同条件之间的比较，调查研究中变量的两个不同组别之间的比较（秦晓晴，2015：285）。

独立样本 T 检验属参数检验，选用该方法时需满足以下条件：

（1）因变量为定距变量；

（2）两组因变量呈正太分布；

（3）两组因变量满足方差齐性假设；

（4）两组数据相互独立。

例：某教师想在初教和党史班进行教学实验，收集了学生的学习成绩，想比较一下两个班级是否无显著性差异可以进行实验研究？

步骤 1：在变量视图中设两个变量：班级和学习成绩，并在数据视图中输入数据。

步骤 2：在数据编辑窗口中单击"分析（Analyze）"打开下拉菜单，选择"比较均值"，点击"独立样本 T 检验"。

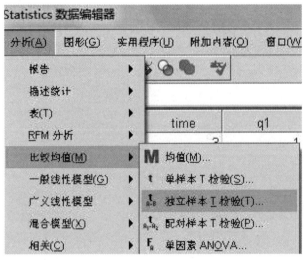

图 4-3-4　独立样本 T 检验窗口

步骤 3：将成绩导入检验变量，在分组变量进行定义。初教为 1，党史为 2，点击确定，提交系统运行。

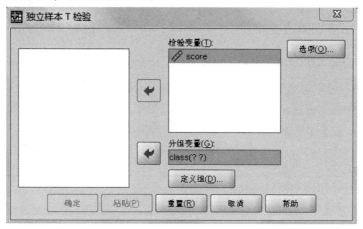

图 4-3-5 导入检验变量窗口

图 4-3-6 使用指定值

结果如下：表 4-3-3 表明，初教班学生成绩均值为 47.3125，标准差为 6.63375，均值的标准误为 1.95750，党史班学生成绩均值为 49.9667，标准差为 8.68901，均值的标准误为 1.58639，样本容量分别为 48 和 30。

表 4-3-3　组统计量

	class	N	均值	标准差	均值的标准误
score	初教	48	47.3125	6.63375	1.95750
	党史	30	49.9667	8.68901	1.58639

表 4-3-4 表明，t 值为-1.524，自由度为 76，均值差值为-2.65417，且差分的 95%置信区间包含零，Sig.（双侧）值为 0.132，此结果表明两班学生的成绩无显著性差异。

表 4-3-4　独立样本检验

		方差方程的 Levene 检验		均值方程的 t 检验					
								差分的95%置信区间	
		F	Sig.	t	df	Sig.（双侧）	均值差值	标准误差值	下限	上限
成绩	假设方差相等	3.797	.055	-1.524	76	.132	-2.65417	1.74201	-6.12368	.81535
	假设方差不相等			-1.432	49.892	.158	-2.65417	1.85295	-6.37613	1.06780

结论：两个班的成绩无显著性差异。

配对样本 T 检验：配对样本 T 检验是一种重复测量设计检验，是两组平均值进行比较，目的是检验平均值之间的差异是否达到显著性水平。与独立样本 T 检验不同的是这两组数据来自相同的受试者。

该检验可以用于以下情形：

同一组受试者实验前和实验后的结果比较；

同一组受试者实验条件下和控制条件下的结果比较；

同一组受试者在一种实验条件下和另一种实验条件下的结果比较；

两组受试者是挑选互相配对的对偶组。

例：同一班学生在本族语成绩和希腊语成绩之间是否有显著性差异？

步骤 1：在变量视图中设两个变量：本族语成绩和希腊语成绩，并在数据视图中输入数据。

步骤 2 在数据编辑窗口中单击"分析（Analyze）"打开下拉菜单，选择"比较均值"，点击"配对样本 T 检验"。

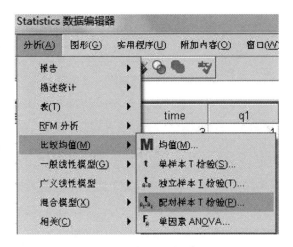

图 4-3-7 配对样本 T 检验

步骤 3：将成绩导入成对变量，点击确定，提交系统运行。

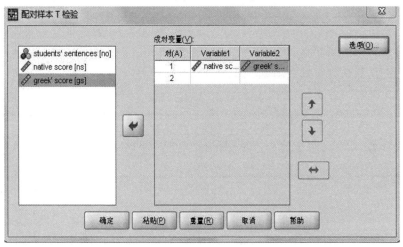

图 4-3-8 配对样本 T 检验

结果如下：表 4-3-5 表明，学生本族语成绩均值为 25.0313，标准差为 6.25008，均值的标准误为 1.10487，学生的希腊语成绩均值为 28.2813，标准差为 7.84624，均值的标准误为 1.38703，样本容量分别为 32。

表4-3-5　成对样本统计量

		均值	N	标准差	均值的标准误
对1	nativescore	25.0313	32	6.25008	1.10487
	greek'score	28.2813	32	7.84624	1.38703

表4-3-6表明，学生本族语成绩与学生的希腊语成绩的相关系数为0.321，Sig. 值为0.073，样本容量分别为32。表明二者之间的相关性不显著。

表4-3-6　成对样本相关系数

		N	相关系数	Sig.
对1	Native score & Greek'score	32	.321	.073

表4-3-7表明，t值为-2.21，自由度为31，均值标准差为8.31633，且差分的95%置信区间包含零，Sig.（双侧）值为0.035，此结果表明这班学生在本族语和希腊语成绩之间有显著性差异。

表4-3-7　成对样本检验

		成对差分					t	df	Sig.（双侧）
		均值差	标准差	均值的标准误	差分的95%置信区间				
					下限	上限			
对1	Native score-Greek'score	-3.2500	8.31633	1.47013	-6.24836	-.25164	-2.21	31	.035

		成对差分					t	df	Sig.（双侧）
		均值差	标准差	均值的标准误	差分的95%置信区间				
					下限	上限			
对1	Native score-Greek'score	-3.2500	8.31633	1.47013	-6.24836	-.25164	-2.21	31	.035

三、非参数检验

（一）Mann-Whitney U 检验

在数据违反了以上独立样本和配对样本 T 检验的假设条件，如不是正太分布，受试对象少就不能采用独立样本 T 检验。那么与独立样本 T 检验相对的非参数检验方法是 Mann-Whitney U 检验。这种检验方法是一种秩和检验方法，其虚无假设是两组的秩和相同。

Mann-Whitney U 检验不需要进行方差齐性或正太分析检验。

例：为了提高学生的英语写作水平，某老师进行了一个学期的实验。期末，该老师从实验班里抽出 9 名学生，从普通班抽出 7 名学生进行测验，其成绩如下：

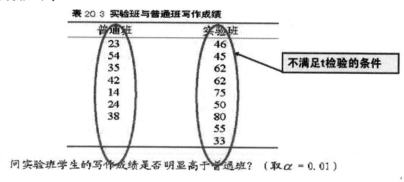

图 4-3-9　变量视图

步骤 1：在变量视图中设两个变量：班级和写作成绩，并在数据视图中输入数据。

步骤 2 在数据编辑窗口中单击"分析（Analyze）"打开下拉菜单，选择"非参数检验"，点击"2 个独立样本（2）"。

图 4-3-10　两个独立样本工具菜单

步骤 3：将成绩导入检验变量，在分组变量进行定义。普通为 1，实验为 2，并且勾选 Mann-Whitney U 检验，点击确定，提交系统运行。

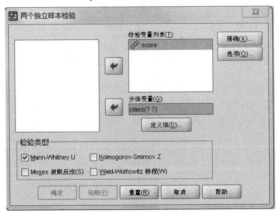

图 4-3-11　检验变量对话框

图 4-3-12　定义组

结果如下：表 4-3-8 表明，Mann-Whitney U 检验将两个班级的成绩的平均秩次和秩和进行了统计，由该表得知，实验班的平均秩次和秩和均高于普通班，高秩次和秩和对应高成绩，实验班的秩次和秩和分别为 11.22 和 101，普通班秩次和秩和分别为 5 和 35，样本容量分别为 7 和 9。

表 4-3-8　秩次

	class	N	秩均值	秩和
score	Common class	7	5.00	35.00
	Experiment class	9	11.22	101.00
	总数	16		

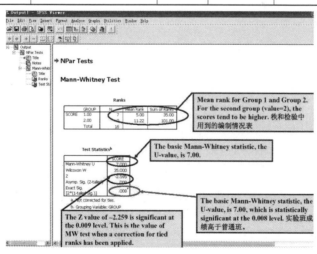

图 4-3-13　检验结果

图 4-3-13 表明，Mann-Whitney U 为 7，z 值为-2.259，Asymp. sig 值为 0.000 Exact sig 值为 0.008，这两个值都低于 0.05 的显著性水平。因此，可以做出在 0.05 的显著性水平拒绝虚无假设，即得出结论实验班学生的成绩明显优于普通班学生成绩。

（二）Wilcoxon 检验

参数检验中配对样本 T 检验对应的是 Wilcoxon 检验。该方法是秩次检验方法，是通过比较两个变量值的平均秩次差异，以检验两个变量之间是否有显著性差异。

例：8 个学生进行了为期 3 周的词汇训练，进行了前测和后测的词汇考试，欲求这 8 名学生在这一段时间之内词汇水平是否有显著性差异？所收集的数据如下：

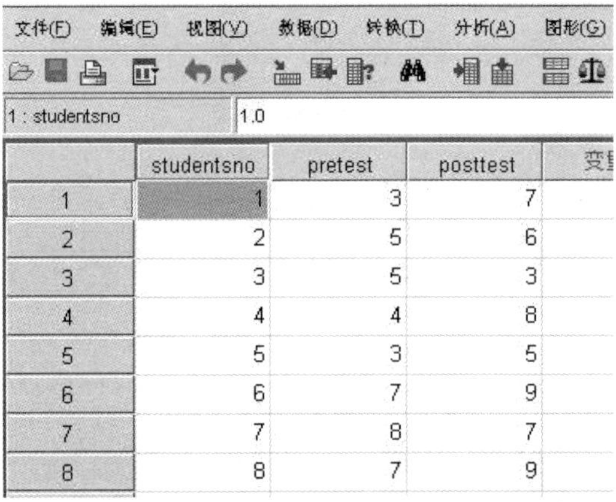
文件(F) 编辑(E) 视图(V) 数据(D) 转换(T) 分析(A) 图形(G)

1 : studentsno 1.0

	studentsno	pretest	posttest	变量
1	1	3	7	
2	2	5	6	
3	3	5	3	
4	4	4	8	
5	5	3	5	
6	6	7	9	
7	7	8	7	
8	8	7	9	

图 4-3-14 收集的数据

步骤 1：在变量视图中设三个变量：学生和前测成绩和后测成绩，并在数据视图中输入数据。

步骤 2 在数据编辑窗口中单击“分析（Analyze）”打开下拉菜单，选择“非参数检验”，点击“2 个相关样本（L）”（图 4-3-15）。

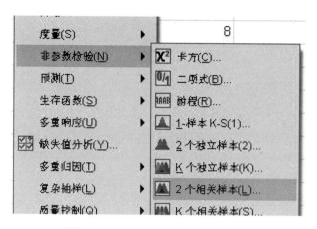

图 4-3-15 两个相关样本工具菜单

步骤 3：将成绩导入检验变量，将前测及后测成绩导入检验对，并且勾选 Wilcoxon 检验，点击确定，提交系统运行。

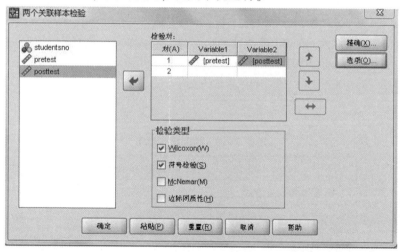

图 4-3-16 两个相关样本检验

结果如下：表 4-3-9 汇报了两个变量的正秩次、负秩次和结点（前测和后测数值相同）的受试者，由表得知，后测成绩低于前测成绩的人数有 2 人，后测成绩高于前测成绩的有 6 人，持平者 0 人。

表 4-3-9　频率

		N
Post test -pretest	负差分 a	2
	正差分 b	6
	结 c	0
	总数	8
a. post test<pretest		
b. post test>pretest		
c. post test=pretest		
结果表明，精确显著性（双侧）值为 0.289，此值大于 0.05 的显著性水平。因此，可以做出在 0.05 的显著性水平接受虚无假设，即得出结论实验前后学生的水平没有显著性变化。		

表 4-3-10　检验统计量 b

	posttest-pretest
精确显著性（双侧）	.289a
a. 已使用的二项式分布。	

（三）方差分析

如果检验三个不同班级或组别的学生在外语学习成绩方面是否有显著性差异，需要根据数据的特点使用不同的检验方法。只含有一个分组变量的参数检验方法为单因素方差分析。如果含有一个因变量，两个分组变量采用单变量方差分析。如果数据是对相同受试者在不同条件下（三个或以上）收集的，则采用重复测量方差分析。

单因素方差分析实际上就是进行方差比较，将组间方差除以组内方差，求出 F 值。F 值大则组间方差大于组内方差。如果 F 值达到了显著性水平，就拒绝各平均值相等的虚无假设。单因素方差就是通过 F 检验，以判断三个或以上样本所代表的总体平均值是否相等去评价单一因素对因变量的影响。

例：现有四个班级分别为初教，党史，历史及医学，在这四个班级进行了不同教学方法的实验，实验结束后进行考试，试求哪个班级的教学方法最好且与其他班存在显著性差异？

步骤 1：在变量视图中设两个变量：班级和成绩，并在数据视图中输入数据。

步骤 2 在数据编辑窗口中单击"分析（Analyze）"打开下拉菜单，选择"比较均值"，点击"单因素 ANOVA"（图 4-3-17）。

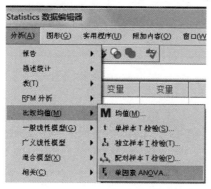

图 4-3-17　单因素分析菜单

步骤 3：将成绩导入检验变量，将班级变量导入因子。

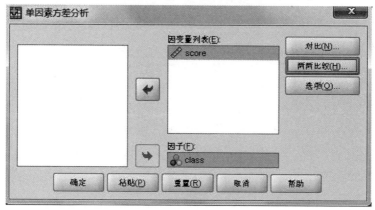

图 4-3-18　单因素方差分析

步骤4：选择事后多重比较方法。在对话框中点击两两比较对话框，勾选 LSD，显著性水平选择 0.05，然后点击"继续"回到主对话框。

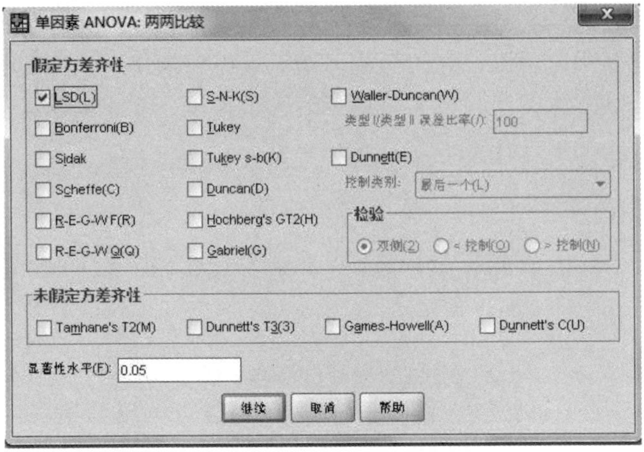

图 4-3-19　两两比较

步骤5：在主对话框中点击"选项"对话框，在统计量勾选"描述性"也可以勾选"均值图"（表示各组因变量平均值的分布图以便直观看出各组平均值的高低），在缺失值部分选系统默认选项，表示分析中排除有缺失值的受试者，然后点击"确认"，提交系统运行。

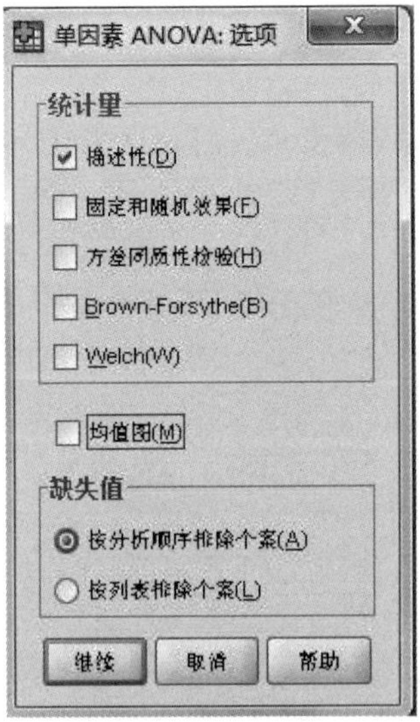

图 4-3-20　选项对话框

结果如下：表4-3-11汇报了四个班级的个案数、均值，标准差、标准误差、平均值的95%置信区间、最小值和最大值。

表4-3-11　描述性统计量（因变量：score）

	个案数	平均值	标准差	标准误差	平均值的95% 置信区间		最小值	最大值
					下限	上限		
初教	48	47.3125	6.63375	.95750	45.3863	49.2387	31.50	60.50
党史	30	49.9667	8.68901	1.58639	46.7221	53.2112	32.00	68.00
历史	44	49.7727	7.39457	1.11477	47.5246	52.0209	21.00	61.00
医学	114	53.7237	6.32878	.59274	52.5493	54.8980	37.00	66.50
总计	236	51.2055	7.35767	.47894	50.2619	52.1491	21.00	68.00

表4-3-12方差齐性检验表呈现了方差齐性检验的结果。单因素方差检验要求各组方差相等，从下表数据可以看出，显著性值为.094，大于.05，表明方差是相等的，满足了方差齐性的要求，说明后面的方差检验结果是有效的。

表4-3-12　方差齐性检验

score			
莱文统计	自由度1	自由度2	显著性
2.152	3	232	.094

表4-3-13表明F值为11.020，显著值为.000，小于设定的.05的水平，说明四组平均值之间有显著性差异。

表4-3-13　ANOVA

score					
	平方和	自由度	均方	F	显著性
组间	1586.730	3	528.910	11.020	.000
组内	11135.052	232	47.996		
总计	12721.783	235			

表 4-3-14 所示，ANOVA 多重比较列出了成对多重比较平均值的结果，包括平均值差值、标准误差、显著性及 95% 置信区间的上下限。平均值差值星号表示达到了 .05 的显著性水平，可以看出医学和其他班级之间具有显著性差异。

表 4-3-14 ANOVA 多重比较

因变量：score						
LSD						
（I）class	（J）class	平均值差值（I-J）	标准误差	显著性	95%置信区间	
					下限	上限
初教	党史	−2.65417	1.61238	.101	−5.8310	.5226
	历史	−2.46023	1.44594	.090	−5.3091	.3886
	医学	−6.41118*	1.19203	.000	−8.7598	−4.0626
党史	初教	2.65417	1.61238	.101	−.5226	5.8310
	历史	.19394	1.64033	.906	−3.0379	3.4258
	医学	−3.75702*	1.42158	.009	−6.5579	−.9562
历史	初教	2.46023	1.44594	.090	−.3886	5.3091
	党史	−.19394	1.64033	.906	−3.4258	3.0379
	医学	−3.95096*	1.22957	.001	−6.3735	−1.5284
医学	初教	6.41118*	1.19203	.000	4.0626	8.7598
	党史	3.75702*	1.42158	.009	.9562	6.5579
	历史	3.95096*	1.22957	.001	1.5284	6.3735
＊. 平均值差值的显著性水平为 0.05。						

图 4-3-21 平均值分布图更加直观地呈现了各个班级的平均值。

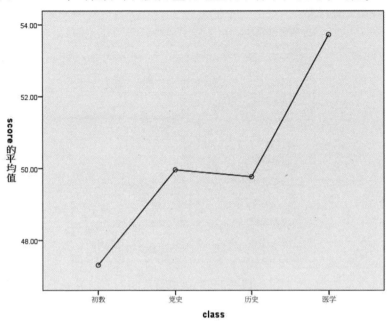

图 4-3-21　平均值分布图

结论：医学班所使用的教学方法最好，教学效果显著性优于其他三个班。

(四) 单变量方差分析

单变量方差分析指包含一个因变量，两个因素变量（或分组变量）的方差分析，其中因素变量可以有两个或多个水平。因素变量与因变量之间的关系可以理解为因果关系，也就是说因素变量对因变量产生效应。这种效应基可能是因素变量独立对因变量产生作用，也可能是不同的因素变量共同作用于因变量。所以，两个因素变量对因变量产生的作用有主效应和交互效应之分。由因素变量的不同水平引起的因变量的变异叫因素的主效应。

例：自变量为阅读材料的熟悉程度（熟悉，不熟悉）及生词密度（5：1，10：1，20：1）都会影响阅读成绩，其影响程度到底有多大？

步骤 1：在变量视图中设三个变量：熟悉程度、生词密度和成绩，并在数据视图中输入数据。

步骤2 在数据编辑窗口中单击"分析（Analyze）"打开下拉菜单，选择"一般线性模型"，点击"单变量"。

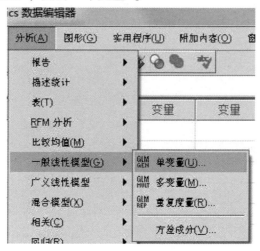

图 4-3-22　单变量菜单

步骤3：将成绩导入因变量，将熟悉程度和生词密度导入固定因子。

图 4-3-23　单变量

步骤4：在对话框中点击两两比较对话框，勾选 LSD，显著性水平选择 .05，然后点击"继续"回到主对话框。

图 4-3-24 两两比较对话框

结果如下：表 4-3-15 汇报了熟悉程度、生词密度的分组信息，熟悉程度的样本量分别是 12，生词密度中的三组样本量都为 8。

表 4-3-15 主体间因子

		值标签	N
熟悉程度	1	不熟悉	12
	2	熟悉	12
生词密度	1	5：1	8
	2	10：1	8
	3	20：1	8

表 4-3-16 汇报了主体间的效应表。该表中的熟悉程度、生词密度的主效应均达到了显著性水平，F 值分别是 43. 343 和 21. 784，Sig 值都是 .000，这两个变量的主效应都具有统计意义，表明熟悉程度、生词密度对阅读成绩的影响都具有显著性意义。表后的 R 方 =. 867（调整 R 方 =. 830），表明这两个因素变量的主效应及其交互效应对阅读成绩的解释量在调整前后分别为 86. 7% 和 83%。

表 4-3-16　主体间效应的检验（因变量：成绩）

源	Ⅲ型平方和	df	均方	F	Sig.
校正模型	218.333a	5	43.667	23.463	.000
截距	888.167	1	888.167	477.224	.000
熟悉程度	80.667	1	80.667	43.343	.000
生词密度	81.083	2	40.542	21.784	.000
熟悉程度＊生词密度	56.583	2	28.292	15.201	.000
误差	33.500	18	1.861		
总计	1140.000	24			
校正的总计	251.833	23			
R方=.867（调整R方=.830）					

表 4-3-17 多个比较中的均值差异值较大，星号表示不同生词密度之间的阅读成绩均存在显著性差异，Sig 值均小于 0.05。

表 4-3-17　多个比较（成绩 LSD）

(I) 生词密度	(J) 生词密度	均值差值（I-J）	标准误差	Sig.	95%置信区间	
					下限	上限
5∶1	10∶1	-2.13＊	.682	.006	-3.56	-.69
	20∶1	-4.50＊	.682	.000	-5.93	-3.07
10∶1	5∶1	2.13＊	.682	.006	.69	3.56
	20∶1	-2.38＊	.682	.003	-3.81	-.94
20∶1	5∶1	4.50＊	.682	.000	3.07	5.93
	10∶1	2.38＊	.682	.003	.94	3.81
基于观测到的均值。 误差项为均值方（错误）= 1.861。						
＊. 均值差值在 0.05 级别上较显著。						

表 4-3-17，多个比较中的均值差异值较大，星号表示不同生词密度之

间的阅读成绩均存在显著性差异，Sig 值均小于．05

（五）重复测量

如果是三组或三组以上的非独立数值，则需要使用重复测量的方差分析方法。此方法是配对样本 T 检验的延伸。重复测量方差分析需要检验的假设有正太分布检验和球形假设检验。球形假设是指数值之间的差异方差相等。在进行重复测量方差分析之前，无须单独进行球形假设检验，因为 SPSS 在提供重复测量方差分析结果的同时提供 Manchly 检验结果，如果 Manchly 检验结果的显著值大于 0.05，就表明变量之间的方差大体相等，表明数据接受而且满足了球形假设，就可以查看重复测量方差检验结果。如果小于 0.05 表明数据没有满足球形假设，后面的组内方差分析结果就不是一个准确的结果。

例：为了寻求最有效的减压办法，对相同的被试分别进行了不同的活动：静坐 15 分钟，听指令（闭眼，深呼吸，集中思考一个词），听滑稽演员的喜剧，听大自然的各种声音，听音乐，并对各种活动后的压力程度进行了测量，试求这五种不同的活动形式对减压是否有差异？

步骤 1：在变量视图中设 5 个变量，并在数据视图中输入数据。

步骤 2 在数据编辑窗口中单击"分析（Analyze）"打开下拉菜单，选择"一般线性模型"，点击"重复度量"。在主体内因子写"活动"，级别为 5。

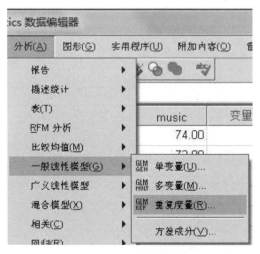

图 4-3-25　重复度量菜单

步骤3：定义5种成绩导入因变量，并点击选项。然后点击"比较主效应"及"LSD"回到主对话框，提交系统运行。

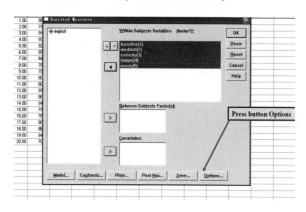

图 4-3-26　重复测量选项菜单

结果如下：表4-3-18汇报了球形度检验结果，其显著性为.000，小于.05，就说明，达到了显著性意义，则拒绝球形假设。那么就需要看表4-3-18主体内效应检验。

表 4-3-18　球形度检验 a

测量：MEASURE_ 1							
主体内效应	莫奇来 W	近似卡方	自由度	显著性	Epsilon[b]		
					格林豪斯-盖斯勒	辛-费德特	下限
activity	.136	34.737	9	.000	.562	.642	.250

检验"正交化转换后因变量的误差协方差矩阵与恒等矩阵成比例"这一原假设。

a. 设计：截距
主体内设计：activity

b. 可用于调整平均显著性检验的自由度。修正检验将显示在"主体内效应检验"表中。

表4-3-19主体内效应检验表明，格林豪斯-盖斯勒辛-费德特的显著性都特别明显，说明因素效应明显，具有显著性。

表4-3-19 主体内效应检验

测量：MEASURE_ 1					
源		Ⅲ类平方和	自由度	均方	F	显著性
activity	假设球形度	1574.140	4	393.535	156.214	.000
	格林豪斯-盖斯勒	1574.140	2.250	699.680	156.214	.000
	辛-费德特	1574.140	2.567	613.247	156.214	.000
	下限	1574.140	1.000	1574.140	156.214	.000
误差（activity）	假设球形度	191.460	76	2.519		
	格林豪斯-盖斯勒	191.460	42.746	4.479		
	辛-费德特	191.460	48.771	3.926		
	下限	191.460	19.000	10.077		

表4-3-20主体间效应检验中，F值为2414.587，显著性为0.000，具有统计意义。

表4-3-20 主体间效应检验

测量：MEASURE_ 1				
转换后变量：平均				
源	Ⅲ类平方和	自由度	均方	F	显著性
截距	607464.360	1	607464.360	2414.587	.000
误差	4780.040	19	251.581		

表4-3-21成对比较结果显示，5个变量之间的显著性都达到统计意义，差值的95%置信区间的上限和下限之间都无零，也表明这些差异之间具有显著性意义。

表4-3-21　成对比较

测量：MEASURE_ 1						
(I) activity	(J) activity	平均值差值（I-J）	标准误差	显著性[b]	差值的95%置信区间[b]	
					下限	上限
1	2	11.700*	.669	.000	10.299	13.101
	3	6.250*	.403	.000	5.406	7.094
	4	9.650*	.730	.000	8.122	11.178
	5	7.200*	.408	.000	6.346	8.054
2	1	−11.700*	.669	.000	−13.101	−10.299
	3	−5.450*	.462	.000	−6.416	−4.484
	4	−2.050*	.505	.001	−3.107	−.993
	5	−4.500*	.473	.000	−5.490	−3.510
3	1	−6.250*	.403	.000	−7.094	−5.406
	2	5.450*	.462	.000	4.484	6.416
	4	3.400*	.472	.000	2.411	4.389
	5	.950*	.185	.000	.564	1.336

续表

测量：MEASURE_ 1						
（I） activity	（J） activity	平均值 差值（I-J）	标准误差	显著性[b]	差值的95% 置信区间[b]	
					下限	上限
4	1	−9.650*	.730	.000	−11.178	−8.122
	2	2.050*	.505	.001	.993	3.107
	3	−3.400*	.472	.000	−4.389	−2.411
	5	−2.450*	.510	.000	−3.518	−1.382
5	1	−7.200*	.408	.000	−8.054	−6.346
	2	4.500*	.473	.000	3.510	5.490
	3	−.950*	.185	.000	−1.336	−.564
	4	2.450*	.510	.000	1.382	3.518
基于估算边际平均值						
*. 平均值差值的显著性水平为.05。						
b. 多重比较调节：最低显著差异法（相当于不进行调整）。						

结论：这五种不同的活动形式对减压有显著性差异。

第五章　调查研究

近年来，国内外英语教育研究中采用调查方法的实证研究所占的比例越来越大。近五年来，仅在外语类核心期刊上就发表了150篇调查研究类论文，如果扩大到外语类核心期刊以外的期刊，论文数量就上千了，在如此多的研究中，调查研究主要采取的是问卷调查法。本章首先介绍问卷设计，其次为数据的收集工具——问卷星，最后介绍问卷数据的分析。

第一节　调查设计

在外语教学中，通常要通过问卷调查的形式来完成定量数据的收集。问卷（questionnaire）是印好的文字材料，上面印着许多问题或看法，让被调查者不记名（或记名）地进行回答。问卷在定量研究中广泛使用，问卷，特别是不量化的问卷，与访谈的区别不是很大，都属于让受试者对一种刺激作出反应，二者总是同时使用。形式上最大的区别是一个笔头回答，一个口头回答。访谈比较费时费力，能调查的受试者较少，用问卷则可以一次性调查许多人。在外语教学科研中，往往通过问卷调查来了解受试者的性格、年龄、出生地、文化水平、外语学习经历以及父母的有关情况。这种人文和背景信息，通常不量化。近些年来，人们还常常用问卷调查学习者的态度、动机、性格、兴趣、文化认同等。总之，可以用问卷来了解不易观察的信息。

一、问卷定义及特点

（一）问卷定义

关于什么是问卷的问题有不少答案和定义。国内学者郭强称之为"为了达到调查目的和收集必要数据，而设计出的由一系列问题、备选答案及说明等组成的向被调查者收集资料的工具"，风笑天认为问卷是"人们预先精心设计好的、用来测量人们的行为、态度和特征的问题表格"。国外学者 Aiken 将之定义为："A paper-and-pencil instrument composed of a set of questions concerning certain issues, events, or other matters"。学者 Brown 将其定义为："Questionnaires are any written instruments that present respondents with a series of questions or statements to which they are to react either by writing out their answers or selecting from among existing answers"。关于问卷的定义还有很多，但从以上给出的 4 个定义中可以看出，问卷是用来测量人们的行为、态度和特征的一种由一系列问题、备选答案及说明等组成的向被调查者收集数据的一种研究方法。

（二）特点

（1）问卷可以同时发给许多人，实施起来比较经济（比采访经济许多倍）；

（2）因为不记名，受试者对敏感问题也敢于做真实回答，数据比较真实可信；

（3）问卷格式统一，收回的回答也是格式统一，符合标准，便于统计，便于比较；

（4）由于问卷在同一个时间发到全部受试者手中，收回的数据没有时间造成的差异，因此比较准确。

问卷的最大不足是回收率低。填写问卷通常是没有报酬的，当被调查者比较忙碌时，就会将问卷搁置一边；尤其是邮寄的问卷，回收率更低。问卷有的太长，或者有的问题不好回答，或者需要写很多话，这些都会对回收率造成影响。回收率不高，并不是说靠多发出一些就可以解决问题。试想，如果发出 20,000 份问卷，收回 200 份，虽然 200 份也够用了，但是，人们不禁要问，这 200 份回收的问卷，还能有什么代表性吗？应该首先回答：哪一组人喜欢填写问卷？哪些人不填写问卷？所得结果，不代表原来设想的样本，而代表一个更小的样本。这实际上就是对效度提出根本性的怀疑。再说，没有文化的人或第二语言水平不够高的人，也常常不填写问卷。他们的情况被排除在外，是否影响数据的有效性，也值得怀疑。例如，如果问卷是用第二语言写的，那么第二语言水平不够高的人也许读不懂问卷的问题，也许误解了问题或误解了答卷的要求，结果是：收回的都是第二语言水平好些的，所以没有代表性；有些回答是不应该算数的，因为这些学习者存在语言理解困难，因此并不代表学习者的意见。

二、问卷项目

问卷大致分成两种形式，一种是开放式的问卷，就是调查者不提供任何可供选择的答案，由被调查者自由答题，这类问题能自然地充分反映调查对象的观点、态度，因而所获得的材料比较丰富、生动，但统计和处理所获得的信息的难度较大。它可分为填空式和回答式。例如，"你对所使用的精读教材有何看法?"这是非结构化的问卷，不能量化，不能做定量分析，适用于定性研究。

另一类是结构化或叫封闭式的问卷。封闭式问题的后面同时提供调查者设计的几种不同的答案，这些答案既可能相互排斥，也可能彼此共存，让调查对象根据自己的实际情况在答案中选择。它是一种快速有效的调查问卷，便于统计分析，但提供的选择答案本身限制了问题回答的范围和方式，这类问卷所获得的信息的价值很大程度上取决于问卷设计自身的科学性、全面性。

封闭式问题又可分为三种。

第一种是二选一式（把问题的可能性答案列出两种相矛盾的情况，请被调查人从中选择其一"是"或"否"、"同意"或"不同意"）。

第二种是多项选式（每个问题后列出多个答案，请被调查人从答案中选择自己认为最合适的一个或几个答案并做上记号）。

第三种是评判式（后面列有许多个答案，请被调查人依据其重要性评判等级，又称为排列式），不让被调查者写什么话，几种可能的回答都印在问卷上，在自己同意的一项上打钩就可以了。

（一）利克特量表

最初由心理学家 Rensis Likert 使用，并因此得名。利克特量表被人们广泛用于测量受访者对一些事物的看法、态度或想法，除此之外，也可用来探索受访者的行为模式。利克特量表最常用的有 5 个等级，其次有 7 个等级和 3 个等级，但利克特量表的等级不宜太多，利克特量表的等级一般为奇数，但有时为迫使受访者在同意和不同意之间做出选择，设计者也采用偶数等级。利克特量表的等级就是所有问卷项目的答案数目，受访者只需按照量表等级说明进行选择即可。利克特量表的使用方法是，研究者设计出的问卷项目均为陈述句，受访者根据等级量表进行评定，以确认自己对所列出的做法或看法的认可程度。此外，用利克特量表收集的数据是定距数据，因为利克特量表各等级之间的距离是相等的。

例：我不喜欢开口讲英语，因为我担心讲不好。（1 2 3 4 5）

1表示：这个句子完全或几乎不适合我的情况；2表示：这个句子通常不适合我的情况；3表示：这个句子有时适合我的情况；4表示：这个句子通常适合我的情况；5表示：这个句子完全或几乎完全适合我的情况。

利克特量表是一种标准化了的问卷，在外语教学调查研究中受到普遍欢迎。用它收集上来的数据非常易于处理，研究者将全部问卷项目在利克特量表上的得分相加获得总分，或求平均值均可。

（二）语义区分量表

它是一种两极的评价量表，与利克特量表一样，也具有固定的等级，只是等级更多，少则3个等级，多则10个等级。研究表明，最佳语义区分量表应设计为7个等级，但如有特殊用途也可设计为3个等级或5个等级的量表。与利克特量表的不同之处在于，每个维度的两端有两个相反的评价语，要求受访者根据自己的认可程度选择介于两端之间的等级。设计者无须像设计利克特量表那样给每个等级进行语义界定。语义区分量表的优点在于，因为受访者需要考虑量表的两端，所以可以避免出现赞同某个观点的倾向性。语义区分量表最早由Osgood等人开发，自此以后，受到人们的广泛欢迎。

下面以Gardner的AMTB为例来看语义区分量表的作用。在Gardner的社会教育模式中，他认为学习者对学习环境的态度会影响学习者的学习动机。该态度包括学习者对外语教师的态度和对外语课程的态度两个方面，Gardner就用了语义区分量表测量受访者对外语教学方面的评价。

表5-1-1 外语教学评价的语义区分量表

efficient							inefficient
insensitive							sensitive
cheerful							cheerless
competent							incompetent
insincere							sincere
unapproachable							approachable
...							...

Gardner 的外语教师评价语义区分量表由总体评价、师生关系、教师能力和教学的生动程度评价等四个方面组成。其中教师评价用 10 个项目

测量（unfriendly-friendly, unreliable- reliable, inconsiderate- considerate. bad-good, unpleasant- pleasant, inefficient- efficient, impolite -polite, insincere -sincere, undependable -dependable, cheerless-cheerful），10 个项目得分相加后的总数表示受访者对教师的总体评价。满分 70 分，高于 28 分表明学生对这位教师持肯定态度，分数越高表明对教师越满意；低于 28 分表明总体上对教师持否定态度。师生关系由 5 个项目来测量（suspicious -trusting, insensitive-sensitive, unapproachable-approachable, impatient-patient, disinterested interested），满分 35 分，分数越高表明受访者与教师之间的关系越和睦。20 分为分界线，高于 20 分表示师生关系融洽，低于 20 分则表明师生关系紧张。教师能力测量是受访者对教师的教学效果进行评价，由 5 个项目组成（disorganized-organized, unindustrious - industrious, unintelligent-intelligent, incapable- capable 和 incompetent- competent）。教学的生动程度是通过 colourless- colourful, unimaginative- imaginative, dull- exciting, tedious- fascinating 和 boring- Interesting5 个维度进行测量的，满分也是 35 分，20 分为分界线，分数越高，表明教师受欢迎程度越高。

仔细分析上述例子，不难发现语义区分量表可用来进行教师和教学等方面的评价，此外还可用于进行其他方面的评价，如个人能力、教材等。在设计语义区分量表时，两端的形容词要简明，这样有利于受访者快速阅读和理解这些词语。由于绝大多数受访者对语义区分量表不熟悉，设计者有必要提供示例。

总之，语义区分量表具有便于设计、便于实施，也便于编码分析的特点，用于收集人们对一些事物的情感反应方面的数据时，被认为是非常简单而且经济的方法。其次，已有众多研究使用该量表检验测量对象的结构效度，结果表明语义区分量表一般可获得 3 个维度，即评价（evaluation）、潜力（potency）和活力（activity），即 EPA 结构，而且这三个维度可以解释该量表测量结果的大多数方差。此外，这一结构还在不同文化背景下进行了验证，被证明具有跨文化效度。语义区分量表的 EPA 结构被认为不仅具有理论意义，而且具有实用价值，即用它可获得大量与情感相关的信息。最后，人们发现语义区分量表测量与传统的态度量表测量具有高度的相关性，且有很高的信度，这更进一步表明，使用该量表进行研究有利于人们对不同研究进行比较或进行成果积累。鉴于上述特点，语义区分量表尤其适用于且被广泛应用于情感反应测量，如态度的形成、态度的变化

等等。

综上所述，虽然开放式问题和封闭式问题各有利弊，但相比而言，封闭式问题是标准化了的问题，不仅受访者回答起来容易，数据处理也相对容易，答案具有很强的客观性，还易于进行信度和效度分析，因此尤其适用于大规模调查。当然，封闭式问题的不足也很明显，一是答案都是固定的，变化幅度小；二是，不具有探索性，而且编制起来费时。

三、问卷项目设计

调查问卷的核心是问卷项目，问卷设计的重点是如何设计出高质量的问卷项目。所谓高质量问卷就是问卷项目能够帮助研究者获得所需要的信息或数据，要做到这一点，总的要求是在内容上必须做到表述公正、客观、准确，易于理解，不会引起误解。在形式上做到简洁、明了、友好，此外，问卷项目还要符合特定的调查对象。

在设计问卷项目时，设计者首先要考虑的是如何通过问卷项目获得希望得到的信息或数据，即使用问卷获得准确的信息。要做到这一点，问卷项目必须设计得精准，受访者对同一项目的理解必须一致，而不能有不同的理解，这样受访者提供的答案才能正好反映设计者提问的实际意图，而不是受访者所认为的意图。为此，设计者应注意以下问题。

（一）避免使用双重或多重含义的词语

一个问卷项目只能测量一个问题的原则似乎不成问题，但是在实际应用中，我们经常看到有些设计者，尤其是初学者就违背了这一原则，使用了含有双重或多重含义的问卷项目，即所谓的双管问题。

例：与同学讲英语时我感到害羞、焦躁。

上述测量的是受访者的交际焦虑。的确，害羞和焦躁都是焦虑的表现，但是这个问卷项目就违背了上述原则。如果受访者既感到害羞又感到焦躁，就很好回答这个问题，或者如果受访者既不感到害羞又没有感到焦躁也很好回答这个问题。可是，如果受访者只有害羞而没有焦躁的感觉，或只有焦躁而没有害羞的感觉就不好回答这个问题了。实际上，该项目是将两个问题合在了一起了："与同学讲英语时我感到害羞"和"与同学讲英语时我感到焦躁"。设计者所犯的错误是假定害羞和焦躁会同时出现。

（二）避免使用概括性强、模糊的词语

设计问卷项目必须使用明确而具体的词语，避免使用概括性强、模糊的词语，一是因为这类词语不容易理解，在此情况下贸然作答，不能真实地反映受访者的思想；另外，不同的人对这类词语可能有不同的理解，因此即使受访者给出了相同的答案，但不一定表明他们的想法是一致的。

例：我通过平台学习英语。

上例测量的是学生的英语学习方法，整个句子非常简洁，看起来没有什么问题，但是其中的"平台"是个概括性很强的词语，究竟是指什么并不清楚，而且受访者对平台概念会有不同的理解。

（三）问卷问题不能带有前提性或倾向性

在外语教学调查研究中，使用问卷项目测量一个事物时必须保持客观、中性的立场，不能带有倾向性，这一点似乎人人都明白，但在实际应用中，一些研究者往往自觉或不自觉地使用了带有某种前提条件或倾向性的问题。

例：Spanish is obviously the language to study if you live in the Southwestern United States

A Agree   B. Disagree   C. Don't know

这个例子当中"obviously"就是一个带有肯定色彩的词语，不管受访者的真实感受如何，他们都有可能受到引导并选择肯定的答案。因此，问卷项目中必须避免出现加强语气、带有强烈感情色彩的词语。除此之外，还要注意问卷项目中不要带有年龄、性别、地域、民族等倾向的词语。如"你认为南方人英语发音不好的原因有哪些?"就有地域歧视之嫌。尽管地域、年龄等因素与外语学习有关，但在设计外语教学问卷调查问题时，仍要保持客观、中性的立场。

（四）避免设计出没有区分度的问卷问题

设计出的问卷问题必须有一定的区分度，即受访者在回答问卷时不能选择千篇一律的答案，如全部同意，或全都不同意，或全都不置可否。

例：学习策略是决定外语学习成败的重要因素之一。

（1）完全不同意（2）不同意（3）不确定（4）同意（5）完全同意

上例测量的是受访者对学习策略在外语学习中所起作用的看法。这个问题是一个常识性问题，估计不会有人持异议，所以基本上会选同意或完

全同意。如果用它来进行调查十有八九没有多少区分度。因此，非常明显的常识性问题就不要出现在问卷中。

区分度不高的问题不能给研究者提供更多有用的信息，研究者最多只知道受访者对于该项目反应的整体倾向性。假定在回答同一问题时某一部分受访者持肯定意见，另外一部分人持否定意见，还有一部分人不置可否，这样的问题就有很好的区分度。一方面受访者的答案包含的信息量更大，另一方面研究者在分析数据时可进一步探讨受访者的哪些特性与不同的回答方式之间是否有关系。受访者如果给出千篇一律的回答，表明在这个问题上受访者的回答没有任何变化。

（五）避免过长、结构复杂的问卷项目

进行问卷调查，研究者既要获得研究所需的数据，同时也不能给受访者太多的负担。因此，要避免长句及结构复杂、不简练的问卷项目。问卷问题越短小、结构越简单越好。问题越长越不容易理解，而且不同受访者的理解可能不一致。此外，长句和复杂的句子理解起来需要的时间也更长，可能让受访者失去耐心而草率回答或拒绝回答。简短的问题可以让受访者很快理解调查内容，回答起来也容易，不至于让其产生畏难情绪，使其能愉快地合作。简短的问题能更好地帮助研究者获得所需的信息。

例：A：What in your estimation are the strong points of and the drawbacks to the reading program currently being conducted, as opposed to the proposed program for next year, in the city school system?

B：What are the strengths and weaknesses of the current reading program?

上例是 Cox 引用的两个问卷问题，这两个问题测量的内容相同，都是对当前阅读教学计划的评价，但是后一句显然更简洁明了。

（六）尽量少用否定句或双重否定句

在设计问卷项目时，虽然有时必须用到否定句，但应尽量少用否定句或双重否定句。一是在大多数时候人们习惯用肯定的表述方式，如"你认为英语不难学吗？"和"你认为英语好学吗？"两个问句，显然后者更自然，更符合人们的讲话习惯，也更易于被人们接受。其次，否定问句不易回答，即使受访者回答了，有时研究者也不知道受访者的真实意图。如前面句如果受访者回答"是的"，表明英语学起来不难，如果回答是否定的，受访者的想法究竟是学习起来困难还是容易，就不容易弄清楚了。第三，否定句有时容易引起人们的误解甚至困惑。

例：我在写作文时尽量不使用自己拿不准的词。

◇我在写作文时尽量使用自己掌握的词。

上例中第一句比第二句更复杂，受访者要拐两个弯才能理解，而第二个句子更直白易懂。

（七）正反向问卷项目要交叉使用

所谓正向题是指从正面表达的问题，而反向题是与正向题相对的问题。正向题一般为肯定句，但反向题可能是肯定句也可能是否定句。当人们能找到与正向题相反的词句时就尽可能使用肯定句，但当人们不易为问卷项目设计找到合适的反义词语时就只好使用否定句作为反向题。使用否定句的反向题似乎与上面所说的尽量少使用否定句的要求相悖。实际上，此时使用否定句的反向题是一种迫使受访者改变思维方向的策略。因为有正题的存在，即使在后续的项目分析中排除了相应的否定句反向题也不会造成很多的信息丢失。

但是在实际研究中，有一些研究者往往忽视了反向题的作用，设计出的问卷通篇都是正向问题。这种做法有两个弊端，一是受访者本来就存在趋同的特点，加上全是正向问题，在回答问题时极易形成一种思维定式。在这种情况下，研究者获得的答案几乎全是赞同。二是如果都是正向问题，受访者也容易发现问卷本身所倾向的观点，因此受访者可能无意识地投其所好，给出受访者希望得到的答案。问卷包含反向项目可以在不同观点或做法之间保持一定的平衡，有利于获得客观真实的数据。

（八）避免使用专业性强的词语或缩略词语

外语教学研究中会不可避免地使用到专业术语，正如本书试图尽量使用通俗的语言而又无法回避专业术语一样，但是学术论文和著作面对的读者与问卷所面对的受访者是不一样的，问卷受访者基本上不具备外语专业知识，因此在设计问卷项目时必须杜绝专业术语。如外语教育工作者知道"写作策略"是怎么一回事，但是学生可能不知道或者理解不正确，那么问卷项目中就不能出现这个术语。

例：策略因素如认知因素一样对于学好外语同等重要。

（1）完全不同意 （2）不同意 （3）不确定 （4）同意 （5）完全同意

受访者面对这样的问题首先会存在理解上的问题，理解不了很可能选择"不确定"。如果全部受访者都选择"不确定"，这样的答案没有任何意义。还有一种情况，对于认知因素，受访者就可能根据平时的经验想当然地理解，或望文生义，如把认知理解为认识知道，然后选择"同意"或"不同意"。

（九）避免使用超出受访者知识范围的问题

例：我的英语没有学好与我国现行的教育体制有关。

上例是笔者在进行外语学习成败归因研究时曾经设计的一个问题。笔者在前期研究中发现，有少数学生认为自己英语没有学好与我国传统的应试教育有关，因此主张彻底改革现行教育体制。这个问题似乎不难理解，但是后来发现这个问题并不好回答。虽然大家都知道教育体制，但很难说清楚我国现行的教育体制究竟是什么样子。与其使用比较抽象的教育体制，还不如直接改为更为具体的应试教育。

综上所述，问卷问题在内容上要表述清楚、具体，一个问题只涉及一个方面，不含有前提条件或带有倾向性，而且问题要有区分度。在形式上要做到简洁，以肯定句为主，还要注意变换不同的观点。在受访者意识方面，问卷问题必须为受访者着想，做到通俗易懂，易于回答。如果是翻译的问卷要符合汉语规范以及受访者的思维习惯，涉及敏感问题要用语友善，不咄咄逼人。总之，设计问卷问题要从内容、形式和受访者三个角度综合考虑。措辞不好的问题不仅会使受访者理解上有偏差，很难作答，也会引起受访者的反感或使其提供不真实的信息，最终影响调查结果的内容效度。好的问题不仅能将需要调查的内容陈述清楚，而且能够获得真实可信的答案。

在问卷项目的编排方面：

先问行为，再问态度意见看法或感受方面的问题。

先问封闭式问题，后问开放式问题。

先问受访者感兴趣或关心的问题。

先问受访者熟悉的问题，再问生疏的问题。

最后问敏感性问题和个人背景问题。

避免问题之间的相互影响

在问卷的外观形式上，要做到整洁漂亮，问题分类编号，字体字号和间距易于辨认，问卷的编排要做到美观、大方、醒目、便于回答。

四、问卷构成

问卷通常由卷首语、指导语、主体等三部分组成。卷首语有时也叫封面语，它包括研究者的自我介绍（让调查对象明白你的身份或主办调查的单位），调查的目的（让调查对象了解你想调查什么），回收问卷的时间、方式及其他事项（如告诉对方本次调查的匿名性和保密性原则，调查不会对被调查者产生不利的影响；真诚地感谢被调查人的合作；答卷的注意事项等）。卷首语要写得客气、诚恳，研究者是在恳求别人帮忙，不可命令别人做某事。指导语旨在告诉被调查者如何填写问卷，包括对某种定义、标题的限定，还常常附有示范举例等内容。卷首语和指导语有时写在一起。这两部分能弥补缺少访谈时的当面交代之不足。虽然他们不是问卷本身，但是非常重要，不可忽视。下面我们举一个关于英语学习焦虑的问卷调查例子。

英语学习焦虑的问卷调查

各位同学：你们好！

我是某大学外国语学院的教师。为全面了解我国大学外语教学现状，为研究和改进外语教学提供参考依据，我们组织了此次调查。本问卷列出了人们对外语学习的一些看法和做法，这些看法和做法无对错之分，所收集的数据仅用于研究。本问卷为匿名调查，您无需填写姓名。请您根据自己的实际情况回答问题，所填答案一定要能真实地反映您在外语学习中的看法或做法。您的回答将对改进我国大学外语教学、提高大学生外语学习效率提供帮助。

第一部分：个人情况

1. 年龄：

2. 性别：（1）男　　（2）女

3. 英语入学成绩：

4. 汉语入学成绩：

5. 每周课外大约花在英语学习上的时间：　　　　（小时）

第二部分：英语学习焦虑调查

说明：请您根据自己的实际情况，按照每个序号所代表的含义，选出其中一个填在答卷纸上，所填答案一定要能真实地反映您对英语学习的看法。（其中：1 表示：这个句子完全或几乎不适合我的情况；2 表示：这个句子通常不适合我的情况；3 表示：这个句子有时适合我的情况；4 表示：这个句子通常适合我的情况；5 表示：这个句子完全或几乎完全适合我的情况。)

1. 我在课堂上讲英语不紧张。（—）

2. 我不喜欢开口讲英语，因为我担心讲不好。

3. 当别人用英语问我时，我能从容地用英语回答。（—）

4. 我在公共场合讲英语会令我感到不自在。

5. 我和外国人讲英语时不紧张。（—）

6. 如果有外宾用英语向我问路，我会感到紧张。

7. 如果聚会有外国人参加，我会感到不自在。

8. 当我必须讲英语时，我有信心讲好。（—）

9. 当我用英语与朋友交谈时，我不紧张。（—）

10. 我能主动用英语回答老师的提问。（—）

11. 当着很多人的面讲英语时，我感到紧张。

12. 当别人的英语讲得比我的好时，我也敢开口讲英语。（—）

13. 当英语老师问我问题时，我紧张得连自己知道的东西都回答不好。

14. 上英语课时，我有信心讲好英语。（—）

15. 即使做好了准备，我在英语课堂上仍然感到紧张。

16. 我敢在英语课堂上用英语向老师提问。（—）

17. 如果我在同学面前讲错了英语时，我感到很没面子。

18. 如果在英语课堂上表现不好，我担心老师对我的看法不好。

19. 当别人的英语比我的讲得好时，我担心他们会瞧不起我。

20. 与老师讲英语时讲错了，我担心老师会对我的评价不好。

（秦晓晴，2008，21-23）

为了让问卷的问题能够有所变化，有的问题属于正向问题，有的则属于反向问题。上述问题中带有 （—）的九道问题属于反向问题。这份问卷调查面向非英语专业的部分大学生，调查表格制作包括大学生的年龄、性别、英语成绩、汉语成绩、学习时间以及对上述问题的看法。在调查中，如果有学生对于学习时间或是英语成绩等选项没有答案，那么在录入数据时要将其设定为缺省值。

第二节 数据收集：问卷星

进行问卷调查研究时，我们可以发放纸质问卷进行数据收集，但是随着网络技术和现代通信技术的高速发展及普及，现在许多研究采取利用微信、QQ、微博的方式收集数据，其中大多通过问卷星平台来进行。这个平台使得问卷研究更加快捷。问卷星是一个专业的在线问卷调查、测评、投票平台，专注于为用户提供功能强大、人性化的在线问卷设计、数据采集、自定义报表、调查结果分析等系列服务。与传统调查方式和其他调查网站或调查系统相比，问卷星具有快捷、易用、低成本的明显优势，已经被大量企业和个人广泛使用。

一、优势

高效率：网页、邮件多种回收渠道，结合独特的合作推荐模式，从而大大延伸答卷数据来源范围，在短时间内收集到大量高质量的答卷。通过问卷星提供的专业的问卷调查平台，可以在线设计问卷，实时查看最新答卷并进行统计分析，真正做到一站式服务。

高质量：可指定性别、年龄、地区、职业、行业等多种样本属性，精确定位目标人群；还可以设置多种筛选规则、甄别页、配额控制等条件，自动筛选掉无效答卷，同时支持人工排查以确保最终数据的有效性。

免费版：完全免费，无限期使用，适合个人用户，可用于各类公开的在线调查、投票、评选、测试、报名、信息登记等。

二、问卷星使用流程

首先在网上搜索问卷星，然后进行注册。在注册按钮的旁边有微信和QQ图标，也就是说，我们在登录的时候，可以通过QQ和微信扫码登录。

图 5-2-1 问卷星网页

在问卷星的首页上，有应用展示、服务版本、样本服务、问卷调查模板解决方案四个按钮，点击问卷调查，这里有不同类别的文件模板，如大学生消费情况调查模板、就业调查满意度、教育调查、培训需求、需求调查、家庭情况调查等。

图 5-2-2 问卷星问卷调查模板

登录后，在左手栏，我们可以看到全部问卷、星标问卷、文件夹、回收站及创建问卷按钮，点击创建问卷按钮就可以创建新的问卷。

图 5-2-3 问卷星问卷创建

点击创建问卷，点击创建调查，然后输入问卷标题，下设三个按钮；分别为模板创建问卷、文本导入、人工录入服务。

图 5-2-4　问卷星问卷创建页面

输入问卷说明后，根据自己的问卷题型，在左侧框中选择题型，这里包括选择题、填空题、分页说明、矩阵题、评分题、高级题型等，然后逐步进行问卷的设计，也可以点击批量添加题目按钮进行批量添加。

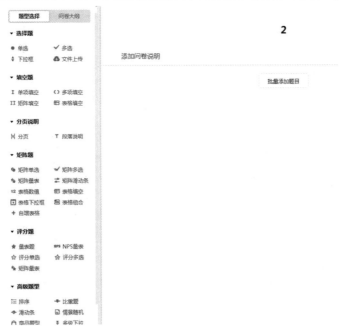

图 5-2-5　问卷星问卷创建题型页面

"问卷说明"添加完毕后，点击我们需要编辑的题型，就会依次显示提项的标题，然后我们点击编辑按钮，进行编辑，在编辑按钮的后边有复制、删除、上移、下移、最前、最后等按钮，可以对提项进行调整。

图 5-2-6　问卷星问卷创建编辑

然后我们再输入题项内容，并且对题项的属性进行设置，首先点击下方的三角符号，可以设置填空题、列表题、下拉框单选题、多选题、量表、排序、考试、填空等选择，然后设置此题是否为必答题或是否具有填写提示。接下来点击下列三角进行属性验证，是否有整数、小数、日期、手机电话、邮件、密码、省份、高校、地图、学号、QQ、姓名等验证，然后对此题的高度和宽度进行设置，最后点击完成编辑。

图 5-2-7　卷问星问卷创建编辑设置

当所有的题项设置和编辑完成后，可以点击右上角的预览，进行问卷预览，确保准确无误后，点击右上角的完成编辑。

图 5-2-8　卷问星问卷创建编辑预览

点击完成编辑后，便可进行问卷发布。

图 5-2-9　卷问星问卷发布

　　问卷的发布方式十分多样，例如链接与二维码、微信发送、邮件和短信等，选择我们需要发布的方式，可以通过微信、QQ，QQ 空间和新浪微博进行问卷的数据收集，即通过发送邀请邮件，通过 QQ、微博、邮件等方式将问卷链接发给受众填写。

图 5-2-10　卷问星问卷方式

　　当问卷填写完毕后，登录问卷星，点击我们所设计的问卷的标题，问卷的标题下有设计问卷、发送问卷、分析与下载按钮，点击分析与下载，点击分析 & 下载，下有统计与分析、查看下载答卷、来源分析三个按钮，分别进行点击查看。

图 5-2-11　卷问星数据分析

点击统计与分析，此功能下设默认报告、分类统计、交叉分析、自定义查询。在默认报告中，下设表格、饼状图、环状图、柱状图、条形图、隐藏零数据。在右侧有分享此报告、下载此报告，在线 spss 分析几个按钮，进行点击即可得到相应的结果。

图 5-2-12　卷问星数据分析默认报告

如果不满足问卷星的分析，想进行深入分析，点击查看下载答案按钮，然后下载答卷数据，点击下载答卷数据，这个按钮下有四个选项：按选项序号下载、按选项文本下载、下载到 spss 及在线 SPSS 分析。

图 5-2-13　卷问星数据下载

把数据下载下来以后我们就可以利用 SPSS 分析软件进行更加深入和复杂的分析与计算，下面我们就对此软件的使用加以详细介绍。

第三节　数据分析

本部分数据分析包括数据的录入、整理、描述分析、信度分析。这些都是我们做问卷数据统计的常用统计方法。

一、收集定量数据

在外语教学中，定量数据的收集通常是采用测试的方法或问卷的形式来完成的。这里的测试可以是学校组织的外语考试，全国性的外语等级考试，也可以是研究者自行实施的考试。问卷则是一般有两种形式，一种是开放式问卷，也称作非结构式问卷，适用于收集定性数据，或者用于研究的初期阶段；另一种是封闭式问卷，也称作结构式问卷，多用于收集定量数据。一般比较常用的封闭式问卷是利克特量表（Likert scale），也有相关研究者使用语义区分表。下面以利克特量表为例来对问卷的构成进行说明。

问卷通常是由问卷说明、指导语、问题等几部分组成的。在调查中问卷说明是非常重要的，因为它可以直接决定受试者对调查的态度以及合作程度。说明通常应该包括以下几点信息：介绍调查者的身份、调查的目的、调查的内容、为受试者保密的承诺和措施。指导语就是要向受试者说明应该怎样去回答问题。问题部分通常要包括受试者的个人信息以及正式问题。最后还应该包括鸣谢的语句。下面我们举一个关于英语学习策略的问卷调查例子。

学习策略使用情况调查问卷

亲爱的同学们：

你们好！我是某大学学科教学（英语）2012级研究生，我毕业的论文题目是《乡镇与县级中学初中生英语学习策略比较研究》，为了使我的研究真实有效，特向您做有关英语学习策略使用情况的调查，选项没有对错之分，请您根据自己的情况如实选择即可。谢谢您的支持！

学校_____　（乡镇/县级）　　年级_____　　性别_____

英语入学成绩：_____　　　　汉语入学成绩：_____

每周课外大约花在英语学习上的时间：_____ （小时）

以下表格旨在调查您使用英语学习策略的情况。共有25个项目。每个项目后面有1~5五个数字，分别表示："1＝从来不使用""2＝基本不使用""3＝有时使用""4＝经常使用""5＝总是使用"等五种情况。请您根据自己使用学习策略的情况圈选出其中一种情况。

表5-3-1 学习策略使用情况调查问卷

学习策略	使用情况				
1. 我总是根据需要进行预习。	1	2	3	4	5
2. 在学习中我不能集中注意力。（—）	1	2	3	4	5
3. 在学习中我能积极思考。	1	2	3	4	5
4. 在学习中我善于记要点。	1	2	3	4	5
5. 学习中我善于利用图画等非语言信息帮助理解。	1	2	3	4	5
6. 我很少借助联想学习和记忆词语。（—）	1	2	3	4	5
7. 我对所学内容主动复习并加以整理和归纳。	1	2	3	4	5
8. 我注意发现语言的规律并运用规律举一反三。	1	2	3	4	5
9. 使用英语时我能意识到错误并适当纠正。	1	2	3	4	5
10. 必要时我借助汉语知识理解英语。	1	2	3	4	5
11. 我经常阅读英语故事及其他课外读物。	1	2	3	4	5

学习策略	使用情况				
12. 我借助联想把相关知识联系起来。	1	2	3	4	5
13. 我经常利用推理、归纳等手段分析和解决问题。	1	2	3	4	5
14. 我没有明确的英语学习目标。（—）	1	2	3	4	5
15. 我经常制定英语学习计划。	1	2	3	4	5
16. 我积极探索适合自己的英语学习方法。	1	2	3	4	5
17. 我经常与教师和同学交流学习体会。	1	2	3	4	5
18. 我尽量通过多种渠道学习英语。	1	2	3	4	5
19. 我对英语和英语学习几乎没有积极的态度。（—）	1	2	3	4	5
20. 我逐步树立学习英语的信心。	1	2	3	4	5
21. 在交际中，我经常借助手势、表情等进行表达。	1	2	3	4	5
22. 在交际中我从未注意中外交际习俗的差异。（—）	1	2	3	4	5
23. 交际中，我能克服语言障碍，维持交际。	1	2	3	4	5
24. 我注意通过音像资料丰富自己的学习。	1	2	3	4	5
25. 我经常使用工具书查找信息。	1	2	3	4	5

为了让问卷的问题能够有所变化，保证问卷的效度，有的问题属于正向问题，有的则属于反向问题。上述问题中带有（—）的五道问题属于反向问题。

二、数据的 SPSS 录入

外语教学中经常会用到的一个统计分析软件，就是 SPSS（即社会科学统计软件包），如果要分析定量数据，就必须首先将数据输入到这个软件中。数据的 SPSS 录入包括各个变量属性的定义以及数据的录入，具体包括以下步骤。

步骤 1：将 SPSS 打开，就可以进入到数据编辑窗口中（如图 5-3-1 所示）。数据编辑窗口就是要进行数据录入的界面，通过数据编辑窗口能够创建和编辑数据文件。其提供了两个视窗，也就是左下角的数据视窗（Data View）与变量视窗（Variable View）。这两个视窗是用作对数据文件中的信息进行修改、增添和删除等工作。数据视窗显示的是录入的数据，而变量视窗显示的则是变量定义信息，其中包括定义了的变量名、数据类型、价值标签、测量量表以及自定义的缺省值。

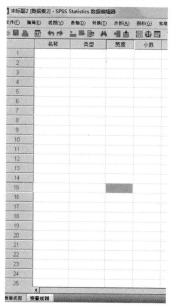

图 5-3-1　数据编辑窗口

打开 SPSS 软件，右下角出现 SPSS Statistics is available（SPSS statistics 处理器已就绪）即可进入编辑运行状态，否则不可。

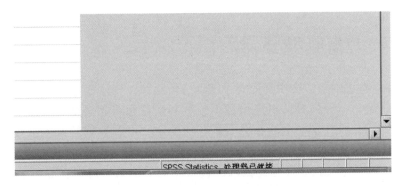

图 5-3-2　数据编辑窗口运行显示

步骤 2：激活变量视窗，定义变量。点击数据编辑窗口下面的"Variable View"进入变量视窗。

名称	类型	宽度	小数	标签	值	缺失	列	对齐	度量标准
1									
2									
3									
4									
5									
6									
7									
8									

图 5-3-3　变量编辑窗口

在这个例子中，要定义年龄、性别、英语入学成绩、汉语入学成绩、学习时间等。变量视窗中一共有名称（Name）、类型（Type）、宽度（Width）、小数（Decimal）、标签（Label）、值（Values）、缺失（Missing）、列（Columns）、对齐（Align）和度量标准（Scale）等变量属性。Name 定义变量名，Type 定义变量类型，Width 定义数值需要的字节数，Decimal 定义数值中小数的位数，Label 定义变量名的真实含义，Values 定义数值的真实含义，Missing 定义缺省值，Columns 定义列的宽度，Scale 定义变量的测量类型。

为了方便后续的分析，这里给每个受试者进行了编号，所以还加入"编号"这个变量。

定义变量名：点击 Name 下的单元格（cell），在单元格中键入第一个变量名"编号"，然后在以下的各单元格中依次键入其他几个变量名。

变量类型的确定：以"年龄"变量为例，点击 Type 下的单元格，就会出现 8 种变量类型，根据研究需要进行选择。选择数值（Numeric），表示"年龄"变量数值型变量。

外语教学研究中的变量类型一般有"数值型（numeric）"和"字符串型（string）"两类。如果问卷中有受试者的姓名，研究者希望不进行编码直接把受试者的姓名输入数据编辑窗口，这时"姓名"变量就是字符串型变量，就不能选 numeric。

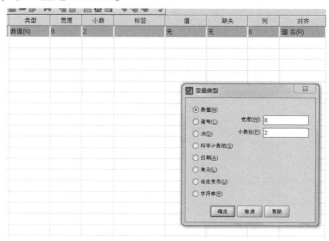

图 5-3-4　变量编辑窗口

定义变量值标签（value）：以"性别"变量为例，受试者的男女性别分别由 1 和 2 来表示，因此在"性别"行的 Values 栏中点击 Value Labels 对话框，在第一个 Value 框中键入"1"，在第二个 Value 框中键入"男"。然后用相同的方法相应地定义"2"和"女"两个值。这时下面的方框中就会出现"1.00＝男"和"2.00＝女"的等式来。

图 5-3-5　值标签编辑窗口

定义变量的缺省值：点击 Missing 下面的 None 单元格，再点击单元格右边的按钮，就会出现 Missing Values 的对话框（如图 5-3-9）。然后在

Discrete missing values 下的第一个方框中填入缺省值 999。在问卷调查中，会出现受试者漏填的现象。通常用 999 表示缺省值。

图 5-3-6　缺省值对话框

定义变量的测量类型：在 Scale 下面的单元格中定义变量的测量类型。SPSS 只有三种测量类型供选择：Scale，Ordinal 和 Nominal。如果是定距和定比量表测量的变量就选择 Scale，如果是定序变量就选择 Ordinal，定类变量就选择 Nominal。这个例子中除了"性别"为定类变量需要选择 Nominal 以外，"年龄"变量和其他变量都为定距变量，所以都可以选择 Scale 类型。

定义变量的标签（1abel）：以"时间"变量为例，"时间"变量实际上是指受试者每周课外花在英语学习上的时间，所以，在"时间"行的 Label 栏中键入"每周课外花在英语学习上的时间"。

通过上述方法定义好所有变量的属性以后，就会得出如图 5-3-5 所示的结果来。然后存盘，生成扩展为.sav 的文件，如这个例子中使用数据文件名为 book original.sav，存盘之后就能够回到数据编辑窗口中，开始正式录入数据。

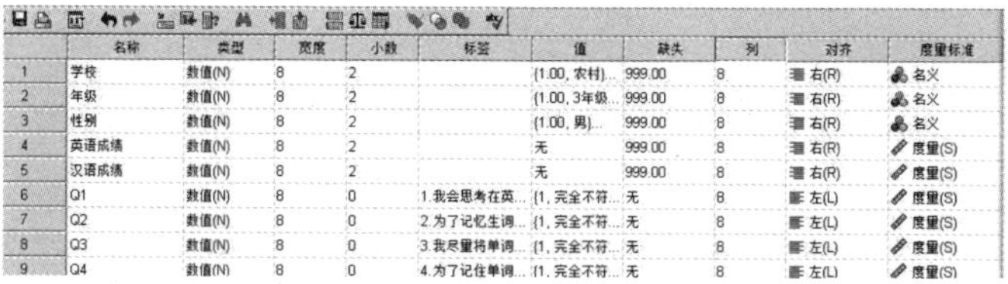

	名称	类型	宽度	小数	标签	值	缺失	列	对齐	度量标准
1	学校	数值(N)	8	2		{1.00, 农村}...	999.00	8	右(R)	名义
2	年级	数值(N)	8	2		{1.00, 3年级...	999.00	8	右(R)	名义
3	性别	数值(N)	8	2		{1.00, 男}...	999.00	8	右(R)	名义
4	英语成绩	数值(N)	8	2		无	999.00	8	右(R)	度量(S)
5	汉语成绩	数值(N)	8	2		无	999.00	8	右(R)	度量(S)
6	Q1	数值(N)	8	0	1.我会思考在英...	{1, 完全不符...	无	8	左(L)	度量(S)
7	Q2	数值(N)	8	0	2.为了记忆生词...	{1, 完全不符...	无	8	左(L)	度量(S)
8	Q3	数值(N)	8	0	3.我尽量将单词...	{1, 完全不符...	无	8	左(L)	度量(S)
9	Q4	数值(N)	8	0	4.为了记住单词...	{1, 完全不符...	无	8	左(L)	度量(S)

图 5-3-7　各变量属性定义后的变量视窗图

步骤 3：将这个例子的原始数据输入到数据编辑器中。首先输入受试者编号，第一位受试者可以编号为 1，方法是在“编号”变量下的单元格中键入 1。然后可逐一将 25 个问题的数据输入到相应变量下的单元格中。输入完第一位受试者的资料以后，接着用同样的方法将另外的受试者的数据输入到数据编辑器中。

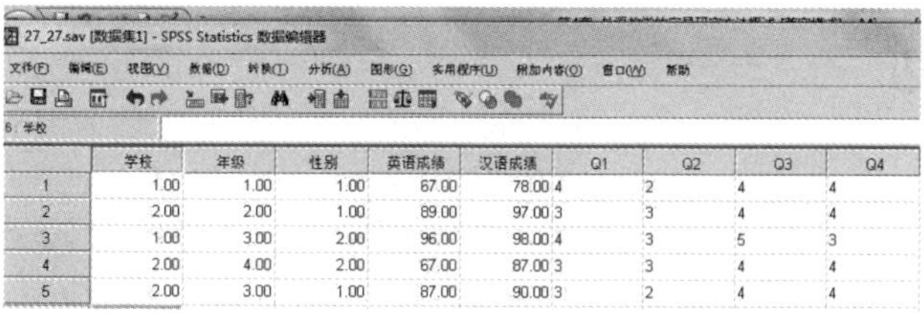

27_27.sav [数据集1] - SPSS Statistics 数据编辑器

文件(F) 编辑(E) 视图(V) 数据(D) 转换(T) 分析(A) 图形(G) 实用程序(U) 附加内容(O) 窗口(W) 帮助

6：学校

	学校	年级	性别	英语成绩	汉语成绩	Q1	Q2	Q3	Q4
1	1.00	1.00	1.00	67.00	78.00	4	2	4	4
2	2.00	2.00	1.00	89.00	97.00	3	3	4	4
3	1.00	3.00	2.00	96.00	98.00	4	3	5	3
4	2.00	4.00	2.00	67.00	87.00	3	3	4	4
5	2.00	3.00	1.00	87.00	90.00	3	2	4	4

图 5-3-8　原始数据输入以后的数据编辑器界面

三、数据的整理

在完成数据输入之后，还不能马上进行数据分析，必须要对这其中的数据进行一定的整理。在“英语学习焦虑的问卷调查”问卷中，其中有 9 道题带有（—）符号，表示这 9 个问题是反向问题。在进行数据分析之前，我们需要将其还原成正向问题，也就是把这 9 个变量的数值来重新编码。具体来说，就是把原来的数据 1（意为完全不同意）还原成 5（完全同意）；2 还原成 4；3 的数值意义保持不变，所以不用重新编码；4 还原成 2。

SPSS 提供了重新编码的工具，可以快速地完成重新编码的工作。具体包括以下步骤。

步骤 1：把原来的数据文件另存为新的数据文件。在数据整理之前，通常是需要把原来的数据文件另存为新文件，以便于今后多次使用。

步骤 2：打开重新编码的对话框。也就是点击数据编辑界面的 Transform 命令，打开下拉菜单，选择 Recode 中的 Into Same Variables 命令。

图 5-3-9 重新编码菜单工具

步骤 3：选择并确定需要进行重新编码的 5 个变量（如图 5-3-10）。从对话框中左边的变量列表中分别选中 Q2、Q6、Q14、Q19 以及 Q22 等变量，单击右向按钮，将其移入到 Numeric Variables 方框中。

图 5-3-10　重新编码主对话框

步骤 4：确定新旧变量值的转换方法。也就是把原先的数据 1 重新编码为 5，2 为 4，4 为 2，5 为 1。例如把 1 重新编码为 5 的方法是，在 Old Value 的 Value 框中填入 1，在 New Value 的 Value 框中填入 5，然后点击 Add 按钮即将其添加进 Old->New 方框中（如图 5-3-11）。完成其他三组新旧编码的输入后，点击 Continue 按钮，回到图 5-3-10 所示的主对话框中，再点击主对话框中的 OK，提交程序运行。至此，5 个变量的数值全部进行了转换。

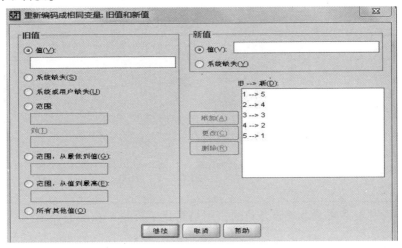

图 5-3-11 新旧数值转换

步骤 5：给重新编码后的变量重新命名，以示区别于未编码的变量。例如这个例子中的 5 个变量都进行了重新命名，表示已经经过了重新编码。

四、　描述统计

（一）描述统计量和数据表达

描述统计涉及的内容主要包括数据的频数、比率、频率，以及离中趋势、集中趋势、数据的分布形式以及标准值等统计量的计算。

1. 频数

（1）定类频数

频数的作用是检查变量中不同数值的原始资料出现的次数，通过频数分布大致可以看出变量的基本结构。例如，在得到包括性别的调查的原始数据后，如果我们想了解受试者不同性别的分布情况，就可以用频数分布方法对原始数据中的性别进行排序，使得原来比较杂乱的数据变得比较有条理，这样一来就可以对数据的结构做出大致的描述。频数分布情况的表示方式可以用表格，也可以用条形图和饼形图。从表格和图形中可以看出不同性别出现的次数，以及在全部受试者中所占的百分比（如表 5-3-3 和图 5-3-12）。

表 5-3-3　频数简化表

		频率	百分比	有效百分比	累积百分比
有效	male	40	66.7	66.7	66.7
	female	20	33.3	33.3	100.0
	合计	60	100.0	100.0	

　　通过表格来表示频数分布的作用是简化了资料，众多的原始资料用一个简洁的表格就可以清楚地反映出来。用图形表示频数分布的特点是一目了然，使人们一下子就可知道变量的大致分布情况，因此图形的特点是非常直观的。

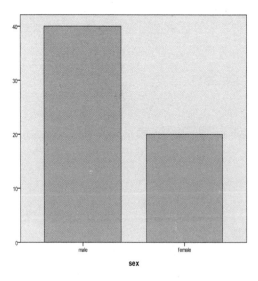

图 5-3-12　定类数据条形图

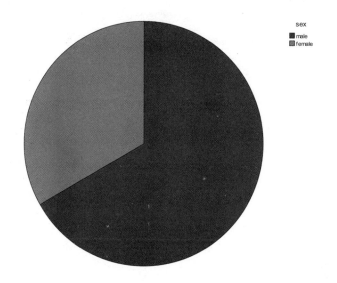

sex
■ male
□ female

图 5-3-13 定类数据饼图

定距频数

用于上述各种层次数据简化的方法都可以用来简化定距层次的数据。也可以用表格、条形图以及饼形图等形式来简化年龄变量。

如表所示，在 60 名的受试者中，有 3 名 17 岁的学生，占样本的 5%，有 6 名 18 岁的学生，占总人数的 10%，累计百分比为 15%。有 25 名 19 岁的学生，占总人数的 41.7%，累计百分比为 56.7%。有 23 名 20 岁的学生，占样本的 38.3%，累计百分比是 95%。有 3 名 21 岁的学生，占样本的 5%。从年龄的频数分布中能够看出，受试者中较多的是 19 岁和 20 岁的学生，年龄较大和较小的学生的人数并不多。

表 5-3-3　定距数据简化表

年龄	频率	百分比	有效百分比	累积百分比
17	3	5.0	5.0	5.0
18	6	10.0	10.0	15.0
19	25	41.7	41.7	56.7
20	23	38.3	38.3	95.0
21	3	5.0	5.0	100.0
合计	60	100.0	100.0	

我们可以将上表中的结果用条形图和饼形图来表示。

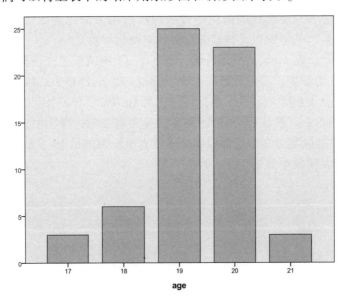

图 5-3-14　定距数据条形图

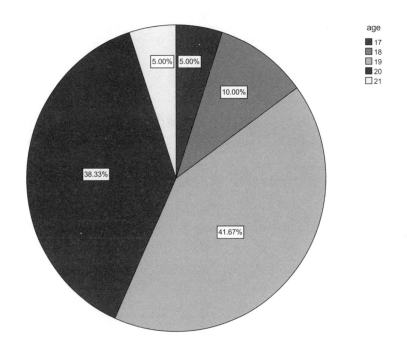

图 5-3-15 定距数据饼形图

　　年龄变量涉及的数值只有 5 个，利用原始数据频数的方法能够将它表示出来。然而，如果使用相同的方法将学生的汉语入学成绩的每个数值出现的次数逐个计算出来，其结果由于数值太多，数据无法得到很好的简化。对此，需要把全部数值分为几个组，之后再分别计算这几个组出现的频率。在这个例子中学生的英语入学成绩可以 10 分为一组，分成 4 个小组，每组的组距相同都是 9（上限与下限的差），之后再分别计算出不同组别出现的频数。

表 5-3-4 英语入学成绩分数段

		频率	百分比	有效百分比	累积百分比
有效	1.00	6	10.0	10.0	10.0
	2.00	12	20.0	20.0	30.0
	3.00	20	33.3	33.3	63.3
	4.00	18	30.0	30.0	93.3
	5.00	4	6.7	6.7	100.0
	合计	60	100.0	100.0	

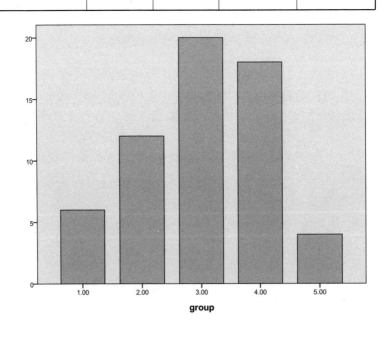

图 5-3-16 英语入学成绩分数直方图

（2）离中趋势分析

离中趋势的统计量主要包括四分位差、离异比率、标准差、全距、方差等。其中，四分位差、异比率、标准差分别与中位数、众数、平均值相对应，来判别这三个集中趋势统计量代表性的大小。

● 四分位差

四分位差指的是与中位数相对应的离中趋势统计量。计算四分位差之前，需要将个案从低至高进行排序，然后将其分为四个等分，以便确定第一个（Q1）和第三个（Q3）四分位置（第二个四分位置就是中位数的位置）。

通常来讲，在以下情况下可用四分位差：①数据中有极端值存在；②需要用数据的中间部分说明差异情况；③用中位数表示集中趋势时。但是，四分位差不能反映全部变量数值分布的差异，不适于在它的基础上做进一步的计算。

● 全距

全距指的就是一组数据中最大值与最小值的差。作为一种离中趋势统计量，通过全距我们可以了解到数据的离异程度，全距越小，说明数据的离散程度越低，反之，集中趋势统计量的代表性就越大。全距越大，说明数据的离散程度越高，也就说明集中趋势统计量的代表性越小。

● 方差和标准差

方差与标准差的特点是，并不是只考虑部分数据，而是考虑了变量中的每个数值，来表示数据的离散情况。计算方差的方法是，首先求出变量的平均值，然后将变量中各个数值减去平均值求出差来，接着将这些差乘方后累加起来，最后除以数值的个数 n 减去 1 的差，就是方差。

标准差是与平均值一起使用的离散统计量。其特点是能反映变量全部数值的差异情况，所以被认为是最重要、最可靠的离中趋势指标。在汇报研究结果时，平均值和标准差是必不可少的信息。

（3）集中趋势分析

集中趋势指的就是数据趋向中心位置的统计量，反映的是数据的集中情况。集中趋势统计量主要包括中位数、众数以及平均值。

● 中位数

若将一个变量的数值从低至高按顺序进行排列，处于中间的那个数值就称之为中位数。换句话说，中位数就是将数据分成两个等分的数值，也就是高于该值的有 50% 的观测值，低于该值的也有 50% 的观测值。

● 众数

众数指的是一个变量中出现次数最多的数值。众数可更好地表示定类变量集中趋势。众数也可用来分析其他测量层次的变量。

● 平均值

平均值（$\bar{X}$）指的是一个变量的数值的算术平均数，也就是等于这组数值的和除以受试者人数。平均值适用于分析定距变量的集中趋势。

集中趋势各个统计量都各有优缺点，平均值是最为可靠，同时也是最具有代表性，并且应用最为广泛的集中趋势，在各种统计检验中应用得最多，但是平均值很容易会受到极端数值的影响，如果有极端值，平均值的代表性就会被减弱。

（4）正态分布和标准分布

● 正态分布

正态分布是统计分析中一个重要的概念，人类几乎所有的行为结果都接近正态分布。无论用何种方法收集何种数据，大样本的数据分布通常是正态的。例如，每次外语考试中，学生中的成绩有高有低，但成绩非常高和非常低的学生往往只占全部学生的一部分，大部分学生介于这两类学生中间。如果高分和低分两端的学生人数相等，那么他们的外语成绩就是正态分布。

但是，在现实生活中，很少会存在完全呈正态分布的事物。正态分布是一个数学概念，一种理想状态。我们只能这样认为，大样本的数据倾向于正态分布。通常来讲，只要样本达到或超过30，随机样本频数分布就足以接近正态分布。达到这一条件就不致严重地违背正态分布假设（Hatch，1982）。

正态分布有三个非常明显的特征：

①呈正态分布的数据其平均值、中位数和众数是相同的。正态分布具有单峰的特点。

②正态分布的曲线类似一座钟，曲线顶部正中间有一对称轴，轴的两边是对称的。可见正态分布具有对称的特点。

③正态分布的变量值（X）与平均值（$\bar{X}$）的差距越大，其频数就越小，但不会等于零。也就是说，曲线的双尾会逐渐降低，但是永远也不会与底线相交。

根据正态分布的特征使人们可以对总体进行推断。根据正态分布对称的特性，可以计算出曲线下面每一部分占全部面积的多少比例或百分比。

如下图。

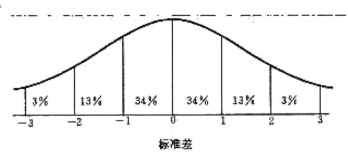

图 5-3-17　正态分布曲线各部分所占面积图

由图中可以看到每一部分所占面积和整个面积之间的关系，这样一来就可以对数据进行解释。

● 标准分

标准分是以标准差为单位表示变量的数值在所在数值中所处地位的相对地位统计量。标准分并不会受到原始测量单位的任何影响，它是一个抽象的数值，而且，它还可以进行加减或者平均等计算。标准分的作用是可以帮助人们了解到每个分数高于或者低于平均分多少个标准分。

● 偏态值与峰值

若数据频数分布是正态的或者接近正态，那么就能够通过平均值与标准差等统计量来描述。但是若频数分布不是正态分布，则需要描述它的偏态值和峰值。

数据频数呈正态分布时，平均值两边的数值是对称的（相等），而非正态分布时，平均值的两边就不对称，换句话说，频数分布的多数数值集中于平均值的一侧，形成了偏斜状态，即偏态，因此，偏态就是测量分布的不对称性。偏态有正偏态和负偏态之分。当频数分布曲线的拖长尾巴向右方偏斜时，就是正偏态，当拖长尾巴向左方偏斜时，就是负偏态。通常来讲，若偏态指数大于 1，就说明数据的分布与正态对称分布有明显差异。

频数分布的另一个重要性质是峰度，峰度是频率曲线顶峰的尖锐程度。根据尖锐的程度，峰度可分为尖顶峰度以及平顶峰度。峰度是从频数分布曲线的峰态或平坦程度来考察分布是否为正态分布。如果峰度值为零时，那么表示频数分布曲线峰态等同于标准正态分布的峰态。峰度值为正值时，那么表明曲线顶部过尖，峰度值为负值时，则表明曲线顶部过手平缓。如果峰度值大于零，频数分布要比标准正态峰度高，小于零时，那么比标准正态峰度低。

由于很多的统计检验要求数据呈正态分布，因此在分析数据之前一般需要进行数据的正态分布检验。当然，任何数据要满足绝对正态分布的条件是不可能的，只要数据能接近正态分布时（如偏态指数小于 1 时）就能够接受，但样本必须保证要足够大。

五、描述统计量的 SPSS 计算

（一）频数分布、集中趋势以及离中趋势的计算

在进行各种统计检验之前，都需要进行描述统计，研究者根据描述统计能够大概了解数据的全貌，除此之外，还能够决定数据适合哪一种检验。SPSS 的统计功能较为强大，能够同时计算出变量的频数、集中趋势、离中趋势以及数据分布是否正态分布等统计量。

以定类变量"性别"为例，要想得到"性别"变量的描述统计量，就可以通过 SPSS 计算出其频数及众数，并且把频数结果生成条形图或者是饼形图。具体步骤如下。

步骤 1：首先打开 SPSS 的频数对话框，也就是点击数据编辑界面中的 Analyze 命令，打开下拉菜单，然后选择 Descriptive Statistics 命令，打开 Frequencies 对话框。

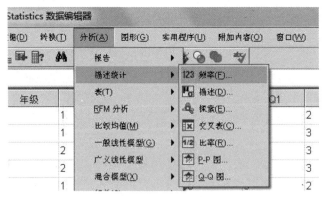

图 5-3-20 频率对话框

步骤 2：选择分析的变量。在 Frequencies 对话框中，双击变量列表中的"汉语成绩（英语成绩）"变量，将其移入 Variable（s）方框中。选

中 Display frequency tables 复选框，表示输出频数表。接着单击 Statistics 按钮进入统计对话框。

图 5-3-21　频率主对话框

　　步骤 3：统计量的确定。在主对话框中点击统计量按钮，进入频数统计量对话框。选中需要输出的各个统计量，百分位值，集中趋势值等。

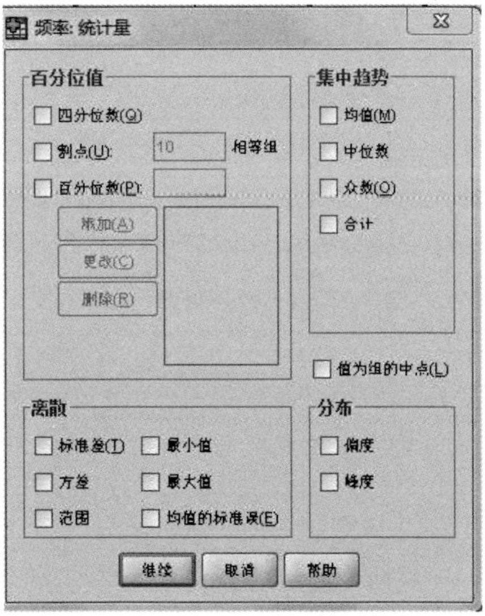

图 5-3-22　确定描述统计量

　　步骤 4：输出图形的确定。在 Frequencies：Charts 对话框中的 Chart Type（图形类型）中选择 Bar charts，表示输出条形图。

图 5-3-23 频率图形选项

例如：某研究者对学生学习策略进行研究，下列为男女生的频率分布情况。

（1）从该表中可以看出，有效人数为 363 人，缺省值为 0。

表 5-3-10　性别统计表

N	有效	363
	缺失	0

（2）性别频数分布表。从表中可以看出，男生有 199 人，女生有 164 人。男生占全部受试者的 54.8%，女生占 45.2%。第四栏为有效百分比，因为没有缺省值，所以与前一栏百分比相同。最后一栏是累计百分比。

表 5-3-11　性别频数分布表

	频率	百分比	有效百分比	累积百分比
男	199	54.8	54.8	54.8
女	164	45.2	45.2	100.0
合计	363	100.0	100.0	

（3）性别饼图。从该图中能够非常清楚地看出男生和女生的频数分布情况，男生是远远多于女生的。

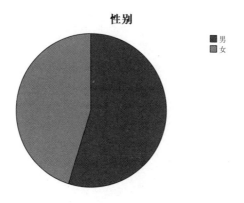

图 5-3-24 性别饼图

（1）图形编辑器中点击 Gallery 打开下拉菜单，然后选择 Pie 命令。

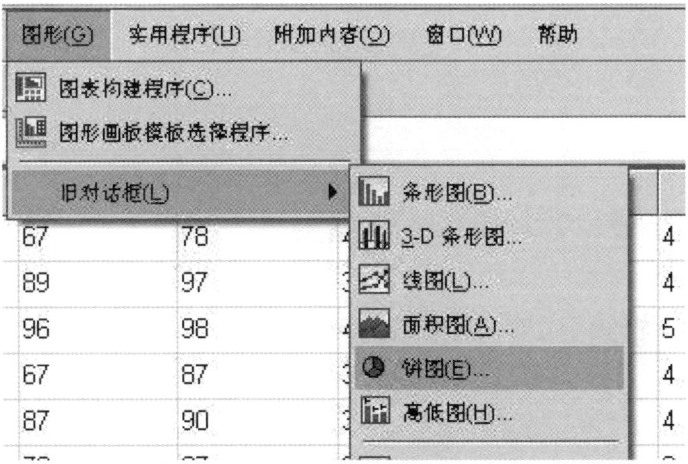

图 5-3-25 生成饼形图菜单工具

（2）在 Pie Charts 对话框中选择 Simple 图形，点击 Replace 按钮后，就可以生成"性别"变量的饼形图。

（3）如果希望生成图带有性别、人数和百分比的饼形图，可在图形编辑窗口中工具栏上点击（饼形选项图标），打开饼形选项对话框。在对话框中选中 Text、Values 和 Percents 复选框，意为饼形图要显示变量标签（男、女）、数值（人数）和百分比。

（4）点击饼形图上的 Format 按钮，在 Position 下拉方框中选择 Inside，意为"男""女"和"人数"等位于饼形图中。不选 Outside Labels 和 Inside Labels 复选框，意为不需要文字框。在 Decimal places+方框中键入零，意为人数后面不需要小数点和零。定义完格式以后，就可以点击 Continue 按钮回到饼形选项对话框中，点击 OK 按钮。

图 5-3-26　饼形图样式的选择

（二）连续变量的描述统计量

以课外英语入学成绩的原始数据为例，用 SPSS 计算出他们的频数分布、集中趋势、离中趋势以及数据分布的偏态以及峰度。具体步骤与范畴变量相同。

点击数据编辑界面中的 Analyze 命令，打开下拉菜单，选择 Descriptive Statistics 命令，打开 Frequencies 对话框。在 Frequencies 对话框中，双击变量列表中的"汉语成绩（英语成绩）"变量，将其移入 Variable（s）方框中，选择其为分析的变量。选中 Display frequency tables 复选框，表示输出频数表。

然后单击 Statistics 按钮进入统计对话框。在 Percentile Values 部分选中 Quartiles，要求输出四分位数，以便计算四分位差。SPSS 的 Frequencies 程序不能输出四分位差，但是可以非常方便地根据它提供的四分位数计算出来，也就是将第三个四分位数（75%百分位数）和第一个四分位数（25%

百分位数）算出来就可以了。在这个例子中 75% 百分位数为 117.75，25% 的百分位数为 102.5。

表5-3-12　汉语成绩统计量表

N	有效	60
	缺失	0
均值		110.40
中值		112.00
众数		110ᵃ
标准差		10.451
偏度		-.458
峰度		-.120
极小值		85
极大值		134
百分位数	10	95.20
	20	100.00
	25	102.50
	30	105.30
	40	110.00
	50	112.00
	60	115.00
	70	117.00
	75	117.75
	80	118.80
	90	120.90

a. 存在多个众数。显示最小值

　　从表中可知，英语入学成绩的平均分为 120.40，中位数为 112，众数是 110，标准差为 10.45。偏态指数为 -0.458，说明英语入学成绩为负偏态。峰度为正值 -0.120，表明曲线顶部较平。

　　在入学成绩主对话框中点击 Charts 按钮，进入图形对话框，选择 Histograms 和 With normal curve，要求输出直方图和正态趋线。

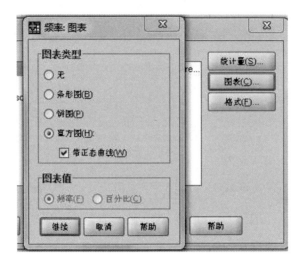

图 5-3-27　选定带有正态曲线的直方图对话框

直方图

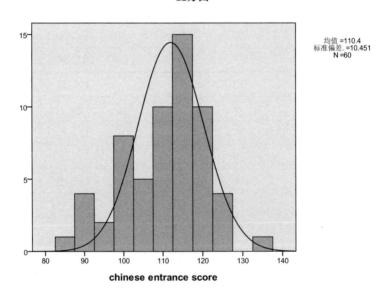

图 5-3-28　正态曲线的直方图

　　汉语入学成绩频数表。根据表 5-3-13，能够判断出各数值是否有奇异值。

表 5-3-13 英语入学成绩频数表

		频率	百分比	有效百分比	累积百分比
	85	1	1.7	1.7	1.7
	88	1	1.7	1.7	3.3
	90	2	3.3	3.3	6.7
	92	1	1.7	1.7	8.3
	95	1	1.7	1.7	10.0
	97	1	1.7	1.7	11.7
	99	3	5.0	5.0	16.7
	100	3	5.0	5.0	21.7
	101	1	1.7	1.7	23.3
有效	102	1	1.7	1.7	25.0
	104	1	1.7	1.7	26.7
	105	2	3.3	3.3	30.0
	106	1	1.7	1.7	31.7
	107	1	1.7	1.7	33.3
	108	1	1.7	1.7	35.0
	109	1	1.7	1.7	36.7
	110	6	10.0	10.0	46.7
	111	2	3.3	3.3	50.0
	113	2	3.3	3.3	53.3

		频率	百分比	有效百分比	累积百分比
有效	114	2	3.3	3.3	56.7
	115	4	6.7	6.7	63.3
	116	1	1.7	1.7	65.0
	117	6	10.0	10.0	75.0
	118	3	5.0	5.0	80.0
	119	2	3.3	3.3	83.3
	120	4	6.7	6.7	90.0
	121	1	1.7	1.7	91.7
	123	1	1.7	1.7	93.3
	126	2	3.3	3.3	96.7
	127	1	1.7	1.7	98.3
	134	1	1.7	1.7	100.0
	合计	60	100.0	100.0	

（三）标准分与 t 分数计算

计算标准分的方法就是将原始分减去平均分，然后除以标准差。通过 SPSS 软件也可以进行标准分的计算。以英语入学成绩与汉语入学成绩为例，标准分的计算步骤具体如下。

步骤 1：首先打开 SPSS 的描述统计对话框，也就是点击数据编辑界面中的 Analyze 命令，然后打开下拉菜单，选择 Descriptive Statistics 命令，打开 Descriptives 对话框。

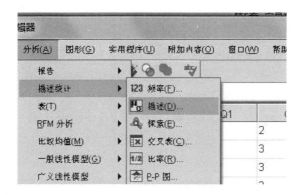

图 5-3-29 计算标准分的菜单工具

步骤 2：选择分析变量。在 Descriptives 对话框中，选择变量列表中的"英语入学成绩（英语成绩）"和"汉语入学成绩（汉语成绩）"变量，点击右向箭头将其移到 Variable（s）方框中。选中 Save standardized values as variables 复选框，表示要将标准分单独存为一个变量。然后单击 Option 按钮进入选项对话框。

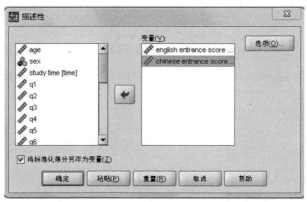

图 5-3-30 指定要计算标准分的变量

步骤 3：输出选项。在选项对话框中，选择 Mean 与 Std. Deviation 两个复选框，要求输入两个变量的平均值以及标准差。

图 5-3-31　输出结果选项

输出结果 1：描述统计表。表中汇报的是英语入学成绩和汉语入学成绩两个变量的个案数（分别为 113 和 112，汉语入学成绩中有一个缺省值）、平均分和标准差。

表 5-3-14　描述性统计

	极大值	极大值	均值	标准差	方差	偏度		峰度	
English	113	140	127.70	5.691	32.383	-.315	.309	-.030	.608
Chinese	85	134	110.40	10.451	109.22	-.458	.309	-.120	.608

输出结果 2：数据编辑窗口中出现标准分变量。英语入学成绩转换成标准分之后，系统自动将原来的变量名前加上 z 表示 z 分数，也就是标准分。有了标准分就可以比较英语入学成绩和汉语入学成绩的高低。如果只看原始分就想得知哪一门考得好并不容易，但是通过比较标准分就能够快速地掌握。例如第 1 个学生的英语标准分为 1.28281，而汉语标准分为 0.63151，这就说明英语成绩比汉语成绩要好得多，英语成绩高于大约 84% 以上的同学，而汉语成绩只高于大约 67% 的同学。

ZEngscore	ZChiscore
1.28281	0.63151
0.75563	0.24878
0.93136	0.34446
-1.35311	-0.03827
0.40417	-0.03827
0.40417	0.24878
0.22845	-1.47352
0.75563	1.49265
-0.47447	-0.99510
-1.17738	1.58834
-1.52883	0.44014

图 5-3-32　计算标准分后的数据编辑视窗

　　若需要把标准分转换为 t 分数，那么可以通过 SPSS 求出来。标准分的平均分定为零，标准差定为 1，而 t 分数的平均分定为 50，标准差定为 100。所以，把标准分转换为 t 分数时，就可以把标准分先乘以 10，然后再加上 50 就可以了。通过 SPSS 的计算功能能够直接计算出 t 分数，具体的步骤如下。

　　首先，选择计算功能对话框。打开数据编辑窗口中的 Transform—Compute 对话框，在 Target Variable 输入新变量名"t 汉语"，表示为 t 分数变量。从变量列表中选择汉语标准分变量"z 汉语成"，单击右向箭头，将其移入 Numeric Expression 框中。从小键盘上选择乘号"＊"，从计算板上键入 10，再从小键盘上选择加号"＋"，并键入 50。点击 OK 按钮后，程序就会在数据编辑窗口中生成"t 汉语"变量。

　　用以上相同的方法将英语入学成绩的标准分转换成 t 分数。t 分数输出结果。图 5-3-33 中的"z 汉语成"和"z 英语成"分别为汉语入学成绩的标准分和英语入学成绩的标准分，"t 汉语"和"t 英语"分别为汉语入学成绩和英语入学成绩的 t 分数。

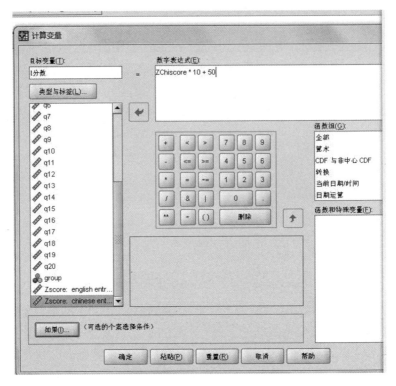

图 5-3-33　生成 t 分数的计算视窗

六、信度分析

信度是指测量工具测出的结果具有一致性和稳定性的特性。如果测量工具有一致性和稳定性，那么测量结果就是准确的，也是可以预测的，就可以说测量工具有较好的信度。测量工具的一致性和稳定性程度越高，信度也就越高。一般而言，两次或两个测验的结果愈是一致，则误差愈小，所得的信度愈高，它具有以下特性。

（1）信度是指测验所得到结果的一致性或稳定性，而非测验或量表本身；

（2）信度值是指在某一特定类型下的一致性，非泛指一般的一致性，信度系数会因不同时间、不同受试者或不同评分者而出现不同的结果；

（3）信度是效度的必要条件，非充分条件。信度低，效度一定低，但信度高未必表示效度也高；

（4）确定测量工具信度的方法多种多样，如评估者之间的信度、再测信度、复本信度、折半信度和 Cronbach alpha 系数等。

这些方法可以分为两大类：外在一致性程序和内在一致性程序，也可称为外在信度检验方法和内在信度检验方法。但无论何种检验方法，都依赖于一定的统计方法。

Cronbach alpha 系数检验就是基于项目间的相关程度，折半信度检验也是将量表一分为二后对两个部分的相关程度进行检验。复本信度假定全部项目重复测量后具有相同的方差和误差方差，严格的复本信度检验不仅有这样的假定，而且还假定项目之间有相同的平均值。

（一）外在信度检验方法

外在信度检验方法是通过对累计检验结果进行比较来验证测量的信度。外在信度检验涉及用相同或类似的测量工具多次地收集数据，使用外在信度检验方法旨在弄清楚不同的测量结果是否差异很大。如果差异较大，说明测量工具的信度不高；如果没有什么差异，即测量结果具有一致性，说明测量工具的信度高。

验证测量的外在信度的方法主要有评估者的信度、再测信度和复本信度。选择何种检验方法取决于数据收集工具的不同性质和过程。如果数据的收集过程带有较强的主观性，如使用开放数据收集程序（访谈法、观察法等），就需要检验评估者之间的信度，即验证不同数据收集者之间的数据的一致性。

如果研究者需要知道数据收集过程在不同的时间实施是否具有稳定性，即数据的收集是否受时间的影响，就可以使用再测信度检验法。如果研究者用两个版本的测量工具测量相同的概念，就需要检验复本信度。SPSS 程序提供了这些信度检验方法。

（二）再测信度

所谓再测信度，就是用同一种测量工具在不同的时间、相同或类似的条件下，对相同受试者进行先后两次的测量，然后根据两次测量的结果进行相关分析，得出相关系数，这种相关系数就代表了再测信度。相关系数高就说明该测量工具稳定性很好，信度高。

再测信度能较好地检验测量工具的信度，因为它能进行自身比较，从而避免了使用其他工具可能带来的问题，因此在确立研究工具的信度时，人们常常使用再测信度方法。但是由于是在不同时间对同一受试者进行测量，前后测量之间的间隔时间不能过久，因为在此期间可能发生一些事情，从而导致后一次的测量结果发生变化，这样的话前后两次测量结果的相关系数不能客观地反映测量工具的信度。

如果前后两次测量之间的间隔时间太短，也可能影响测量工具的信度，因为受试者可能凭着对第一次测量的回忆来回答问题。

（三）复本信度

所谓复本信度检验方法，是指研究者设计了两个测量工具，测量相同的现象，来检验两次测量结果之间的一致性。

也就是说，研究者同时用两个测量工具测量两组情况类似的受试者，然后对这两组之间的测量结果进行比较，计算他们之间的相关系数。如果两组之间的测量结果高度相关，说明测量工具的信度好。

复本信度可以很好地避免再测信度中受试者可能凭记忆回答的问题，而且也不要求两次测量之间必须有间隔时间。但是，复本信度方法的缺点也是显而易见的，研究者必须设计两个版本的测量工具，增大了数据收集的工作量。更重要的是，设计出测量同一现象具有可比性的两个工具难度很大，有时要保证两组受试者之间各方面的可比性也有较大的难度。

七、内在信度检验方法

内在信度是指测量同一概念的不同项目之间的一致性。如果在测量工具中使用了多个独立的项目，就需要弄清楚这些项目提供的是否是相同的信息，即需要检验量表的内在一致性。也就是说，内在信度检验要的是测量相同现象的不同项目是否产生类似的结果。内在信度检验的方法主要有折半信度方法和 Cronbach alpha 系数。

（一）折半信度

折半信度方法是将测量结果根据单双号分为两组，然后计算这两部分之间的相关系数。折半信度方法适用于检验量表的内在一致性。研究者为了使用折半信度检验测量的一致性，往往在量表中增加一倍的测量项目，重复前半部分的项目的测量内容，但在措辞上不同。如果受试者在这两部分上的得分高度相关，说明该测量有较好的信度。

（二）Cronbach alpha 系数

Cronbach alpha 系数是人们用来检验不易进行折半系数分析的量表的内在信度，它可以帮助人们确定影响量表内在一致性的项目。Cronbach alpha 系数介于 0.00 和 1.00 之间，系数越高，说明量表的内在一致性越强，测量的结果就越可靠。

一般认为可接受的信度系数不应低于 0.070，不过在实际研究中，有时人们也使用了系数 0.70 以下的变量，但他们往往在研究报告或论文中说明了这一研究的局限性，供以后类似的研究参考。

然而，应注意到信度系数还受到种种因素的影响。一方面，Cronbach alpha 系数容易受量表的项目数的影响。某个结构的项目数越多，系数可能越高；项目数不多时，系数可能不太高。因此，如果项目数较少，系数稍低一点也是可以接受的。事实上，在国内外应用语言学期刊上，不难见到由于项目数较少而接受 0.50 或更小的 Cronbach alpha 系数的研究论文。

学者 DeVellis 认为，0.60~0.65（最好不要）；0.65~0.70（最小可接受值）；0.70~0.80（相当好）；0.80~0.90（非常好）。由此，一份信度系数好的量表或问卷，最好在 0.80 以上，0.70 至 0.80 之间还算是可以接受的范围；分量表最好在 0.70 以上，0.60 至 0.70 之间也可以接受。若分量表的内部一致性系数在 0.60 以下或者总量表的信度系数在 0.80 以下，应考虑重新修订量表或增删题项。

另一方面，信度系数还受测量内容的影响，因此测量不同的内容，信度系数有高有低，因而可接受的信度水平也不能一概而论。例如，如果测量的是认知能力（如智力测试），信度系数就在 0.8 左右；如果测量的是能力，信度系数不应低于 0.7；如果测量的是人格，信度系数往往更低，部分原因是人格是一个更泛的结构。

（三）用 SPSS 检验内在一致性——Cronbach α 系数

检验量表的信度可包括两个方面，一是量表中每个因素（或结构）包含的项目间内在一致性，另一个是整个量表的内在一致性。用 SPSS 检验量表信度，可计算出各量表的信度系数，并可确定影响内在一致性的项目。一般说来，如果确认了信度系数较低的项目，在以后的正式统计分析中可将其剔除。如果是试点研究，就可以考虑在正式的问卷中对其进行修改，或者干脆删除掉。

课堂焦虑因素涵盖了 AN3R、AN14R、AN12R、AN9R、AN10R、

AN8R、AN4、AN1R 和 AN16R 共 9 个问卷题目，语言使用焦虑因素包括了 AN11、AN7、AN13、AN6、AN5R 和 AN2 共 6 个问卷题目，评价焦虑因素则是由 AN20、AN18 和 AN19 共 3 个问卷题目组成。我们先要对这 3 个因素分别进行信度检验，然后对语言焦虑量表作整体的信度检验。具体步骤如下。

步骤 1：选择信度分析程序。在数据编辑窗口中单击"分析（Analyze）"打开下拉菜单，选择"度量（Scale）"，点击"可靠性分析（Reliability Analysis）"程序。

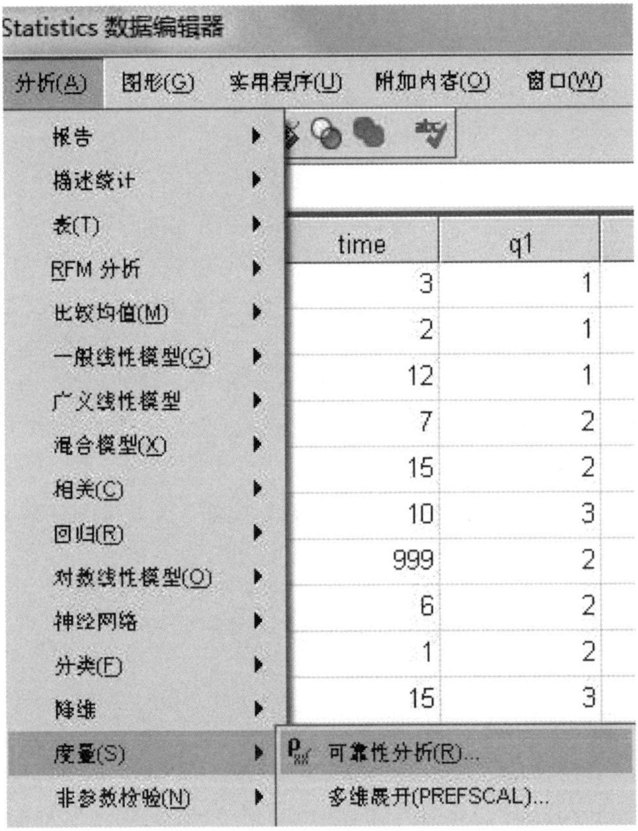

图 5-3-34　信度分析菜单工具

步骤 2：选择要进行信度分析的原始变量。我们以"焦虑"为例，在可靠性分析（Reliability Analysis）对话窗左边的变量列表中选择变量 1 至变量 20，单击右向箭头将其移入项目（Items）方框中。

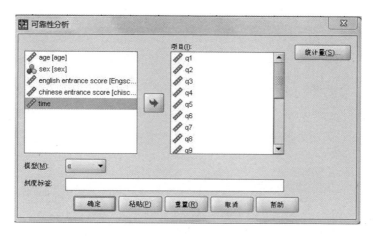

图 5-3-35 信度分析主对话框

步骤 3：选择评估信度模型。在 Model 的下拉菜单中选择 Alpha 模型（SPSS 的默认模型就是 Alpha），即表示希望获得"焦虑"因素的 Cronbach α 系数。

图 5-3-36 选择评估信度模型

步骤 4：定义信度分析的统计量。点击信度分析主对话框右下方的 Statistics 按钮，打开对话框。在 Descriptives for 部分选择 Scale if item deleted 复选框，表示希望在输出结果中显示删除各个项目之后的系数变化情况。然后点击 Continue 键，回到信度分析的主对话框，并点击 OK，提交系统运行。

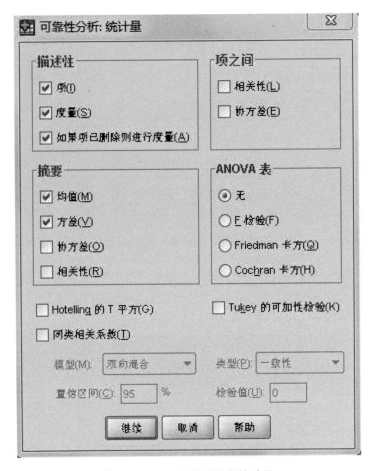

图 5-3-37　定义信度分析统计量

　　"焦虑"因素的信度分析结果：表 5-3-15 为"课堂焦虑"因素信度的分析结果报表。表首为信度分析方法，意为选择了 Alpha 模型。表 5-3-15 的左栏为变量名，第二栏为删除该项目后量表的平均值，第三栏为删除该项目后量表的方差。第四栏为该项目与量表总分的相关系数，从该栏中可帮助找出与量表相关系数较低的项目。本例中各项目与量表的相关系数介于 0.3 与 0.7 之间，不算太低。最后一栏为删除其中某个项目后量表的 Alpha 系数，如果该项目的 Alpha 系数比其他项目大，则可考虑将该项目删除。本例中删除各个项目后的 Alpha 系数介于 0.8 与 0.9 之间，比较接近，变化起伏不大，说明可保留这些项目。

表 5-3-15 "焦虑"因素的信度分析结果表

	项已删除的刻度均值	项已删除的刻度方差	校正的项总计相关性	多相关性的平方	项已删除的 Cronbach's Alpha 值
q1	51.56	131.981	.692	.625	.894
q2	51.74	133.782	.613	.459	.896
q3	51.77	136.268	.629	.638	.896
q4	52.50	134.824	.630	.519	.896
q5	51.79	136.687	.558	.441	.898
q6	52.11	142.756	.368	.332	.903
q7	52.42	141.407	.416	.311	.902
q8	52.11	138.256	.610	.582	.897
q9	52.40	137.920	.591	.538	.897
q10	51.97	136.080	.647	.606	.896
q11	52.07	138.191	.576	.514	.898
q12	52.19	135.837	.657	.579	.895
q13	52.58	137.317	.636	.577	.896
q14	52.30	136.355	.674	.628	.895
q15	52.12	141.621	.383	.362	.903
q16	51.65	139.871	.474	.393	.900
q17	52.67	144.758	.351	.285	.903
q18	52.20	141.235	.382	.421	.903
q19	52.64	141.840	.434	.480	.901
q20	52.51	140.181	.403	.489	.902

由表可知,"焦虑"量表的信度系数为 0.903,说明该量表的内在一致性较好。

表 5-3-16　可靠性统计量

Cronbach's Alpha	基于标准化项的 Cronbachs Alpha	项数
.903	.903	20

八、相关分析

外语教学中具有确定性关系的现象并不多见，倒是具有非确定性关系的现象很多，如学习动机、学习策略、教学方法、社会背景等因素与外语成绩之间的关系。也就是说，学习成绩不是由一种因素影响的，而是多种因素作用或相互作用的结果。

因此，这些变量与学习成绩之间既相互依赖，也是一种非确定的关系。人们把变量之间这种非确定性关系称作相关关系（correlation）。可见，所谓相关是指两个变量一起发生变化的现象。

(一) 相关分析概念

不同变量之间的相关关系有三种情况：正相关、负相关和零相关。正相关表示两个变量的变化方向相同，即当一个变量增加时，另外一个变量随之增加，反之亦然。负相关是指两个变量同时发生变化时方向相反，即当一个变量增加时，另外一个变量却随之减少。所谓零相关则表示两个变量之间的变化无规律可言。

不同变量之间的相关程度有高有低，统计学中用不同的相关系数（correlation coefficient）来表示。相关系数的取值范围介于 +1 和 −1 之间。如果两个变量的相关系数为 +1 则表示他们是完全正相关，为 −1 时则表示完全负相关。相关系数为 0 时，表明他们之间是零相关。相关系数前面的正号和负号只表示相关方向而已，不表示大小程度，其绝对值才表示相关程度。

统计学中一般绝对值低于 0.20 以下的相关系数称为最低相关，一般可以忽略不计；±0.20 ~ ±0.40 之间为低相关；±0.40 ~ ±0.70 为切实相关，即较显著的相关；±0.70 ~ ±0.90 为高相关，即显著的相关；绝对值大于 0.90 则为最高相关，但出现这种情况的可能极少。

如果两个变量都是通过定距量表测量的，就可以使用 Pearson 相关系数，或称积距相关（product moment correlation）系数。如果数据是定序数据，就可以使用 Spearman 秩（rank）相关系数，Spearman 秩相关实际上是

Pearson 相关系数的非参数形式。它是根据数据的秩而不是根据实际数值来计算的。它适合定序数据或不满足正态分布假设的等距数据的相关分析。

分析前如果不知道两个变量之间是正相关还是负相关时，选择双侧（two-tailed）显著性检验。如果事先知道相关方向，则选择单侧（one-tailed）显著性检验。在相关分析中的显著性检验中，只有当 p 值小于 0.05 时，相关系数才具有统计意义。

在解释相关关系时，不可把变量间的相关关系简单地理解为因果关系。实际上，相关关系可以从三个方面进行理解。当 A 与 B 显著相关时，一种可能是 A 影响 B，另一种可能是 B 影响 A，第三种可能是他们同时与另外的因素关系密切，而这个因素同时引起了他们的变化。当这两个变量之间的相关是因第三者引起时，就可以考虑使用偏相关分析（partial correlation），也称为净相关。使用偏相关分析是在排除了第三者的影响时进行的相关分析方法。偏相关之所以被称为 partial correlation，是因为第三个因素的影响被 partial out（排除在外）。

（二）双变量相关分析 SPSS 示例

双变量相关分析可以计算两个变量之间的 Pearson 相关系数、Spearman 秩相关系数和 Kendall 偏秩相关系数，以及他们是否具有统计意义，其目的是测量不同的变量或者是秩之间是否相关。Pearson 相关系数检测等距变量之间的相关程度，属参数检验。Spearman 相关系数和 Kendall 相关系数是 Pearson 相关系数的非参数形式，可用来检验定序变量或者是非正态分布的等距变量之间的相关程度。

在计算相关系数之前，必须检查整个数据中是否有奇异值（以免影响均值的准确性），以及待分析的变量之间是否有线性关系。Pearson 相关系数是对线性关系的一种测量。

随意组合的两个变量之间或许有非常完美的相关，但如果他们之间并没有线性关系，那么就不适合用 Pearson 相关系数测量他们之间的联系。因为如果两个变量之间没有线性关系时，不一定表明他们之间没有关系，而有可能是一种非线性关系。

例如，一个人的学习时间与他的成绩之间就可能是一种非线性关系。

表 **5-3-17**　学习时间与成绩数据

Student	Study time	Examination mark
1	40	58
2	43	73
3	18	56
4	10	47
5	25	58
6	33	54
7	27	45
8	17	32
9	30	68
10	47	69

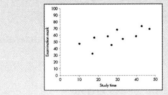

- There appears to be a positive correlation when we look at these results by eye but a clearer way to show this is to produce a <u>scatterplot</u>.

图 5-3-38　学习时间与成绩之间的散点图

（三）双变量相关分析步骤

现在在以表5-3-17的数据为例，分析"学习时间"和"成绩"之间的相关关系。

在检验之前我们先来做一个他们之间的散点图。用 SPSS 打开数据文件之后，点击数据编辑界面的 Graphs 命令，选择 Scatter 工具，就会展开 Scatte rplot 对话框。选择 Simple 选项，然后点击 Define 按钮进入 Simple Scatter plot 对话框。

把"学习时间"和"成绩"分别移 A，Y Axis（Y 轴）和 X Axis（X 轴）方框中，点击 OK 按钮，系统就会生成图5-3-38所示的散点图。从图中可以看出，这两个变量之间的散点从左下角至右上角大体呈上升的直线，说明两个变量之间可能存在线性关系，而且可能是正相关，因此可以采用 Pearson 相关分析法检验他们之间的相关程度和相关方向。

以下为 SPSS 双变量相关分析的具体方法。

步骤1：选择双变量相关分析对话框。打开 Analyze 下拉菜单，依次选择 Correlate（相关）和 Bivariate（双变量）命令，打开双变量相关分析对话框。

图 5-3-39 双变量相关分析菜单

步骤 2：确定要进行相关分析的变量。从左面的变量列表方框中，选择"学习时间"和"学习成绩"两个变量，单击右向箭头按钮，将其移入Variables 方框中。

图 5-3-40 双变量相关分析对话框

因为这两个变量均为定距变量，因此采用系统默认的 Pearson 复选框。在显著性检验部分中选择 Two-tailed 选择按钮，即表示选择双侧显著性检验。当选择双侧显著性检验时，假定不能事先断定两个变量之间是正相关还是负相关。如果事先能断定两个变量之间的相关方向，就可选择单侧显著性检验。系统还默认 Flag significant correlations，意为如果这两个变量的相关达到了统计意义，输出结果时在相关系数的右上方会出现 * 号，0.05、0.01 和 0.001 三个显著水平分别用 1 个、2 个和 3 个星号标示。

步骤 3：确定输出结果选择项。单击主对话框右下角的 Options 按钮，打开 Bivariate Correlations：Option 对话框。选中 Means and standard deviations 复选框。意为要求程序计算出两个变量的描述统计量。单击 Continue 按钮，返回主对话框，再单击 OK 按钮提交系统运行。

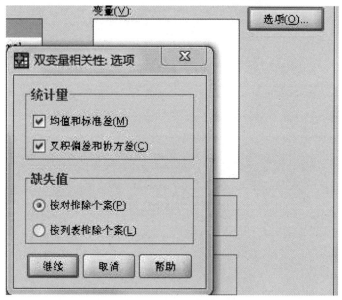

图 5-3-41　输出结果选项对话框

（四）双变量相关分析输出结果及说明

（1）描述统计结果。下表为"study time"和"Performance"的描述统计量，包括平均值、标准差和总人数。

表 5-3-18　描述统计量

	均值	标准差	N
study time	29.00	12.037	10
Performance	56.00	12.437	10

（2）Pearson 相关系数统计结果（表 5-3-19）。表显示"学习时间"和"学习成绩"之间的相关系数为 0.721，意为他们之间具有正相关的线性关系。显著水平为 0.019，表明达到了统计意义，相关系数右上方有一个 * 符号，表示显著性水平达到了 0.05 的显著水平。

表 5-3-19　Pearson 相关系数

		study time	performance mark
study time	Pearson 相关性	1	.721 *
	显著性（双侧）		.019
performance	Pearson 相关性	.721 *	1
	显著性（双侧）	.019	

* 在 0.05 水平（双侧）上显著相关。

结论："学习时间"和"学习成绩"之间存在着显著的相关关系。

（三）偏相关分析 SPSS 示例

偏相关分析程序也是检验两个变量之间的线性关系。其作用是当控制了一个或多个变量的作用之后，计算出两个待分析变量间的偏相关系数，即两个变量之间的净相关。SPSS 的偏相关分析程序可以计算出每个无缺省值变量的个案数量、平均值、标准差、偏相关矩阵、零阶相关矩阵，以及自由度和显著水平。

1. 偏相关分析步骤

以表 5-3-18 的数据为例，在控制"年龄"变量的同时，计算"语言智力"与"计算智力"之间的偏相关。在进行偏相关分析之前，我们先使用了双变量相关分析，结果发现语言智力与计算智力之间存在显著的相关关系。现在需要控制"年龄"的影响，看"语言智力"与"计算智力"之间是否有相关关系。

表 5-3-18　收集数据

The following table represents a numerical intelligence test score, a verbal intelligence test score and age in years. We will correlate the two test scores partialling out age.

Numerical Score	Verbal scores	age
90	90	13
100	95	15
95	95	15
105	105	16
100	100	17

具体步骤如下：

步骤 1：选择偏相关分析对话框。打开 Analyze 下拉菜单，依次选择 Correlate 和 Partial 命令，打开双变量相关分析对话框。

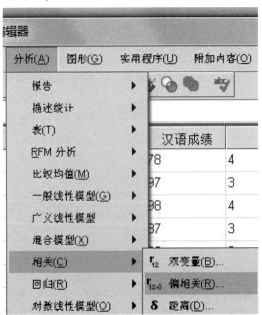

图 5-3-42　偏相关分析菜单

步骤 2：指定分析变量和控制变量。在 Partial Correlations 对话框中左边的变量列表中选择"计算智力成绩"和"语言智力成绩"两个变量，将其移入 Variables 下的方框中，意为要对他们进行偏相关分析。然后再从变量列表中选择"年龄略"将其移入 Controlling for 下面的方框中，表示要控制这个变量。在显著性检验部分中仍然选择双侧显著性检验。最后点击对话框右下方的 Options 按钮，进入输出选项对话框。

图 5-3-43　偏相关分析对话框

步骤 3：选择输出结果。在输出结果选项对话框中的 Statistics 部分中选择 Means and standard deviations 复选框和 Zero-order correlations 复选框，意为要求系统输出变量描述统计量以及零阶相关矩阵。所谓 Zero-order correlations，就是包括控制变量在内的全部变量之间的简单相关矩阵。

图 5-3-44　输出结果选项对话框

2. 偏相关分析输出结果及说明

（1）描述统计结果。该表汇报的是三个变量的平均值、标准差及个案数。

表 5-3-21 描述统计量

	均值	标准差
numerical score of intelligence	98.00	5.701
verbal score of intelligence	97.00	5.701
age	15.20	1.483

（2）零阶相关矩阵（表 5-3-22）。零阶相关矩阵表明，"计算智力成绩"和"语言智力成绩"两个变量相关系数为 0.923，而且在 0.05 的显著水平上达到了统计意义。

表 5-3-22 相关性

控制变量			numerical score of intelligence	verbal score of intelligence
age	numerical score of intelligence	相关性	1.000	.776
		显著性（双侧）		.224
		df	0	2
	verbal score of intelligence	相关性	.776	1.000
		显著性（双侧）	.224	
		df	2	0

a. 单元格包含零阶（Pearson）相关。

（3）控制了"age"变量之后的偏相关矩阵（表 5-3-23）。从该表可以看出，计算智力成绩"和"语言智力成绩"两个变量相关系数为 0.776，而且在 0.05 的显著水平上未达到了统计意义。

表 5-3-23　偏相关矩阵

控制变量			numerical score of intelligence	verbal score of intelligence	age
age	numerical score of intelligence	相关性	1.000	.923	.798
		显著性（双侧）	.	.025	.105
	verbal score of intelligence	相关性	.923	1.000	.828
		显著性（双侧）	.025	.	.084
	age	相关性	.798	.828	1.000
		显著性（双侧）	.105	.	.084

（4）分析结论：当没有控制"年龄"变量时，"计算智力成绩"和"语言智力成绩"具有显著性正相关关系，而当控制了"年龄"变量时，"计算智力成绩"和"语言智力成绩"具有非显著性正相关关系。

第六章 论文的结构及"摘要"的撰写

硕士论文的结构大致可以分为以下三个部分：开篇部分、主体部分和结尾部分。开篇部分包括论文题目页、签名页、摘要（中文和英文）、目录、致谢、目录、表格索引和插图索引；主体部分由引言、文献回顾、理论基础、研究方法、研究结果与讨论和结论组成；结尾部分包括参考文献和附录。需要说明的是，论文的具体写作，并不是按照以上顺序。一般先写主体部分，接着写结尾部分，最后写开篇部分。

有关论文的结构各个学校有具体的要求，但是大同小异。我们在开始论文的写作之前可以先看看学姐师哥的论文。在这里重点介绍一下摘要的写作。

第一节 概论

摘要具有独立性和自明性，并且拥有与文献同等量的主要信息，即不阅读全文，就能获得必要的信息。每一篇完整的论文都要求写随文摘要，摘要首先要让读者尽快了解论文的主要内容，以补充题名的不足。现代网络上的文献信息浩如烟海，读者检索到论文题名后是否会阅读全文，主要就是通过阅读摘要来判断；所以，摘要担负着吸引读者和将文章的主要内容介绍给读者的任务。其次，摘要为情报文献检索数据库的建设和维护提供了方便。论文发表后，文摘杂志或各种数据库对摘要可以不做修改或稍做修改后直接利用，从而避免他人编写摘要可能产生的误解、欠缺甚至错误。随着电子计算机技术和网络的迅猛发展，网上查询、检索和下载专业数据已成为当前科技信息情报检索的重要手段，网上各类全文数据库、文摘数据库，越来越显示出现代社会信息交流的水平和发展趋势。同时论文摘要的索引是读者检索文献的重要工具，所以论文摘要的质量高低，直接影响着论文的被检索率和被引频次。

一、摘要的定义及要素

摘要又称概要、内容提要。摘要是以提供文献内容梗概为目的,不加评论和补充解释,简明、确切地记述文献重要内容的短文。其基本要素包括研究目的、研究问题、研究对象、研究内容、收集数据采用的工具、收集数据和分析数据的方法、研究结果、讨论和结论。具体地讲就是研究工作的主要对象和范围,采用的手段和方法,得出的结果和重要的结论,有时也包括具有情报价值的其他重要信息。

二、摘要的分类

(一)报道性摘要

报道性摘要是指明文献的主题范围及内容梗概的简明摘要,相当于简介。报道性摘要一般用来反映科技论文的目的、方法及主要结果与结论,在有限的字数内向读者提供尽可能多的定性或定量的信息,以充分反映该研究的创新之处。科技论文如果没有创新内容,如果没有经得起检验的与众不同的方法或结论,是不会引起读者的阅读兴趣的。所以建议学术性期刊(或论文集)多选用报道性摘要,用比其他类摘要字数稍多的篇幅,向读者介绍论文的主要内容。以"摘录要点"的形式报道出作者的主要研究成果和比较完整的定量及定性的信息,篇幅以 300 字左右为宜。

(二)指示性摘要

指示性摘要是指明文献的论题及取得的成果的性质和水平的摘要,其目的是使读者对该研究的主要内容(即作者做了什么工作)有一个轮廓性的了解。创新内容较少的论文,其摘要可写成指示性摘要,一般适用于学术性期刊的简报、问题讨论等栏目以及技术性期刊等只概括地介绍论文的论题,使读者对论文的主要内容有大致的了解。篇幅以 100 字左右为宜。

(三)报道—指示性摘要

报道—指示性摘要是以报道性摘要的形式表述论文中价值最高的那部

分内容,其余部分则以指示性摘要形式表达。篇幅以 100~200 字为宜。

以上 3 种摘要分类形式都可供作者选用。一般地说,向学术性期刊投稿,应选用报道性摘要形式。创新内容较少的论文,其摘要可写成报道—指示性或指示性摘要。论文发表的最终目的是要被人利用,如果摘要写得不好,在当今信息激增的时代论文进入文摘杂志、检索数据库,被人阅读、引用的机会就会少得多,甚至丧失。一篇论文价值很高,创新内容很多,若写成指示性摘要,可能就会失去较多的读者。在这种情况下,如果作者摘要写得过简,编辑应提醒其修改。

三、写作注意事项

(1)摘要中应排除本学科领域已成为常识的内容;切忌把应用在引言中出现的内容写入摘要;一般也不要对论文内容作诠释和评论(尤其是自我评价)。

(2)不得简单重复题名中已有的信息。

(3)结构严谨,表达简明,语义确切。摘要先写什么,后写什么,要按逻辑顺序来安排。句子之间要上下连贯,互相呼应。摘要慎用长句,句型应力求简单。每句话要表意明白,无空泛、笼统、含混之词。

(4)用第三人称。建议采用"对……进行了研究""报告了……现状""进行了……调查"等记述方法标明,不必使用"本文""作者"等作为主语。

(5)要使用规范化的名词术语,不用非公知公用的符号和术语。新术语或尚无合适汉文术语的,可用原文或译出后加括号注明原文。

(6)除了实在无法变通以外,一般不用数学公式和化学结构式,不出现插图、表格。

(7)不用引文,除非该文献证实或否定了他人已出版的著作。

(8)缩略语、略称、代号,除了相邻专业的读者也能清楚理解的以外,在首次出现时必须加以说明。

四、英文摘要

这里要讨论的主要是中文科技论文所附的英文摘要,其内容包含题名、摘要及关键词。GB 7713-87 规定,为了国际交流,科学技术报告、学位论文和学术论文应附有外文（多用英文）摘要。原则上讲，以上中文摘要编写的注意事项都适用于英文摘要，但英语有其自己的表达方式、语言习惯，在撰写英文摘要时应特别注意。

（1）题名结构。英文题名以短语为主要形式，尤以名词短语（noun phrase）最常见，即题名基本上由1个或几个名词加上其前置和（或）后置定语构成。短语型题名要确定好中心词，再进行前后修饰。各个词的顺序很重要，词序不当，会导致表达不准。题名一般不应是陈述句，因为题名主要起标示作用，而陈述句容易使题名具有判断式的语义；况且陈述句不够精练和醒目，重点也不易突出。少数情况（评述性、综述性和驳斥性）下可以用疑问句作题名，因为疑问句可有探讨性语气，易引起读者兴趣。

（2）题名字数。题名不应过长。国外科技期刊一般对题名字数有所限制。总的原则是，题名应确切、简练、醒目，在能准确反映论文特定内容的前提下，题名词数越少越好。

（3）题名一致性。同一篇论文，其英文题名与中文题名内容上应一致，但不等于说词语要一一对应。在许多情况下，个别非实质性的词可以省略或变动。

（4）题名大小写。每个词的首字母大写，但3个或4个字母以下的冠词、连词、介词全部小写。

（5）题名缩略词语。已得到整个科技界或本行业科技人员公认的缩略词语，才可用于题名中，否则不要轻易使用。

（6）英译作者。中国人名按汉语拼音拼写；其他非英语国家人名按作者自己提供的罗马字母拼法拼写。

（7）单位。单位名称要写全（由小到大），并附地址和邮政编码，确保联系方便。

（8）时态。英文摘要时态的运用也以简练为佳，常用一般现在时、一般过去时，少用现在完成时、过去完成时，进行时态和其他复合时态基本不用。

一般现在时用于说明研究目的、叙述研究内容、描述结果、得出结论、提出建议或讨论等。分别举例如下：This study（investigation）is（conducted, undertaken）to…、The result shows（reveals）…、It is found that…、The conclusions are…、The author suggests…. 涉及公认事实、自然规律、永恒真理等，当然也要用一般现在时。

一般过去时用于叙述过去某一时刻（时段）的发现、某一研究过程

（实验、观察、调查、医疗等过程）。例如，The questionnaire was applied to study the efficiency of learners…in 2020. 需要指出的是，用一般过去时描述的发现、现象，往往是尚不能确认为自然规律、永恒真理的，而只是当时是何种情况，所描述的研究过程也明显带有过去时间的痕迹。

现在完成时和过去完成时。完成时少用，但不是不用。现在完成时把过去发生的或过去已完成的事情与现在联系起来，而过去完成时可用来表示过去某一时间以前已经完成的事情，或在一个过去事情完成之前就已完成的另一过去行为。

（9）语态。采用何种语态，既要考虑摘要的特点，又要满足表达的需要。一篇摘要很短，尽量不要随便混用，更不要在一个句子里混用。

多用被动语态，因为科技论文主要是说明事实经过，至于那件事是谁做的，无须一一证明。事实上，在指示性摘要中，为强调动作承受者，还是采用被动语态为佳。即使在报道性摘要中，有些情况下被动者无关紧要，也必须用强调的事物做主语。英文摘要的人称倾向于采用更简洁的被动语态或原形动词开头。例如：To describe…、To study…、To investigate…、To assess…、To determine…、The torrent classification model and the hazard zone mapping model are developed based on the geography information system.

五、英文摘要的完整性

大多数作者在写英文摘要时，都是把论文前面的中文摘要（一般都写得很简单）翻译成英文。这种做法忽略了这样一个事实：由于论文是用中文写作的，中文读者在看了中文摘要后，不详之处还可以从论文全文中获得全面、详细的信息，但由于英文读者一般看不懂中文，英文摘要是他唯一的信息源。因此，这里要特别提出并强调英文摘要的完整性，即英文摘要所提供的信息必须是完整的。这样，即使读者看不懂中文，只需要通过英文摘要就能对论文的主要目的，解决问题的主要方法、过程，及主要的结果、结论和文章的创新、独到之处，有一个较为完整的了解。注重定量分析是科学研究的重要特征之一。这一点也应该体现在英文摘要的写作中。因此，在写作英文摘要时，要避免过于笼统的、空洞无物的一般论述和结论。要尽量利用文章中的最具体的语言来阐述研究的方法、过程、结果和结论，这样既可以给读者一个清晰的思路，又可以使你的论述言之有物、有根有据，使读者对你的研究工作有一个清晰、全面的认识。当然，这并不意味着中文摘要就不必强调完整性。事实上，在将中文摘要单独上网发布或文章被收入中文文摘期刊时，中文摘要所提供的信息也必须具有完整性。另外，由于东、西方文化传统存在很大的差别，我国长期以来的传统教育都有些过分强调知识分子要"谦虚谨慎、戒骄戒躁"，因此我国学者在写作论文时，一般不注重（或不敢）突出表现自己所做的贡献。这一点与西方的传统恰恰相反。西方的学者在写论文时总是很明确地突出自己的贡献，突出自己的创新、独到之处。西方的读者在阅读论文时也总是特别关注论文有什么创新独到之处，否则就认为论文是不值得读的。由于中、英文摘要的读者对象不同，鉴于上述两方面的因素，笔者认为论文中的中、英文摘要不必强求一致。

六、对英文摘要的写作要求

由作者写作的英文摘要，绝大多数都比较粗糙，离参与国际交流的要求相距甚远，需要进行大的修改，有时甚至是重写。这一方面是由于作者英文写作水平有限，另一方面也由于大多数作者对英文摘要的写作要求和国际惯例不甚了解。下面就根据《EI》对英文摘要的写作要求，谈谈如何写好科技论文的英文摘要。

EI 中国信息部要求信息性文摘（Information Abstract）应该用简洁、明确的语言（一般不超过 150 words）将论文的"目的（Purposes）"，主要的研究"过程（Procedures）"及所采用的"方法（Methods）"，由此得到的主要"结果（Results）"和得出的重要"结论（Conclusions）"表达清楚。如有可能，还应尽量提一句论文结果和结论的应用范围和应用情况。也就是说，要写好英文摘要，作者必须回答好以下几个问题：

（1）本文的目的或要解决的问题（What I want to do?）

（2）解决问题的方法及过程（How I did it?）

（3）主要结果及结论（What results did I get and what conclusions can I draw?）

（4）本文的创新、独到之处（What is new and original in this paper?）

七、英文摘要各部分的写作

根据 EI 对英文摘要的写作要求，英文摘要的写作并没有一成不变的格式，但一般来说，英文摘要是对原始文献不加诠释或评论的准确而简短地概括，并要求它能反映原始文献的主要信息。

（一）目的（What I want to do?）

目的。主要说明作者写作此文的目的，或本文主要解决的问题。一般来说，一篇好的英文摘要，一开头就应该把作者本文的目的或要解决的主要问题非常明确地交代清楚。必要时，可利用论文中所列的最新文献，简要介绍前人的工作，但这种介绍一定要极其简练。在这方面，《EI》提出了两点具体要求：

（1）Eliminate or minimize background information（不谈或尽量少谈背景信息）。

（2）Avoid repeating the title or part of the title in the first sentence of the abstract（避免在摘要的第一句话重复使用题目或题目的一部分）。

（二）过程与方法（How I did it?）

过程及方法。主要说明作者主要工作过程及所用的方法，也应包括众多的边界条件，使用的主要设备和仪器。在英文摘要中，过程与方法的阐述起着承前启后的作用。开头交代了要解决的问题（What I want to do）之后，接着要回答的自然就是如何解决问题（How I did it），而且，最后的结果和结论也往往与研究过程及方法是密切相关的。大多数作者在阐述过程与方法时，最常见的问题是泛泛而谈、空洞无物，只有定性的描述，使读者很难清楚地了解论文中解决问题的过程和方法。因此，在说明过程与方法时，应结合论文中的公式、实验框图等来进行阐述，这样可以既给读者一个清晰的思路，又给那些看不懂中文（但却可以看懂公式、图、表等）的英文读者以一种可信的感觉。

（三）结果和结论

结果和结论部分代表着文章的主要成就和贡献，论文有没有价值，值不值得读者阅读，主要取决于你所获得的结果和所得出的结论。因此，在写作结果和结论部分时，一般都要尽量结合实验结果或仿真结果的图、表、曲线等来加以说明，使结论部分言之有物，有根有据。同时，对那些看不懂中文的英文读者来说，通过这些图表，结合英文摘要的说明就可以比较清楚地了解论文的结果和结论。也只有这样，论文的结论才有说服力。如有可能，在结尾部分还可以将论文的结果和他人最新的研究结果进行比较，以突出论文的主要贡献和创新、独到之处。

（四）文字效能

《EI》很看重英文摘要的文字效能。为了提高文字效能，应尽量删去所有多余的字、句。在这方面，《EI》提出了两个原则：

（1）Limit the abstract to new information（摘要中只谈新的信息）。

（2）Brevity（尽量使摘要简洁）。就目前来看，由于大多数作者在英文写作方面都比较欠缺，因此，由作者所写的英文摘要离《EI》的要求相距甚远。有的作者写出很长的英文摘要，但文字效能很低，多余的字、句很多；有的作者写的英文摘要很短，但也存在多余的字句。总而言之，就是文字的信息含量少。

（五）句法

关于英文摘要的句法，《EI》提出了以下三个一般原则：

（1）尽量用短句（use short sentences）。

（2）描述作者的工作一般用过去时态（因为工作是在过去做的），但在陈述由这些工作所得出的结论时，应该用现在时态。

（3）一般都应使用动词的主动语态，如：写成 A exceeds B 比写成 B is exceeded by A 更好。

第二节　案例分析

本部分主要采取案例的方式来说明摘要的写作，案例分析选取两个类型：期刊论文和学业毕业论文。

一、期刊论文

下文以北京外国语大学文秋芳老师发表于《中国外语》（2020 年第 1 期）的论文《熟手型外语教师运用新教学理论的发展阶段与决定因素》为例进行说明。

本研究分析了三位熟手型英语教师通过在教学中运用"产出导向法"获得专业发展的过程。在分析多种质性数据的基础上，作者和三位研究参与者共同构建了熟手型外语教师发展的理论框架。该理论框架看似一个五边形为底座的四层尖塔。四层代表从低到高的四个发展阶段：尝试性、解释性、创新性和解放性。五边形展示了决定教师发展的五个个体因素（自我意识、自我决心、自我目标、自我行动和自我反思）和一个位于底座的环境因素（教师专业学习共同体）。随着教师发展阶段的上升，个体因素和环境因素以及两者之间的互动都随之发生变化。

从上例我们可以看出作者开门见山首先交代了研究对象"三位熟手型英语教师"，通过研究这三位老师在教学中运用"产出导向法"去研究外语教师运用新教学理论的发展阶段与决定因素。然后清晰地介绍了研究结果为一个理论框架和决定因素即"熟手型外语教师"发展的理论框架为一个五边形为底座的四层尖塔：尝试性、解释性、创新性和解放性；决定因素为：环境因素、自我意识、自我决心、自我目标、自我行动和自我反思。最后，作者明确得出了研究结论：随着教师发展阶段的上升，个体因素和环境因素以及两者之间的互动都随之发生变化。

这样的摘要具有了独立性和自明性，也就是说不阅读全文，我们就已经获得必要的信息：论文的主要内容。也达到了读者阅读摘要来判断是否需要阅读全文的摘要写作标准。

二、学业毕业论文

相对期刊论文的摘要，学业毕业论文的摘要要更详细、更具体。下面就以英语语言文学专业，应用语言学方向的江南大学杨为亮同学的硕士毕业论文《注重形式及纯形式教学法对词汇学习的影响》为例进行说明。

自从 20 世纪 90 年代初注重语言形式教学法被提出以来，它就受到了广大语言学家和语言教师的关注，而且许多研究结果都表明，注重语言形式教学在很多方面都优于纯语言形式教学（Doughty and verela. 1998；Izumi, 2002；Alison Mackey2006）。但是在词汇教学研究中，却出现了结论不一的情况，如 Maria j. de la Fuente 和 Laufer 的研究就是典型的例子。因此，有必要对此作进一步研究。

本研究以注重语言形式和纯语言形式相关理论为基础，比较注重语言形式教学法与纯语言形式教学法在英语阅读课中对英语学习者词汇学习影响的差异，试图找出一种在大学英语阅读课堂环境中帮助学生有效掌握目标词汇的同时又不影响学生对文章理解的教学方法。

研究实验对象为江南大学两个非英语专业班级的 90 名一年级新生，其中 1 班采用注重语言形式教学法进行教学，2 班采用纯语言形式教学法进行数学。课堂教学结束后，两个班级的学生都接受了一次针对文章理解和目标词汇的即时检测，两周之后又对两个班级的学生进行了一次目标词汇的延时检测。

独立本 T 检验的分析结果表明，无论是学生对词汇的短期记忆还是长期记忆，以纯语言形式教学法授课的班级都要明显好于以注重语言形式教学法授课的班级。数据分析结果还表明，两班学生对文章的理解程度没有明显差异，后者甚至略好于前者。这进一步验证了 Laufer 的研究成果，但与 Laufer 所做研究不同的是，本实验并非单纯的沿用 Laufer 词汇教学，而是将词汇学习作为阅读教学的部分置于阅读教学之中。

这项研究运用互动假说和注意假说等语言学相关理论对实验结果进行了分析和讨论，并得出以下启示：长期以来一直被认为是传统的纯语言形式教学法在英阅读课堂中的词汇教学仍然是一种有效的方法。

在这篇摘要中，首先言简意赅地介绍了作者的选题依据：一些研究结果显示注重语言形式教学在很多方面都优于纯语言形式教学，但是在词汇数学研究中，却出现了结论不一的情况，因此也就阐明了研究的必要性。在第二段中，作者介绍了研究目的"试图找出一种在大学英语阅读课堂环境中帮助学生有效学握目标词汇的同时又不影响学生对文章理解的教学方法"。在第三段作者阐明了研究类别为实验研究，研究对象：江南大学两个非英语专业班级的 90 名一年级新生，其中 1 班采用注重语言形式教学法进行教学，2 班采用纯语言形式教学法进行数学。紧接着介绍了研究过程：课堂教学结束后，两个班级的学生都接受了一次针对文章理解和目标词汇的即时检测，两周之后又对两个班级的学生进行了一次目标词汇的延时检测。在第 4 段作者介绍了数据分析方法：独立本 T 检验和研究结果：学生对词汇的短期记忆和长期记忆均表现为纯语言形式教学法授课的班级都要明显好于以注重语言形式教学法授课的班级。两班学生对文章的理解程度没有明显差异，后者甚至略好于前者。最后一段作者阐明了学术讨论的理论基础及角度，并明确给出了研究结论：长期以来一直被认为是传统的纯语言形式教学法在英阅读课堂中的词汇教学仍然是一种有效的方法。

通过这样的摘要，具有很强的自明性，也就是说不阅读全文，我们就已经获得必要的信息，论文的主要内容；同样达到了读者阅读摘要来判断是否需要阅读全文的目的。可以说摘要通篇没有一句多余的话，起到了论文概要的作用。

第七章 "引言"的撰写

"引言"在学业毕业论文和期刊论文中都是必不可少的，但是二者之间还是有一些区别的，下面将分别讨论。

第一节 概论

学业毕业论文的"引言"这一部分，各个学校要求不一，有一定的区别，内容大多包含以下三个组成部分。

一、内容

（一）研究背景

研究背景是说明作者的选题依据或原因，此部分是论文的开场白，目的是说明本研究的来龙去脉，起到提纲挈领和引导阅读兴趣的作用。明确地告诉读者你为什么要进行这项研究，语句要简洁、开门见山。

（二）研究的必要性或研究的目的或研究意义或创新性

这部分包含的内容一个是此项研究的理论价值，另一个是此项研究的实用价值。理论价值一般在于能证明某个理论，或推翻某个理论，或修改现行理论，或创立某个急需的新理论模式，或澄清某个有争议的问题，或加深对某个现象的理解。简要预示本研究的结果、意义和前景，但不必展开讨论。在内容上应立题的理论或实践依据是什么？创新点是什么？理论与实践意义是什么？首先要适当介绍历史背景和理论根据，前人或他人对本题的研究进展和取得的成果及在学术上是否存在不同的学术观点。如果研究的项目是别人从未研究过的，其创新性是显而易见的，要说明研究的创新点。但大部分情况下，研究的项目是前人研究过的，这时一定要说明此研究与彼研究的不同之处和本质上的区别，而不是单纯地重复前人的工作。

三、"引言"的写作注意事项

（1）开门见山，不绕圈子。避免大篇幅地讲述历史渊源和立题研究过程。

（2）言简意赅，突出重点。不应过多叙述同行熟知的及教科书中的常识性内容，确有必要提及他人的研究成果和基本原理时，只需以参考引文的形式标出即可。在引言中提示本文的观点时，意思明确，语言简练。

（3）回顾历史要有重点，内容要紧扣文章标题，围绕标题介绍背景，用几句话概括即可，在提示所用的方法时，不要求写出方法、结果，不需要展开讨论；虽可适当引用过去的文献内容，但不可长篇罗列，切忌写成该研究的历史发展或文献综述，或本领域研究人员所共知的常识性内容。

（4）评价论文的价值要恰当、用词要科学规范，对本文的创新性最好不要使用"国内首创、填补了空白、有很高的学术价值、未见报道或处于国内外领先水平"等不适当的自我评语。

（5）内容不可与摘要雷同，注意不用客套话，如"才疏学浅"之类的语言；不出现插图、列表，公式的推导与证明等。

（6）篇幅一般不要太长，太长易致读者乏味，太短则不易交代清楚，一篇3000至5000字的论文，引言字数一般掌握在200至250字为宜。

第二节 案例分析

本节中的案例分析选取两个类型：期刊论文和学业毕业论文。期刊论文为已经发表的论文，学业毕业论文为硕士毕业论文。

一、学术论文类

下文是天津外国语大学白丽茹发表于《外语研究》2019（1）期的"英语句子逻辑连贯能力与英语写作水平潜在关系研究"为例说明"引言"的撰写。

英语句子逻辑连贯能力与英语写作水平潜在关系研究

引言

英语句子逻辑连贯能力是发展和提高英语写作能力与写作水平的重要语言能力之一，也是英语写作技能课教学过程中不可或缺的重要教学内容之一。英语句子是英语文章写作的基础，要完成一篇语言质量较高的英语写作文本，写作者必须学会产出正确且有效的英语句子。英语句子由词、短语或小句（包含在一个较大句子内且具有主语和谓语的语法成分）按照某种英语句法规则和使用规范组合而成，然而仅仅符合英语句法规则和使用规范的句子并非有效句子（effective sentence），有效的英语句子需要具备以下某些或全部特征——统一性、连贯性、简洁性、重要性或多样性。

英语句子逻辑连贯性是英语句子写作的首要原则，是准确和清晰表达观点的基本要素之一；这是因为英语句子意义主要取决于词序，句中各部分清晰且合乎逻辑的排列对准确表达观点至关重要。逻辑连贯的句子易于理解且意义准确无误，而逻辑不连贯的句子则难以理解且可能存在多种解读。为产出正确且有效的英语句子，写作者不仅需要熟练掌握句子逻辑连贯性原则，还需要准确识别、恰当运用和熟练操作句子中各种逻辑语义关系。Halliday 将小句复合体（小句通过某种逻辑语义关系连接起来）中小句间逻辑关系划分为相互关系和逻辑语义关系两大类别。相互关系分为从属关系（两个或多个小句中某一小句为主要小句而其他小句属于不同层次上的次等小句）和并列关系（两个或多个小句处于平等地位），并列关系和从属关系可以交叉组合形成复杂的相互关系；根据逻辑语义关系范畴，小句间逻辑关系分为详述逻辑关系、延伸逻辑关系和增强逻辑关系。详述逻辑关系是对前句或基本小句或小句中某一成分给以说明、评论或举例；延伸逻辑关系是在前句或基本小句语义之外，从正面或反面增加新的陈述或交代例外情况；增强逻辑关系指一个句子或小句给另一个句子或小句提供有关时空、因果、理由和方式等方面信息，在句子中相当于以小句形式出现的状语。

一般情况下，期刊论文版面如金，可以说不能有一个多余的词。引言不用太长，表明为什么选择这个选题即可。可以是由于一些现实素材，如统计数据、生产生活实例、政策法规等或理论素材如基础理论研究的焦点、关键点、文献计量学分析等。在下面的例子中，第一段论述中，作者首先围绕主题阐明英语句子逻辑连贯能力的重要性，并综述了权威人士丁往道，吴冰的观点加以论证。在第二段的论述中，作者首先从正反两面论证了英语句子逻辑连贯性的重要性，然后从理论的高度引用 Halliday 的观点分析了英语句子之间的逻辑关系，且引用胡壮麟观点对各种逻辑关系进行了解释。

基于大学低年级课堂英语写作技能课教学实践和观察发现，我国大学英语学习者写作中最突出的问题就是缺乏逻辑性和连贯性，其写作文本中很多句子虽然无明显的英语语法知识或语法规则使用错误，但是语义不够清晰或逻辑不够顺畅，英语句子逻辑连贯能力表现欠佳很可能是影响大学低年级英语学习者英语写作文本质量及英语写作水平的主要因素之一。因此及时了解英语句子逻辑连贯能力与英语写作水平的潜在关系，以及何种英语句子逻辑连贯技能和亚技能对英语写作水平的影响较大对我国大学低年级英语写作技能课教学具有重要意义。

通过阅读上段文字，我们不难看出作者通过联系现实实践论证了本研究的现实意义及必要性。如学生最突出的问题就是逻辑性欠缺，语义模糊或逻辑不明了，且为影响英语学习者英语写作质量及英语写作水平的主要因素之一。

通过检索我国外语类核心期刊论文，笔者发现有关英语句子逻辑连贯能力实证性研究相对较少，鲜有研究尝试探讨英语句子逻辑连贯能力与英语写作水平的潜在关系。那么，英语句子逻辑连贯能力与英语写作水平的潜在关系如何？英语句子逻辑连贯能力对英语写作水平是否具有显著预测作用？何种英语句子逻辑连贯技能和亚技能对英语写作水平贡献率较大？诸如此类问题尚未得到有效的实证支持。鉴于此，本研究尝试探讨英语句子逻辑连贯能力与英语写作水平的潜在关系，旨在为我国大学低年级英语写作技能课教学提供指导，以便英语写作技能课教师和英语学习者适时采用有针对性的干预补救策略，进而提高英语句子逻辑连贯能力、英语写作文本输出质量及英语写作水平。

上段文字表明了现有的有关英语句子逻辑连贯能力的学术研究现状，一是实证性研究不多，二是很少有学者尝试研究英语句子逻辑连贯能力与英语写作水平的潜在关系，这明确表明作者研究的必要性及研究空间。然后作者很自然地提出了自己的研究问题及研究目的。

二、学业论文

下面以李文同学的硕士毕业论文是基于"投入量假设"的不同阅读任务对词汇附带习得的实证研究为例来说明"引言的撰写"

英语教育研究方法与论文写作的多维度阐释

引言

在本章，首先从国际发展的角度和国内语言教学的状况介绍研究的选题背景，旨在探讨"投入量假设"对汉语背景下双语学校英语学习者词汇习得的影响，以期为双语初中英语教学提供一些有益的参考和建议；紧接着从理论和实践的角度介绍了研究意义，然后研究的创新性，最后是论文的框架。

（一）研究背景

随着经济全球化的深入发展和中国改革开放的不断深入，广大领域迫切需要大量的中英两种语言的人才。然而，要在短期内培养出大量的人才是非常困难的。我国已经做了很多努力，尤其是英语新课程改革的不断推进，来解决传统教育模式不能适应时代发展的棘手问题。事实上，中国传统的教育观念已经发生了根本性的变化，双语教育以其独特的优越性成为众多学校教育改革的首选课题。全国各地纷纷建立双语学校和双语教育试点学校。

词汇是任何语言不可缺少的一部分，英语也是如此。如果我们把英语比作一座高楼，那么语音是基础；语法是设计图纸，即结构；词汇是一切建筑材料。词汇量的大小直接影响其他语言技能，如阅读、写作、听力和口语。词汇习得在第二语言习得过程中起着至关重要的作用。正如著名的英国语言学家 D. A Wilkins 说过："没有语法，几乎无法表达；没有词汇，什么也无法表达"。词汇是英语教学的重点和难点之一，各专业教育工作者都在努力探索适合学生的词汇习得的有效途径和方法。然而，语言教师总是处于进退两难的境地。一方面，他们需要尽可能多地教授词汇。另一方面，他们不应该把所有的时间都花在词汇教学上。为了解决这一问题，近年来研究者们正在寻找一种词汇附带学习的新方法，以帮助学生更好地习得词汇。

词汇学习强调词汇辅助教学主要有两个原因：一是词汇辅助教学可以帮助语言教师解决词汇教学过程中的困境，即在正常的课堂时间内没有足够的时间来教授学生更多的词汇；二是词汇附带学习是对意向性词汇学习的一种很好的补充，能更好地促进学生的词汇学习。

尽管大量的研究人员和教师已经在学生的词汇学习上做出了巨大的努力，但大量的事实证明，其效果远远没有达到我们预期的目标。第二语言习得理论认为，学习者在真实的交际环境中可以获得更多的词汇。然而，学生，尤其是中国义务教育阶段的学生，接触目标语言的机会很少，他们只是通过有限的英语课堂时间或阅读书籍和杂志来获得词汇。因此，第二语言学习者在完成其他任务的同时顺便习得词汇是有必要和合理的。近年来，国内外学者对词汇附带学习进行了大量的研究。

Laufer 和 Hulstijn 提出了"投入量假设"理论，并在荷兰和以色列进行了实证研究。Laufer 和 Hulstijn 通过三种不同的阅读任务（阅读理解、阅读理解和完形填空、使用目标词写作）对来自荷兰和以色列的学习者的词汇习得情况进行了调查，结果证实了"投入量假设"。从那时起，基于"投入量假设"的词汇附带习得研究进入了高潮。但是迄今为止，很少有学者从中国双语初中学生的角度来研究这一问题。

本文旨在探讨"投入量假设"对汉语背景下双语学校英语学习者词汇学习的影响，

以期为双语初中英语教学提供一些有益的参考和建议。

通常情况下，在章节的标题下，不可以直接开始本章的第一个小标题，先应该撰写本章的总起段，大概介绍一下本章的主要内容。例如，在本例中，作者就本章的内容进行了概括描述："在本章，首先从国际发展的角度和国内语言教学的状况介绍研究的选题背景，旨在探讨"投入量假设"对汉语背景下双语学校英语学习者词汇习得的影响，以期为双语初中英语教学提供一些有益的参考和建议；紧接着从理论和实践的角度介绍了研究意义、研究的创新性以及论文的框架。"这样读者就会对本章内容有一个清晰的框架。阐述研究背景也就是阐述为什么选择这个研究选题，本例首先从国际社会发展及我国英语教育改革入手：全国各地纷纷建立双语学校和双语教育试点学校。然后介绍了词汇学习存在的困难：尽管大量的研究人员和教师已经在学生的词汇学习上做出了巨大的努力，但大量的事实证明，其效果远远没有达到我们预期的目标。紧接着本例作者介绍了一些学者的实证研究成功，如 Laufer 和 Hulstijin 等证实了"投入量假设"。从此基于"投入量假设"的词汇附带习得研究进入了高潮；可是迄今为止，很少有学者从中国双语初中学生的角度来研究这一问题。这样本例作者就清楚地介绍了她选题的背景。

（二）本研究的创新点

首先，教育改革的进一步发展和持续实施课程改革，越来越多的发达城市在中国开展了双语教学而不是传统的教育模式，以提高外国语言习得的能力以及培养复合人才。随着双语教育的普及，必须重视双语教育的教学过程和方法。总之，帮助学生找到一些有价值的方法来提高他们的词汇习得能力是很有意义的。虽然很多前人的研究从一开始到现在都关注基于"投入量假设"的词汇附带习得，但是对于这个问题还没有得出最终的结论。因此，有必要从另一个角度来确认"投入量假设"对词汇附带习得的影响，即中国背景下的双语教育。

更重要的是，必须注意词汇习得的重要性，特别是词汇学习在语言学习过程中的重要性。虽然众多研究者对词汇附带习得进行了研究，但他们的研究对象通常是本科生和大学生，但对义务教育学生，尤其是初中生的关注较少。初中生作为英语学习的初学者，有自己的特点，应更加重视词汇的语言教学。

此外，双语学校的学生属于一个"特殊群体"，他们处于中英双语环境中，以往的一些实证研究往往忽略了双语学校的词汇学习策略的必要性。为了进一步丰富双语教学理论和词汇学习策略，本研究试图找出双语初中学生的词汇学习策略，为如何调整学生的内部认知加工过程提供教学建议和参考。

在撰写研究创新时，需要介绍本研究做了那些研究是别人没有做的，可以是理论方面的创新、也可以是研究问题、研究现状、研究结论、研究的对象的选择、研究工具、数据的收集等方面来挖掘自己研究的创新点。本例就是从三个方面论述了自己研究的创新点：（1）虽然很多前人的研究从一开始到现在都关注基于"投入量假设"的词汇附带习得，但是对于这个问题还没有得出最终的结论。（2）虽然众多研究者对词汇附带习得进行了研究，但他们的研究对象通常是本科生和大学生，但对义务教育阶段的学生，尤其是初中生的关注较少。（3）处于中英双语环境中的学生属于一个"特殊群体"，对此类人群的研究较少。基于以上三点，作者阐明了自己研究的创新性。

（三）研究意义

理论意义具体如下：

一方面，虽然已经发现了很多基于词汇附带习得上的"投入量假设"的研究成果，但是关于这个问题仍然有很多争议。因此，本文拟以双语初中生为研究对象，对"投入量假设"进行测试。另一方面，本研究将通过测试"投入量假设"这一特定视角，进一步丰富和完善词汇附带习得理论和双语教学。

实践意义如下：

首先，我们都知道在学习一门外语中词汇习得的必要性，其次我们国家的发展需要大多数既懂汉语又懂英语的人才。因此，本文将提出一些有效的建议和参考，以帮助学生找到一条有效的词汇获取途径，促进适应我国复合型人才的需求。

第二，事实上，无论是双语教育还是传统教育，英语教学的目的都是为了提高学生的英语水平。本文的研究将有助于英语教师走出词汇教学时间紧迫的困境，为英语教师选择恰当的词汇教学方法提供一些有效的启示和建议。

第三，本研究将通过了解双语学校学生的词汇学习策略来指导他们规范词汇学习方法，这将有利于他们进一步的学习。

在撰写研究意义时，一般情况下，是从理论意义和实践意义两个方面入手。在本例中，从理论方面，作者首先阐明了本研究的争议性，因为虽然已经发现了很多基于词汇附带习得上的"投入量假设"的研究成果，但是关于这个问题仍然有很多争议。另一方面，本研究将通过测试"投入量假设"这一特定视角，进一步丰富和完善词汇附带习得理论和双语教学。在实践方面，作者从学生、教师及双语学生三个方面阐明了研究的意义。

（四）论文概述

本文共分六章。第一章为绪论，介绍了论文的选题背景、创新点、意义和研究概况。第二章首先简要介绍了双语教学的文献综述，然后介绍了词汇习得与词汇定义的关系，以及国内外对词汇习得的研究。第三章是本文的理论框架，着重介绍了与本研究相关的两个理论。它们是加工深度理论和"投入量假设"理论。第四章是本文的研究方法。主要介绍了研究问题、研究对象、研究工具、数据分析、控制外部变量等，并详细阐述了研究过程，包括阅读材料的选择、目标词的选择、阅读任务的设计和实施。第五章是结果分析与讨论。在这一部分中，笔者将从词汇测试和问卷调查中收集到的所有数据进行了展示，以回答这两个研究问题。并对结果分析进行了详细的讨论。第六章是本论文的结论，主要围绕研究的主要发现、教学意义、研究的局限性以及对未来研究的建议。

在撰写论文框架时介绍清楚论文的布局安排，也就是每章的主要内容即可。但是一定注意的是要以陈述语气，而不是记笔记式的结构。

第三节 常用表达

在撰写英语论文的"引言"部分时，常用的表达形式有如下 17 种，如确立主题对世界或社会的重要性，建立学科主题的重要性，文献概要，强调一个问题，突出研究领域的争议，突出了以往研究的不足之处，突出研究领域的知识差距，表明一篇短文的重点、目的和论点，说明研究目的，研究问题或假设，研究设计概要、方法、资料来源，指示意义，局限性，个人兴趣提供理由，结构概述，解释关键字等。

（1）确立主题对世界或社会的重要性的常见表述如下：

…is a necessary component in the teaching system, and plays a key role in…

……是教学系统的必要组成部分，在……中起着关键作用。

In the development of linguistics, …has been considered of as a key factor in….

在发展语言学的历史上，……一直被认为是……的一个关键因素。

…is a fundamental nature of….

……是……的基本性质。

…is becoming a key instrument in….

……正迅速成为……的关键工具。

…is a common sense characterized by….

……是一种常识，特征是……

…plays an important role in the use of….

……在应用……方面起着重要的作用。

…is a major teaching method , and the main use is to….

……是一个主要的教学问题，其主要应用是……

（2）在建立学科主题的重要性

Amainly concern of…is….

……最关心的是……

A and B have been an object of research since the 1980s

自 20 世纪 80 年代以来，A 和 B 一直是研究对象

A is a major area of interest within the field of linguistics.

A 是语言学方面人们感兴趣的一个主要领域。

…is at the heart of ourapplication of….

……是我们对……应用的核心。

…is an increasingly or growing important area in applied linguistics.

……是应用语言学中一个日益重要的领域。

The issue of A has received considerable critical focus.

A 的问题已受到相当多的批评。

One of the most significant current discussions in teaching is…

当前教学最重要的讨论之一是……

（3）确定主题的重要性（给定的时间范围）

Recent developments inlinguistics have heightened the need for the quality of textbook.

最近在语言学方面的发展提高了对教材质量的需要。

In recent years, there has been an increasing interest in….

近年来，人们对……的兴趣日益浓厚。

Recent trends inlinguistics have led to a proliferation of studies that…

最近语言学方面的趋势导致了研究的激增，这些研究认为……

Recent developments in the field ofcorpus have led to a renewed interest in….

最近语料库领域的发展使人们对……产生了新的兴趣。

Recently, researchers have shown an increased interest incorpus.

最近，研究人员对……表现出越来越浓厚的兴趣。

The past decades has witnessed the rapid development of corpus in many fields.

在过去的几十年里，语料库在许多方面有了快速的发展。

The pastsixty years have seen increasingly rapid advances in the field of corpus.

在过去的六十年里，语料库领域的进步越来越快。

Over the past centuries there has been a dramatic increase in corpus.

在过去的几个世纪里，语料库有了显著的增长。

The changes experienced by... over the past decades remain unprecedented.

……在过去几十年所经历的变化是前所未有的。

One of the most important events of the2050s was….

21世纪50年代最重要的事件之一是……

Traditionally, … have subscribed to the belief that….

传统上，……认为……

（4）文献概要（Synopsis of literature）

Factors found to be influencing the development of language have been explored in several studies.

在一些研究中发现了影响语言发展的因素。

In the past decades a number of researchers have sought to determine…….

在过去的几十年中，许多研究人员试图确定…

A considerable amount of literature has been published oncorpus, these studies….

在语料库方面发表了大量的文献，这些研究……

Previous studies have revealed….

以前的研究报告了……

Recent evidence suggests that….

最近的证据表明……

Several attempts have been committed to….

已经做了几次努力来……

Studies of corpus show the importance of pronunciation.

关于语料库的研究表明发音的重要性。

Recently investigators have studied the effects of…on…

最近，研究人员研究了……对……的影响。

Surveys such as that performed by Tom（1992）showed that….

一些调查研究比如tom（1992）的调查表明……

The first serious discussions and analyses of corpus emerged during the

1980s with….

关于语料库的第一次严肃的讨论和分析出现在 20 世纪 80 年代。

There have been a number of longitudinal studies involving corpus that have reported…….

已经有一些关于语料库的纵向研究报道……

…were reported in the first models of… (e. g., Tom, 1988; Patel, 1973).

……在……的第一个模型中被报道 (如 Tom, 1988; Patel, 1973)。

What we know about corpus is largely based upon empirical studies that investigate how….

我们对语料库的了解主要是基于实证研究，这些研究调查了……

Tom (1991: 2) reveals how, in the past, research into … was mainly concerned with….

Tom (1991: 2) 表明，在过去，对... 的研究主要关注于……

(5) 强调一个问题 (Highlighting a problem)

However, research has consistently shown that these studentsare short of….

然而，研究一直表明，这些学生缺乏……

Along with this growth in…, however, there is increasing concern over….

然而，随着... 的增长，人们对…关注

However, a major problem with this kind of application is….

然而，这类应用的一个主要问题是……

However, these rapid changes are having obvious effect on….

然而，这些迅速的变化正在对……产生明显的影响。

Despite its safety and efficacy, it suffers from several major drawbacks：

尽管安全有效，但它也有几个主要的缺点：

(6) 突出研究领域的争议 (Highlighting a controversy in the field of study)

So far there has been disagreement on what….

到目前为止，人们对……争议很大

One scholar has already drawn attention to the application of….

一位学者已经注意到了…应用

Debate continues about the best strategies for the management of classroom.

关于课堂管理的最佳策略的争论仍在继续。

In manyways, a debate is taking place between … and… concerning the management of classroom.

在许多方法，关于课堂管理在... 和... 之间发生了一场争论。

This concept has recently been challenged by some studies demonstrating···.

这一概念最近受到... 研究的挑战，这些研究表明······

The debate about strategy has gained fresh prominence with many arguing that···.

随着许多人认为······，关于策略的争论又获得了新的关注。

One of the most significant current discussions inteaching is···.

当前教学中最重要的讨论之一是······

One major theoretical issue that has dominated the field for many years concerns···.

一个主导该领域多年的主要理论问题是······

The controversy about scientific evidence forthe hypothesis has raged unabated for over a century.

关于这个假设的科学证据的争论已经持续了一个多世纪。

The causes of language fossilization have been the subject of intense debate within the scientific community.

语言石化的起因一直是科学界激烈争论的话题。

The issue of language fossilization has been a controversial and much disputed subject within the field of linguistics.

在语言学领域内，语言石化问题一直是一个有争议的话题。

（7）突出了以往研究的不足之处（Highlighting inadequacies of previous studies）

However, few writers have been able to draw on any systematic research into language fossilization.

然而，很少有作家能够对语言石化进行系统的研究。

However, much of the research up to now has been descriptive in nature.

然而，到目前为止，大多数研究在本质上都是描述性的。

However, these results were based upon data from over 80 years ago and it is unclear if···.

然而，这些结果是基于80多年前的数据，尚不清楚是否······

Although extensive research has been carried out onlanguage fossilization, no single study exists which···.

尽管人们对语言石化进行了广泛的研究，但还没有一项研究表明···

227

Researchers have not treated language fossilization in much detail.

研究人员还没有对语言石化进行详细的研究。

Previous studies of language fossilization have not dealt with⋯.

以前关于语言石化的研究没有涉及⋯

Half of the studies evaluated failed toillustrate whether⋯.

被评估的研究中有一半没有明确说明是否⋯⋯

Most studies in the field oflinguistics have only focused on⋯.

在语言学领域的大多数研究只集中于⋯

Most studies in language fossilization have only been carried out in a small number of areas.

关于语言石化的大多数研究只在少数地区进行。

The experimental data are rather controversial, andyet there is no general a-greement about⋯.

实验数据颇有争议，对⋯⋯现在还没有一致看法。

Such expositions are unsatisfactory because theyare short of evidence.

这样的论述不能令人满意，因为它们缺乏证据。

The research to date has tended to focus onA rather than B.

迄今为止的研究倾向于关注... 而不是...。

Research on the subject has been mostly restricted to limited comparisons of empirical studies.

关于这个问题的研究大多局限于对实证研究的比较.

The existing accounts fail to resolve the contradiction between A and B.

现有的说法无法解决 A 和 B 之间的矛盾。

（8）突出研究领域的知识差距（Highlighting a knowledge gap in the field of study）

Although some research has been carried on it, there is very little scientific understanding of⋯.

尽管关于此有一些研究，但对于⋯⋯几乎没有科学的理解。

Apart from Tom（2019），there is a general lack of research in⋯.

除了 Tom（2019），人们普遍缺乏对⋯⋯的研究。

Despite this, very few studies have investigated the impact of... on⋯.

尽管如此，很少有研究调查... 对⋯⋯的影响。

What is not yet clear is the impact of... on⋯.

目前尚不清楚的是... 对……的影响。

Some previous study has investigated the factors of language fossilization.

以前一些研究做过语言石化因素的研究。

There has been little quantitative analysis of language fossilization.

对语言石化的定量分析很少。

Until recently, there has been reliable evidence that…．

直到最近，有可靠的证据表明……

Little is known about language fossilization and it is not clear what factors lead to language fossilization

对语言石化了解甚少，不清楚是什么因素…

This indicatesthere is a need to understand the various perceptions of ... that exist among…．

这表明有必要了解存在于……中的各种感知。

So far this method has only been applied to second language acquisition.

到目前为止，这种方法只适用于第二语言习得。

So far, however, there has been little discussion about language fossilization.

然而，到目前为止，关于语言石化的讨论还很少。

However, far too little attention has been paid to language fossilization.

然而，人们对语言石化关注得太少了。

However, the evidence for this relationship is inconclusive.

然而，这种关系的证据是不确定的。

However, much uncertainty still exists about the relation between language and culture.

然而，关于语言和文化之间的关系仍存在许多不确定性。

However, there have been no controlled studies which compare differences indifferent models.

然而，还没有在不同模式比较差异性的对照研究。

Although some research has been carried on it, no single study exists which is constructive.

尽管关于此有一些研究，没有一项研究具有建设性作用。

Although some research has been carried on it, there have been few empirical investigations into…

尽管关于此有一些研究，关于……的实证研究很少。

（9）表明一篇短文的重点、目的和论点（Indicating the focus, aim, argument of a short paper）

In this essay, I attempt to defend the view that⋯.

在这篇文章中，我试图为⋯⋯的观点辩护。

The central thesis of this paper is that⋯.

这篇论文的中心论点是⋯⋯

This paper contests the claim that whether there is⋯.

这篇论文对⋯⋯进行辩论。

This paper will review the research conducted on language fossilization.

这篇论文将对语言石化的研究进行综述。

This paper will focus on/examine/give an account of language fossilization.

这篇论文将着重于/研究/叙述语言石化。

This paper examines the significance of classroom assessment in the rise of⋯.

这篇论文探讨了课堂评价在⋯⋯崛起中的重要性。

This essay critically examines/discusses/traces language fossilization.

这篇文章批判性地审视/讨论/追踪语言石化。

The aim of the paper is to provide a conceptual theoretical framework based on⋯.

本文的目的是提供一个基于⋯的概念理论框架。

The purpose of this paper is to review recent research into the language fossilization.

这篇论文的目的是综述最近关于语言石化的研究。

（10）说明研究目的（Stating the purpose of research）

One purpose of this study was to assess the extent to which these factors wereeffective.

本研究的一个目的是评估这些因素在多大程度上是有效的。

This study aims to obtain data which will help to fill in these research gaps.

本研究试图获得有助于解决这些研究空白的数据。

This study therefore set out to assess the effect of⋯. ,

因此，本研究旨在评估⋯的影响。

The major objective/aim of this study was to investigate⋯. .

这项研究的主要目的是调查⋯⋯

The aim of this study was to illustrate several aspects of⋯.

本研究的目的是阐明……的几个方面。

The objectives of this research are to determinethe cause of….

本研究的目的是确定…原因。

The main purpose of this study is to developa model of….

本研究的主要目的是为了建立对……的模型。

This paper investigates the application of….

这篇论文探讨了对…的使用。

This thesis will examine the way in which the….

这篇论文将探讨…

This research examines the emerging role of teacher in the context of online teaching.

本研究探讨了网络教学背景下教师的新角色。

This case study seeks to examine the changing nature of language fossilization.

这个案例研究试图考察语言石化的变化本质。

This dissertation seeks to explain the development of language fossilization.

这篇论文试图解释语言石化的发展。

This dissertation aims to unravel some of the mysteries surrounding factors of language fossilization.

这篇论文的目的是揭开语言石化的因素。

This study systematically reviews the data for…. , aiming to provide….

本研究系统回顾了…，旨在提供…

There are two primary aims of this study：1. To investigate…. 2. To ascertain….

本研究的主要目的有两个：1 调查.... 2. 确定....

Drawing upon the stands of research into language fossilization, this study attempts to….

基于对语言石化的两种研究立场，本研究试图……

(11) 研究问题或假设（Research questions or hypotheses）

The central question in this dissertation asks what….

这篇论文的中心问题是什么……

This study seeks to address the following questions：

本研究旨在解决以下问题：

In particular, this study will examine six main research questions：

特别地，这篇论文将研究六个主要的研究问题：

The hypothesis that will be tested is that…．

有待验证的假设是……

This study aimed to address the following research questions：

本研究旨在解决以下研究问题：

（12）研究设计概要、方法、资料来源（Synopsis of the research design, method, source（s）of data）

A holistic approach isutilized, integrating A, B and C to establish a model.

我们采用了一种整体的方法，将 A、B 和 C 整合在一起来建立一个模型。

The research data in this thesis comes from four main sources：．

本文的研究数据主要来源于以下四个方面：……

The study was conducted in the form of a survey, with data being gathered via questionnaire.

这项研究以调查的形式进行，通过问卷收集数据。

Data for this study were collected using questionnaire.

本研究的数据收集使用问卷。

This study applies a case-study design, with in-depth analysis of…．

本文采用案例研究的方法，对……进行了深入的分析。

This study was exploratory and interpretative in nature.

本研究具有探索性和解释性。

The methodological approach taken in this study is a mixed methodology based on questionnaire.

本研究采用的方法是基于问卷的混合方法。

By employing qualitative modes of enquiry, I attempt to illuminate the nature of…．

通过采用定性的调查模式，我试图阐明……的本质。

This study takes the form of a case-study of the interview.

这项工作采取了一个访谈的案例研究的形式。

Both qualitative and quantitative methods were used in this investigation.

本研究采用定性和定量相结合的方法。

A combination of quantitative and qualitative approaches was used in the data analysis.

数据分析采用定量和定性相结合的方法。

（13）指示意义（Indicating significance）

Therefore, this study makes a major contribution to research on corpus by demonstrating….

因此，本研究通过论证……对语料库的研究做出了重要贡献。

The study offers some important insights intocorpus.

这项研究对语料库提供了一些重要的见解。

This project provided an important opportunity to advance the development of ….

这个项目为增进对……的发展提供了一个重要的机会。

This study provides an exciting opportunity to advance our knowledge ofclassroom-decision.

这项研究提供了一个令人兴奋的机会来提高我们对课堂决策的认识。

This is the first study to undertake a longitudinal analysis of classroom-decision.

这是首次对课堂决策进行纵向分析的研究。

The findings should make an important contribution to the field ofcorpus.

这些发现将对语料库领域做出重要贡献。

This study aims to contribute to this growing area of research by exploringits causes.

本研究旨在通过探索原因为这一日益增长的研究领域做出贡献。

There are several important areas where this study makes an original contribution to classroom-decision.

本研究在几个重要领域对课堂决策做出了原创贡献。

（14）指局限性（Indicating limitations）

Due to practical constraints, the study cannot provide a comprehensive review of second language acquisition.

由于现实的限制，本文无法对二语习得进行全面的综述。

It is beyond the scope of this study to examine the classroom-decision.

课堂决策超出了本研究的范围。

The reader should bear in mind that the study is based on empirical studies.

读者应该记住，这项研究是基于实证研究。

Another potential problem is that the horizon of my thesis may be too broad.

另一个潜在的问题是，我的论文的范围可能太广了。

A full discussion ofclassroom-decision lies beyond the scope of this study.

对课堂决策的充分讨论超出了本研究的范围。

（15）为个人兴趣提供理由（Giving reasons for personal Interest）

the main reason for choosing this topic is only personal interest.

我选择这个话题的主要原因是我个人的兴趣。

I became interested in classroom-decision after reading⋯.

我是在看了这本书之后，对课堂决策... 产生了兴趣。

It is my experience of working with Tom that has driven this study.

是我与 Tom 一起工作的经历推动了这项研究。

（16）结构概述（Outlining the structure）

The rest part of the paper proceeds as follows：⋯.

论文的剩余部分如下：……

Finally, the conclusion supplies a brief summary and critique of the findings

最后，结论部分对研究结果进行了简要的总结和评论。

Finally, areas for further research are identified.

最后，确定了进一步研究的领域。

The key questions/issues /addressed in this paper are：a), b and c).

本文讨论的关键问题有：a)、b 和 c)。

This paper has been divided into four parts. The first partfocus on⋯.

本文共分为四个部分。第一部分涉及……

The essay has beenorganized in the following way.

这篇文章是这样组织的。

This paper reviews the evidence forlanguage fossilization.

这篇论文回顾了语言石化的证据。

The first section of this paper will examinethe correlation between⋯.

本文的第一部分将研究……之间的相关性。

This paper first gives a brief overview of the recent history of learning motivation.

本文首先简要回顾了 学习动机的近代史。

Chapter Two begins by laying out the theoretical dimensions of the research, andfocus on how to apply it in the reality.

第二章首先列出了研究的理论维度，并着眼于如何在现实中应用理论。

The third chapter isdealt with the methodology used for this study.

第三章是本文的研究方法。

The fourth part presents the conclusions of the research, focusing on the three key themes that….

第四部分是本文的研究结果,主要围绕三个主题展开论述。

Chapter 6 concerns the results of interviews and focus group discussions undertaken during the….

第六章分析了在……期间进行的访谈和焦点小组讨论的结果。

(17) 释关键字(Explaining Keywords)

Throughout this dissertation, the term A will be used to refer to….

在这篇论文中,A 这个术语将被用来指代……

According toTom (2020), learning motivation can be defined as follows: "…."

根据 Tom (2020),学习动机可以定义为:"…"

The term "classroom-decision" is a relatively new name for…., commonly referred to as….

术语"课堂决策"是一个相对较新的名称…,通常被称为……

While a variety of definitions of the term "classroom-decision" have been suggested, this paper will use the definition first suggested by Tom (1989) who view it as….

虽然对术语"课堂决策"有各种各样的定义,但本文将使用该定义,它最早由 Tom (1989) 提出,他认为它是……

第八章 "文献综述"的撰写

文献综述是一篇规范的研究论文所必须的部分。何为文献综述呢？文献综述是在确定了选题后，在对选题所涉及的研究领域的文献进行广泛阅读和理解的基础上，对该研究领域的研究现状（包括主要学术观点、前人研究成果和研究水平、争论焦点、存在的问题及可能的原因等）、新水平、新动态、新技术和新发现、发展前景等内容进行综合分析、归纳整理和评论，并提出自己的见解和研究思路。它要求作者既要对所查阅资料的主要观点进行综合整理、陈述，还要根据自己的理解和认识，对综合整理后的文献进行比较专门、全面、深入、系统的论述和相应的评价，而不仅仅是相关领域学术研究的"堆砌"。

文献综述的目的是帮助读者确认该论文所研究的问题与以往同类或同领域论文相比较所具有的价值及在选题或研究内容与方法上是否具有创新性或新的进展。在科学研究的道路上，后人总是踩在前人肩膀上的。因此，文献综述事实上就是在寻找和确认前人肩膀究竟在哪里的过程。在科学研究中，如果缺少全面系统的文献综述工作的话，该项研究很有可能只是踩在别人的腰上，甚或是没踩到前人任何部位即踩空了或者踩偏了。另一方面，文献综述也有助于编辑和审稿人迅速有效地对该项研究的价值予以判断。由此说，文献综述其实对提高投稿的命中率是有一定帮助作用的。

第一节 概论

文献综述反映撰写者对研究问题的理性认识，论证研究性。这一章是整个论文中最难写、最费力的部分。但是许多学生不太注重这一部分的写作。有些学生认为这一章是论文格式的硬性需要部分，有的甚至认为是凑字部分，常常在最后一刻把所有的定义和文献资料随意地拼凑在一起，不管他们之间是否存在内在的逻辑性。

一、文献综述的主要内容

从广义上说，任何研究都不是孤岛，它必定与过去、现在和未来的研究联系在一起。文献综述的主要目的是提供背景知识。所以，这部分要描述这项研究所涉及的研究领域的历史与现状和解释研究的原创性与承继性体现在何处。也就是需要说明，你的研究与研究有哪些不同之处？你是怎样在吸收别人研究设计的基础上形成自己的研究设计？这项研究设计是以何种理论为基础？等等。读完这后，读者应能得出结论：你的选题值得研究，你的研究设计比较合理。具体地说，文献综述应包括以下几个方面：

(1) 关键术语的理论定义；
(2) 从理论的角度对选题进行审视；
(3) 对相关的实证研究进行评价；
(4) 对有关研究设计（包括相关的研究工具）给予批判性评价；
(5) 研究的理论框架。

（文秋芳等，2009：228）

以上 5 个方面的内容，在具体撰写时可以根据各自的写作目的和个人爱好进行适当的增减。

给关键术语界定理论定义时，许多人把所有相关理论定义与参考文献一起列出，然而，这并不可取。要使定义更加令人信服，最好对不同文献的不同定义进行简要评价，并解释自己的定义是怎么产生的，或者为什么采用这个定义，而不采用其他定义。

从理论的角度回顾文献时，紧紧抓住研究问题的理论来源进行论述，因为研究问题往往来源于某些理论，或与某些理论问题有关。例如："基于投入量假设的词汇习得研究"是受到"投入量假设"的启发，所以很有必要对此理论做详细相关解释。

在评价相关的实证研究并不需要涉及研究的每个细节，而是要证明自己研究的必要性，因此，评价不必面面俱到。要根据评价的不同目的，对相关研究进行分类。例如：回顾相关的研究有些是为了说明研究这个问题的广泛性；有些是为了显示研究结果相互矛盾；有些是为了说明研究方法上的问题；有些是为了说明研究样本上的问题，等等。只有对研究目的明确才能确定评价的重点和范围及论证的结构。

在审视研究设计时，可能体现在研究对象的数量和类型上，研究工具上，数据收集的程序上，或者数据分析的程序上等。例如：某个关于此问题的定量研究只采用了均值分析，而你的研究却是相关分析的方法，又用访谈等定性分析的方法，而且，在定量分析方面，你还采用了其他不同的分析方法，如多元回归分析，你需要回顾相关研究使用的研究设计，并指出它们的不足。如果在研究工具上有差异，你的文献综述必须对现行的研究工具进行描述及评论，指出存在的问题。

对研究中理论框架的描述，对硕士论文可有可无，不再赘述。

二、文献综述的文本特点

顾名思义，文献综述既要有综合地叙述，也要有评论。初学者往往注重或容易做到叙述，但不一定能够综合。与此同时，初学者往往很难评论。初学者或在读研究生们看完若干文献后经常觉得很苦恼，因为感觉文献中的观点都是正确的，似乎找不出已有文献的问题或不足。于是，他们就撰写不出恰当的或有说服力的评论。概括起来，文献综述的文本有以下两个特点。

（一）综合性

这是指要尽可能地把前人在某个研究领域的所有重要研究成果体现或呈现出来。切忌只是叙述或引用你认为正确、赞同或喜欢的观点，也切忌只是叙述或引用该领域某几个知名学者或某个学派的成果。当下有一种潜规则就是有些杂志社要求作者尽可能多地引用你欲投稿的某刊物上的论文，也有一些作者被要求要尽可能多地引用同一个研究机构其他同事的论文。有些时候，作者也会尽可能多地引用自己曾经发表过的论文。凡此种种，都与当前刊物或论文的评价规则有紧密关系。但是，这些做法都有可能会对综合性这一特点造成潜在的影响。

（二）代表性

代表性事实上是在综合性基础上的筛选。综合性尽管要求要尽可能囊括所有研究成果，但一篇综述的容量有限，因此就涉及如何选择的问题。代表性就是要求去选择那些能对后续研究产生持续影响或起推动作用的观点或看法。最典型的就是有一定的学派传承的那类成果。

三、文献评论的思路

关于文献评论，最重要的并不是要求你忠诚地说赞成。恰恰相反，你应该指出该领域研究或研究成果的下一步研究空间在哪里。一般而言，可以从以下几方面去思考和寻找。

（一）概念的界定

某个概念可能在某作者当时撰文时是正确的，但随着时间推移以及人们理解的深入，概念本身的内涵或外延发生了变化。基于此，该作者文中建立在该概念基础上的判断和观点也随之有进一步研究或讨论的空间或必要。

（二）自变量的变化

某论文实证研究发现，某教育现象 Y 在 T 年代主要受 X_1，X_2 和 X_3 三个因素的影响。但现在到了 T+5 年代，有可能随着社会背景变化，其所受到的影响因素有增加或变化。这个假设就足以支持一项新的研究。与此同时，也就构成了文献评论的一个主要切入点。

（三）样本局限

在教育类的实证研究中，即使再怎么完善或大型的抽样，总是存在着样本局限的某些缺陷。也就是说，总是存在着被遗漏的样本。而这恰恰就给了你进一步研究的空间和机会。

（四）研究方法或工具局限。

尽管学者们之前普遍认为，某类特定的教育问题总是存在着某种相对而言较为恰当的研究方法，要么是质性研究，要么是量化研究。但现在随着教育现象复杂性的增加以及信息科技与人工智能的不断发展，越来越多的学者开始探索并倾向于使用混合研究，即既使用质性也使用量化的研究方法来推动研究。由此，这就为我们创造和引出了难以估量的新课题或新命题。另外，研究工具如问卷、量表或试题等也会不断地得到改进或优化，这也会催生一批新的研究机会。

四、文献综述的结构

这里所说的结构是指一篇文献综述的文本结构，即段落结构。一般而言，常见的有如下几种结构。

（一）年代序列式结构

这种结构就是指将某领域的研究成果按照一定的年代顺序由远及近依次叙述。这种结构与历史教科书或著作中很类似。在每一个年代或时期，撰写者还会尽可能地总结不同历史时期的特征并分析其与特定时代之间的关系。或者说，会尽可能寻找和挖掘不同历史时代的特定影响因素。诸如教育理念、教育政策的演变等议题，人们会经常使用这种结构来安排综述。在教育史领域的研究论文中，这种结构样式也被经常采用。

（二）学派发展式结构

这种结构就是指将某领域的研究成果以某些学派代表性学者的观点为主要脉络依次分别叙述。这其中，有可能会产生多种微样式。既有并列式的，即学派 A、B、C、D 相对独立的叙述；也有交叉式或分叉式的，即学派 A 中衍生出了学派 B，或是学派 A 和学派 B 的结合中生成了学派 C 等。

（三）货架问题式结构

这种结构就是指将某领域的研究成果归为某几个问题或议题并加以详细叙述。在这种结构中，问题或议题之间并不是没有一点逻辑关系，但有时候这种逻辑关系却很微弱。换句话说，它们之间的关系如同同姓家族的后代们之间的关系。由此，这类结构的综述在取材上就因人而异了。更多的时候，取材完全依赖于作者所关注的问题及其界限。如《九年一贯制学校小初英语教学衔接的调查研究》就从小初英语教学衔接的意义、现状、原因分析及举措四个方面进行综述。

上述不同结构并无优劣之分。究竟该采用哪种结构，事实上没有固定的原则或要求，这完全取决于你所研究的问题和文献的现状。可是，没有分类原则也没有逻辑地将若干研究者的成果依次引用或叙述出来的这种文献综述结构是最不可取的，却也是当前最常见的。这种做法存在以下问题：一是你为什么选取这些人的成果而不是那些人的成果？二是这些研究成果之间究竟有什么内在的关系呢？这种做法还有一个潜在风险就是会导致论文的查重率比较高。要知道，有些杂志或是研究机构对查重率都有一定的明文规定的。比较妥当的做法是，对于同一个议题，要依次表达出人们在该议题上的认识和变化过程。

在语言上，最好的做法是用自己的话概括出原作者的主要观点和主张，万不得已时才原句引用，如那些原作者提出的专门术语或概念等。也可以用自己的话把若干作者的共同或相近认识或主张概括在一起。一句话，最好的综述在语言上是用自己的话讲别人的观点。

文献综述结构的背后其实还隐藏着语言的逻辑关系问题。逻辑关系是否清晰是评价一篇论文质量的最基本标准之一。逻辑关系既体现在段与段的关系中，也存在于同一段落内的句与句的关系中。当你读完某篇论文后，你是不是觉得该文观点很多，议题也不少，但你很难用几句话概括出作者的主要观点或是你甚至不知道作者的论文到底在说什么，之所以如此，就是该论文的逻辑有问题了。

上述几个方面是撰写文献综述时必须要经历的，它实质上回答了文献"从哪里来""如何寻找""规范的文献应该是什么样子"等基本问题。当然，上述只是期望能够帮助初学者能对文献综述是什么以及怎么做有一个大体的了解和感知。事实上，要撰写出一篇好的文献综述的话，还需要较长时间的练习和摸索。读过好的文献综述和撰写好的文献综述之间其实还是有一定距离的。

尽管如此，对于科研工作者来说，撰写一篇规范的或是好的文献综述在任何时候都是一项基础性工作和"功夫"。

五、文献综述的写作方法

写文献综述可以采用"填充法"，简而言之就是画导图、列框架、不断细化内容。具体如下：

（1）一个主题。即确定论文选题，围绕这个选题查找、阅读、挖掘文献信息。

（2）一个导图（思维导图）。围绕论文选题，在阅读文献的基础上，列一个文献综述的大纲，再按照大纲一步步把内容填充进去。

尽管每个期刊、学校的要求不尽相同，但是通常论文文献综述的结构是：

主体/研究现状小结。

在这个框架的基础上，可以按照以下几个思路整理、归纳文献。

（1）时间顺序法：分析主题的历史发展脉络，按照时间顺序论述，适用于讲述对象的发展及演变历程。

（2）因果分析法：分析影响对象发展的因素，或被对象影响的因素，把每一个可能的原因/结果罗列出来，分别论述。

（3）构效关系法：适用于论述某一物质的结构、功能、应用，或一个设备的结构、功能、应用，或一个理论的释义、作用、应用等论文研究。

（4）现状对策法：适用于分析某一现象、事物的起源、发展现状、特点、存在的问题、解决对策等论文研究。

前面也提到，综述不能只"综"而不"述"。一定要在归纳整理前人研究的基础上，提出自己的见解、想法和研究思路。尤其是作为开题报告和毕业论文的一部分，在综述小结部分要提出存在的问题，也就是自己的研究要解决的问题，从而过渡到自己的研究目的、意义、内容。

六、文献撰写的误区

由于不了解文献综述的目的和意义，以为写文献综述就是简单地罗列堆砌各种观点、文章，展示自己对某一个题目或主题的了解程度，因此一些同学在写文献综述时会陷入以下几个误区。

（一）没有问题意识

为了写而写，思考洋洋洒洒写了一大堆之后，既不对文献进行分析、整理和思考，也不知道存在的问题。这样的文献综述对下一步的研究没有太大的指导作用，只是一个简单的读书笔记或读书清单。文献综述不等于剪刀加浆糊，而是需要比较、分析以及自己独立的判断。

（二）喜欢照搬照抄

文献综述多是摘抄他人的话，没有自己去总结他人的观点，用自己的话将他人文献的中心思想总结出来。

（三）偷懒、怕苦、怕累

抱着一种完成任务的心态，不是尽全力收集论文、专著、教科书、案例、判例等，而是简单的找几篇文章，资料收集不全面，许多重要的学者和重要的论著的观点没有体现出来。

第二节 案例分析

文献综述的质量对研究起着关键性的作用，本部分的案例分析选取两个类型：期刊论文和学业毕业论文。期刊论文为已经发表的论文，学业毕业论文为硕士毕业论文。

一、期刊论文

下面就以文秋芳老师发表于《现代外语》2019（3）的一篇文章为例进行说明。

辩证研究与行动研究的比较

1. 引言

2018年《外语界》第2期刊发了"'辩证研究范式'的理论与应用"，较为详细地阐述了该研究范式产生的背景、演变过程、理论框架、主要特色和应用范例（文秋芳2018a）。同年5月份，中国外语与教育研究中心和外语教学与研究出版社联合召开了第三届"创新外语教育在中国：辩证研究范式（Dialectical Research Paradigm，简称DRP）与产出导向法（Production-oriented Approach，简称POA）"国际研讨会。自此，学界提得最多的问题是：辩证研究（dialectical research1，下文简称DR）与行动研究（action research，下文简称AR）有何异同？其差异究竟体现在何处？本文致力于通过对DR和AR的系统比较回答这一问题。

2. AR和DR概述

2.1 AR的主要特点

自Lewin（1946）提出AR以来，迄今已有70多年历史。AR的基本规范已经成熟，即从现实问题出发，采用计划-行动-观察-反思的不断迭代循环（Kemmis&McTaggart 1988：11），直到问题解决，其终极目标是要将现实变得更美好（Dick et al. 2009）。《塞奇行动研究手册》（The Sage Handbook of Action Research）已经连续出售了三版（Reason&Bradbury 2006，2008；Bradbury 2011）。这表明AR已受到学界普遍认可，并得到广泛应用。该手册第一、第二版导言描述了行动研究相互依存的5个特点，还用图示方式进行了总结（见图8-2-1）。第一，AR的目标是追求人类繁荣（human flourishing），致力于改造社会现实。第二，AR的对象是与生活息息相关的实际问题（practical issues）。第三，AR 的过程不是预先完全设定好，而是不断生成、发展（emergent devel-opmental form）。第四，AR 成员需要民主参与实践（participation and democracy），即 AR 参与者一定要到实践中去，与其他参与者进行民主协商，共同探索解决问题的最佳方案。第五，AR 的意义是在行动中获得真知（knowledge in action），即参与者在不断行动过程中形成真知。

图 8-2-1　AR 的主要特点（Reason&Bradbury 2008：5）（作者自译）

2.2　DR 的主要特点

本文作者经过 20 余年的实践和摸索，逐渐形成了较为完整的 DR 理念、目标与研究流程（文秋芳 2017，2018a）。DR 有 4 个主要特点（见图 2）。第一，DR 以系统关键问题驱动。这种问题具有系统性和关键性两个主要特征。所谓"系统性"，即问题涉及现实生活中互相交织的多种复杂因素。例如，如何建设复合型外语人才培养体系曾经是上世纪 80-90 年代外语教学改革的系统问题。该问题涉及课程设置、学分总量分配、教师教学能力、学生选课制度、学生学习方式、评价手段等多个因素。所谓关键性，即该问题的解决有着"四两拨千斤"的作用。仍旧以复合型人才培养体系为例。解决这个系统问题的关键是设计科学、合理、操作性强的课程体系。需强调的是，这里的"关键性"一定针对某个问题。脱离了具体问题，关键性就无从谈起，因为解决甲问题的关键不能用于解决乙问题，必须具体情况具体分析。第二，DR 的目标是"求真、求善、求意"同步。"求真"意味着追求创新理论的构建；"求善"意味着解决现实中存在的难题，以改变不完美之处；"求意"意味着充分理解和分析研究所涉及的重要现象产生的原因。DR"求真、求善、求意"的同步目标是：优化理论-优化实践-优化阐释。这个三位一体的目标不可能一次实现，需要多次迭代循环，才能逐步达到理想水平。第三，DR 研究流程为学习借鉴-提出理论-实践理论-反思阐释一体化。这四个阶段不是互相割裂、线性的研究流程，而是相互关联，彼此互动的整体。逻辑上说，DR 在找出研究问题后，在学习和借鉴他人或自己过去的理论和实践的基础上，构建创新性的理论框架，然后将其应用到实践中去检验；实践后再进行反思和阐释，对实践中出现的问题，进行集体性反思和研讨，力图给出合理解释，再进入下一循环。而在实际操作中，4个阶段无法截然分开。例如学习借鉴不仅发生在 DR 的初始阶段，而且发生在后续的 3 个阶段中。同样，反思阐释也是如此。除了有集中性的反思阐释外，它还应该与其他 3 个阶段随影同行。第四，DR 团队必须是多种类型人员组成的协作共同体，其中可包括专家型研究者、教师研究者、教材出版者、能够调动行政资源的"双肩挑"领导等。如果 DR 关注的问题涉及整个院系，这时就必须要有对全局具有决策权的人参与。DR 团队领导可由 2-3 人组成。这些领导者须具有全局性系统思维能力、改革创新能力、人际沟通能力、统筹兼顾能力，善于调动团队成员的积极性，并参与整个研究项目的设计、实施、评估和调整的全过程（文秋芳 2018a）。

以上 4 个特点相互依赖、相互联系，之间存在着互动关系，均由双向箭头相连（见图 8-2-2）。但这 4 个特点并不处于同等位置，"系统关键问题驱动"位于中心，是 DR 的出发点和其他 3 个特点实现的驱动力。

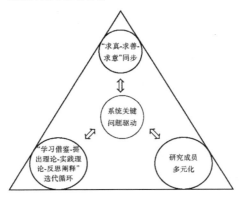

图 8-2-2 DR 的主要特点

在这篇研究论文中，作者目的是进行辩证研究 与行动研究有何异同？所以在文献综述中，作者首先展示了各自的主要特点，在论述的过程中，层次清楚，语言凝练，并附有图表进行说明，真正达到明明白白，清清楚楚。

二、硕士毕业论文

下面以李文同学的硕士毕业论文——基于"投入量假设"的不同阅读任务对词汇附带习得的实证研究为例来说明"文献综述"的撰写。

一般情况下这部分包含五部分内容：①关键术语的理论定义；②从理论的角度对选题进行审视；③对相关的实证研究进行评价；④对相关研究

设计（包括相关的研究工具）给予批判性评价；⑤研究的理论框架。

首先作者说明了本章的主要内容。在 2.1 部分首先介绍了相关概念的界定。我们详细阅读一下此论文。

第二章　文献综述

这一部分首先主要阐述了双语教学的主要内容，包括双语教学的定义和目标，以及双语教学模式的类型。然后介绍了词汇习得的有意习得和附带习得，词汇附带习得的定义及投入量假设的理论。最后，对国内外对词汇附带习得和投入量假设的研究进行了详细的说明。

2.1　双语教学

目前，随着中国的发展和加入世界贸易组织，中国无疑将需要越来越多的"复合型专业人才"，即既精通自己的专业领域，又精通外语交流的专业人才。Krashen Stephen 在《文摘》中阐述了双语教学的基本合理性和一些研究成果。首先，双语教学有助于强化学习中的知识和素养。孩子们可以通过他们的母语获得知识，并驾驶英语，他们听和读更容易理解。读写能力从他们的第一语言发展到英语。其次，良好的双语教学有助于提高英语水平（Krashen，S，http：//www.ericdigests.org/1997 - 3/bilingual.html）。

2.1.1　双语教学的定义

就定义而言，目前对双语教学并没有固定的定义，具体解释如下：1987 年联合国教科文组织定义的双语教育是指使用两种不同教学语言的教育体系，其中一种语言不是学习者母语语言。B. Grabe 教授认为双语教学"语言是学习内容的媒介，内容是学习语言的资源"。而双语教育被公认为内容与语言的结合学习和以内容为基础的语言教学。

根据《朗文语言教学与应用语言学词典》的定义，双语教学是指在学校中使用一种第二语言或外语进行内容学科的教学。

双语教学包括用两种不同的语言在学校中教授任何非语言科目。因此，教学采用母语和一种少数民族语言进行，或者采用母语和一种外语进行，每种语言按照程序模式使用不同的数量（欧卫红，2009：44）。

通过对双语教学的各种定义，可以将其分为两种类型：一种是广义的双语教学，指的是在学校的所有教学活动中都使用两种语言进行的教育。第二种是狭义的双语教学，即对一些非语言学科，如数学、物理、化学、历史、地理等，使用第二语言或外语进行教育。而中国的双语教学属于狭义定义（王斌华，2003：4）。

必须指出的是，双语教学的定义倾向于王宾华的观点，即狭义的定义。

在此处，作者明确指明了自己研究的定义界定为王宾华的观点，即狭义的定义，这对于研究来说至关重要。

2.1.2 双语教学的目标

要了解我国双语教学的目标,就必须与国外双语教学相结合。在国外开展双语教学,不仅仅是为了培养双语人才或追求共同语言,也是为了一些社会和政治需要,如种族同化、文化认同和社会稳定,有时也是为了避免分裂和民族和谐共存的考虑。以美国这个多民族国家为例,面对不同的民族和语言,学校在同化移民学生方面起着至关重要的作用。使学生接受普通的英语教育,培养掌握英语的能力,使学生具有自力更生、乐观主义、个人主义和民族主义的精神(王斌华,2003:10-19)。在中国,实施双语教学的目的是帮助学生提高英语水平,为国家培养足够的双语人才,以满足国家和学生的需要。人们普遍认为英语是世界上的主要语言,拥有专业知识和外语的复合型专业人才是适应中国快速发展的。此外,双语教学可以培养学生的思考能力、解决问题的能力、认知能力甚至创造力(欧卫红,2009:55-57)。必须承认双语教育是帮助学生适应世界变化的最好方式。

2.1.3 双语教学模式的类型

根据《朗文语言教学与应用语言学词典》的定义和国外双语专家的研究成果,双语教学方案的模式可分为以下几类:(1)浸入式程序化教育:教师在学校使用一种不是学生母语的第二语言进行教学。(2)维持型双语教育:教师使用学生的母语进行教学,部分学科使用第二语言,其他教师仍使用母语。(3)过渡性双语教学:学生入学时教师使用部分或全部母语,然后转变为绝对使用第二语言。(4)英语浸入式:教师努力使用英语,特别是一些简化的英语进行教学,以迫使学生在更短的时间内掌握英语以及内容知识。(5)双向双语教育:教师使用母语和第二语言进行教学。在这种情况下,学生已经掌握了第一语言,而学习的目的就是同时掌握语言。老师们总是和其他人一起授课,每个人都负责一门语言(欧卫红,2009:45-47;范钛,陈小凡,2003:418-421)。

必须注意的是,尽管双语教学模式存在着不同的情况,但应根据具体情况和目标采取相应的双语教学模式。对于英语初学者,特别是初中生,我国一些地区和试点学校通常采用维护性双语教学。因为这种模式符合中国的实际情况,有利于提高学生的认知发展。

通过不同教学模式的介绍,作者明确表明了自己研究的模式:采用维护性双语教学。

2.2 词汇附带习得

随着交际教学法在近二十年来的快速发展和广泛应用,词汇习得受到了该研究领域大多数研究者和学者的密切关注。许多研究者都在努力探索适应学生词汇学习的有效方法。在这一研究领域中,对词汇理解法的研究发展迅速,经常被认为是一种更快更容易地获得词汇的方法。

2.2.1 词汇习得的目的和附带性

在学习词汇附带习得之前,我们不能忽视有意识的词汇习得。根据 Laufer 的观点,有意识的词汇习得是指学生有意识地背诵和回忆词汇。例如，根据单词表背诵新单词或做专门的词汇练习（Laufer，1998：255-271）。Schmidt指出词汇附带习得与有意词汇习得有关（Schmidt，1994，引自Laufer & Hulstijn，2001：1-26）。在记忆词汇的过程中，大量的新单词不是通过有意识的词汇习得，而是通过做一些其他的练习或活动，如阅读、听力、口语甚至写作活动来学习的。诚然，这可能不是所有的知识的新单词，因为学生可能只是记住单词的拼写，单词的意思或单词类，等等。即便如此，通过多次接触这些单词来积累零碎的知识也是相当可观的。我们获得所谓"副产品"的过程就是我们偶然获得词汇的过程，也就是词汇附带习得。

与有意词汇习得相比，有意性词汇习得更注重词汇和所构建的语言系统所具有的交际功能。在某程度上，这种学习方法可以使学生在偶然的情况下习得词汇，同时也训练了一些语言技能，如读、听、写、译。这种系统的词汇可以用来描述特定的话题或特定的环境。在真实的环境中，深刻地记忆和正确地使用这类单词比仅仅死记硬背要容易得多。

虽然对词汇附带习得没有单一的定义，但大多数研究者认为二语学习者习得的词汇是认知行为过程中的一种"副产品"（Coady & Huckin，1997）。而意向性和独立自主性的区别在于，是否要求二语学习者在完成学习任务后进行词汇测试，以及在完成学习任务时不注意词汇（Eysenck，1982：197-228）。

2.2.2 词汇附带习得的定义

Gibson所做的"连环画"实验可能是词汇附带习得最早的实验。Gibson认为语言可以通过重新排列无序的故事的过程来获得词汇。但当时他还没有提出词汇附带习得的概念（Gibson，1975：149-154）。随后，Nagy、Herman和Anderson在对儿童母语学习的研究基础上提出了词汇附带习得假说的概念。他们认为，仅仅通过有意识的词汇习得是不可能习得母语词汇的。相反，在大多数情况下，它可能是通过词汇附带习得学习词汇的（Nagy，Herman & Anderson，1985：233-253）。而Nagy等人被认为是最早提出词汇附带习得概念的学者。Coady和Huckin认为词汇附带习得是认知行为的"副产品"，这种"副产品"可以通过做一些其他的语言技能活动如读、说、听、写等获得（Coady & Huckin，1997）。Nation认为，词汇附带习得是指第二语言学习者的注意力集中在其他方面，特别是语言转移的信息。L2学习者可以偶然习得词汇，不应该死记硬背（Nation，1998，引自黄传梅，2010：48-49）。在目前的研究中，对于词汇附带习得的统一定义，我们没有明确的结论。相比之下，Laufer和Hulstijn对词汇附带习得的定义得到了更多的认同。他们认为词汇附带习得与有意词汇习得有关。第二语言学习者可以在阅读、听音乐等其他活动中获得词汇。可能二语学习者的思维并没有集中在新单词上，但是他们已经掌握了不熟悉的单词（Laufer & Hulstijn，2001：1-26）。

而本文对词汇附带习得的概念或定义更倾向于Laufer和Hulstijn的观点，认为词汇附带习得是二语学习者在完成其他一些语言技能活动时偶然获得词汇的过程。

通过论证，作者明确表明了自己研究的词汇附带习得的概念或定义：倾向于Laufer和Hulstijn的观点，认为词汇附带习得是二语学习者在完成其他一些语言技能活动时偶然获得词汇的过程。

下面作者继续介绍研究的理论：投入量假设

2.3 投入量假设

随着 IVA 研究的深入，Laufer 和 Hustijn 在 2001 年提出了"投入量假设"。该理论从认知心理学的角度解释介入负荷，力求从动机和认知两个维度量化介入负荷。

关于词汇记忆的决定因素的假设是："偶然处理单词时，单词的记忆取决于任务中的下列因素：需要、搜索和评价"。这三个因素结合在一起就是参与。参与性指的是"被视为一种动机-认知结构，它可以解释和预测学习者在记忆不熟悉的单词方面的成功程度"（Laufer & Hulstijn, 2001：14）。

根据这一假设，存在三个因素："需要"、"搜索"和"评价"。需要是指"实现的需要"，即"满足任务要求的一种动力"（Laufer & Hulstijn, 2001：14）。"需要"属于激励，可以分为强激励和适度激励。强动机是指学习者为了完成一项任务而自发产生的内在需要。适度动机是指学习者在别人的要求下完成一项任务的外部需要。有时，学习者为了达到阅读目的或理解句子的意思，需要将"need"解释为对某些词的意思的需要。

根据 Laufer 和 Hulstijn 的观点，"需要是适度的，是由外部因素施加的，例如，需要在句子中使用老师要求学习者说出的单词。"当学习者自己或自己强加给他时，需要是强烈的（Laufer & Hulstijn, 2001：14）。"搜索"和"评价"属于认知维度。"搜索是指通过查阅词典或其他权威人士（如教师），试图找到一个未知的二语单词的意思，或试图从表达一个概念中找到二语单词（如试图找到一个一语单词的二语翻译）"（Laufer &Hulstijn, 2001：14）。"搜索"指的是学习者试图理解一个新词或通过查字典或向权威人士请教来找到一个合适的词来表达一个概念的情况。"评价是指将一个词与其他词进行比较，将一个词的特定意思与其他意思进行比较，或将这个词与其他词结合起来，以评估一个词（例如形-意对）是否符合上下文"。"评价"发生在完成阅读任务的过程，它是指确定是否一个特定的词可以正常使用在一个特定的上下文通过比较这个词与其他词或审查特定词的搭配与他人（Laufer & Hulstijn, 2001：14）。

Laufer 和 Hultijn 认为，"在其他因素相同的情况下，处理过高介入负荷的词比处理过低介入负荷的词更容易被保留"（Laufer & Hultijn, 2001：15）。

一般来说，第二语言学习者，特别是低水平的学习者，如果有必要和可能的话，总是通过上述三种方法来获得单词的意思。而高级词汇则采用猜词的方法，即通过语言线索和语言外线索推断出符合特定语境的词语，从而获得词义。在阅读任务中，这三个因素比其他因素更容易发生。这三个因素及其强弱程度可以用"介入指数"来描述。将"介入指数"分为三个阶段（分别为 0，1，2）。"0"表示二语学习者在执行任务时没有因素；"1"表示存在程度较弱的因子；"2"是指产品中有一个程度较强的因素。

Table 2.1: The Weight of the Construct of Involvement

Dimensions	Cognitive dimension						Motivational dimension		
Components	Search			Evaluation			Need		
Involvement load	−	0	Not involved	−	0	Not involved	−	0	Not involved
				+	1	Comparing different words or senses	+	1	Externally imposed
	+	1	involved	+ / +	2	Syntagmatic decisions to make	++	2	Self-imposed

Source: Laufer and Hulstijn (2001)

由于任务诱发了中度需要（教师强加的），我们用"+"表示中度需要，通过分数计算为"1"；如果没有搜索，我们使用"−"来表示缺少该组件，该组件计数为"0"。我们使用"++"来表示一个较强的评价，通过使用分数来计算为"2"，因为一个特定的单词可以在特定的上下文中被恰当地使用，方法是将该单词与其他单词进行比较，并回顾其搭配。表 3.1 给出了参与结构的权重。

Table2.2 Task-induced Involvement Loads

Task	Target words	Need	Search	Evaluation	Total
1. Reading and comprehension questions	Glossed in text but irrelevant to task	−	−	−	0
2. Reading and comprehension questions	Glossed in text and relevant to task	+	−	−	1
3. Reading and comprehension questions	Not glossed but relevant to task	+	+	−/+ (depending on word and context)	2or3

续表

Task	Target words	Need	Search	Evaluation	Total
4. Reading and comprehension questions and filling gaps	Relevant to reading comprehension. Listed with glosses at the end of text	+	–	+	2
5. Writing original sentences	Listed with glosses	+	–	++	3
6. writing a composition	Concepts selected by the teacher (and provided in L1). The L2 learner-writer must look up the L2 form	+	+	++	4
7. writing a composition	Concepts selected (and looked up) by L2 learner-writer	++	+	++	5

Source：Laufer and Hulstijn (2001)

阅读过程中"投入量假设"对词汇附带习得的影响可以用"介入指数"来评价。高投入负荷的任务比低投入负荷的任务在IVA和保留率上更有效。在其他因素相同的情况下，教师/研究者设计的高投入任务比低投入任务在词汇记忆方面更有效（Laufer & Hultijn，2001：17）。表2.2显示了Laufer和Hultijn研究中的任务诱导参与负荷。

通过此部分的论述作者介绍了理论：投入量假设的定义、操作方法及赋值，并且赋有图表说明，做到了清楚明了。紧接着，作者介绍有关学者的研究。

2.4 词汇附带习得和投入量假设的研究

自Nagy、Herman和Anderson提出IVA概念以来，众多研究者对其进行了关注，并在二语习得领域进行了相关的实证研究。一些研究表明，深度加工的任务更容易有效地促进附带词汇的习得（Hulstijn，1992；Knight，1994；Watanabe，1997，引自李燕，2008：6-9）。但是，由于缺乏科学的标准来评价不同任务对IVA的影响，"深度"的程度仅局限于理论分析层面，无法进行定量分析。为了解决这个问题，Laufer和Hulstijn提出了"投入量假设"。

2.4.1 词汇附带习得的实证研究

自20世纪80年代以来，词汇附带习得的研究一直受到重视和研究，研究范围广泛。一般来说，词汇是可以通过培养其他语言技能的同时获得的，所以以下是一些主要的成就，在东方和西方。

2.4.1.1 国外

自 20 世纪 80 年代企业价值概念提出以来，已有大量从不同角度对其进行的实证研究。在此，笔者将选取一些典型的研究来说明词汇附带习得的发展。

纵观国外的相关研究，我们可以从以下几个方面进行探讨。在听的过程中，很少有研究者或学者仅仅从听的角度来研究词汇附带习得，因为听和说是分不开的。这一领域的研究者在词汇附带习得的调查中，通常采用 "Retell"，包括 "4-3-2" 和 "questions Retell"。所谓的 "4-3-2" 是指三个听者复述同一个句子。第一个人用 4 分钟对第二个人复述句子，第二个人用 3 分钟对第三个人复述，最后一人用 2 分钟。"提问式复述" 的方法与前者相似。不同的是，当第一个人复述第二个时，两者都可以提出问题，这类似于面试，问题可能涉及生词。通过这种方式，他们在复述和不断提问的过程中附带地获得词汇（引自盖淑华，2003a：73-76）。本研究再次验证了听力过程中的词汇附带习得。Giovanna D. 进行了一项很有意义的研究——"教师谈话"，分析了输入和理解的关系。本研究比较了教师和学生之间的口语输入和文本输入，分析了综合能力对语言学习者的不同影响。研究统计表明，语言学习者在课堂上可以获得大量的词汇，尽管教师和教材提供的语言环境相似，但前者产生的词汇要比后者多得多（Giovanna D.，2007：103 - 125）。Dupuy 和 Krashen 进行了研究，以证明看和听可以促进词汇附带习得。他们让学生在 5 分钟内观看新的电影片段，并强迫观看者和不观看者做一些词汇测试，研究结果显示实验组的分数远远高于对照组（Dupuy & Krashen，1993：55-63）。此外，也有一些关于自我增值的实证研究，如 Elley 基于"听故事"对自我增值的效率进行了研究（Elley，1989：174-187）。Gibson 对口语习得词汇进行了实证研究。"连环画"的做法是让每个人先记住故事中出现混乱的句子，然后再决定哪个是第一个句子，哪个是第二个句子。通过这种方式，二语学习者可以重新排列无序的故事，顺便获得词汇（Gibson，1975：149-154）。此外，J. Newton 发现，语言学习者之间的口头讨论可以附带促进词汇的习得，同时听众也有一定的 IVA（Newton，1993：159-177）。

众所周知，阅读可以扩大词汇量，通常是在阅读过程中偶然获得词汇量。几乎所有的研究者都认为阅读是一种偶然习得词汇的有效方式，并在这方面做了大量的实证研究。一般来说，学生只要能识别出 95%-98% 的单词，或者每一页都能识别出几个新单词，就能取得显著的进步。值得一提的是 Elley 进行的一项名为 "book blood" 的研究。实验规模巨大，参与实验的人数从数百人到数万人，年龄从 6-12 岁不等。他们使用的书籍不是课堂上的教材，而是英语国家的必读书籍。两年后，实验学生的口头表达、阅读理解和书面交际能力都有了显著提高，尤其是书面表达能力和词汇知识（Elley，1991：375-411）。

在一些关于阅读的书面调查中，我们不能忽视阅读的过程，因为阅读的过程通常是同时进行的。根据 Cheryl Walker 的实验，本研究将"写作文"和"游戏谈话"引起的词汇习得进行了比较，结果显示"写作"组的词汇习得分数远远高于"游戏谈话"组。这说明以写作为主导的词汇附带习得优于"游戏谈话"（Cheryl Walker，2001，引自 Gai Shuhua, 2003a: 282-286)。就像 Laufer 和 Hulstijn 所做的著名的实验一样，这个
实验我们将在下一章重点讨论，也涉及到阅读和写作的对比。

Pulido 主要考察了阅读材料中所涉及的话题熟悉程度和语言学习者的阅读能力对
IVA 的影响，得出的结论是话题越熟悉，生词习得越好；第二语言学习者的能力越高，
偶然习得的词汇越多（Pulido, 2003: 233-284）。此外，也有学者关注并研究了阅读中
词汇附带习得的词汇量。例如，Hirsh & Nation，坚持认为，语言学习者应该掌握5000
词族获得偶然习得的词汇更多更好，他们表示，如果不熟悉的单词的数量2%以上，外
语学习者的词汇附带习得陷入困境（Hirsh & Nation, 1992: 689-696）。Nation 和 Hwang
认为语言学习者在阅读材料中必须拥有 84% 的单词（Nation & Hwang, 1995: 35-41）。
Laufer 认为 84% 是远远不够的，语言学习者在阅读材料中至少要掌握 95% 的单词，才
能猜出生词的意思，附带习得生词（Laufer, 1997, 引自 Schmitt, 1997: 140-155）。
Laufer 和 Nation 认为，第二语言学习者要想了解课文的主要内容，必须掌握课文中
98% 以上的视觉词汇。只有在这个水平上，第二语言学习者才有可能附带习得词汇
（Laufer & Nation, 1998: 33-51）。研究者对阅读中的词汇量有不同的看法，但二语研
究者基本同意这一观点：二语学习者的词汇量影响其词汇附带习得，在相同的情况下，
词汇量较高的二语学习者能够获得更多的新词。

综上所述，以往的研究从听、说、读、看、写等不同角度分析和调查了词汇附带
习得对词汇学习的影响。一些研究者认为，话题的熟悉程度和词汇量的大小也会影响
词汇附带习得。他们强调了词汇附带习得的重要性，并指出学生可以通过训练一些其
他的语言技能来偶然地获得词汇，研究结果表明，这种效果比有意识的词汇习得要好
得多。

2.4.1.2　国内

随着信息技术在国外的蓬勃发展，信息技术在词汇习得中的作用日益受到重视。
国内许多学者对此进行了详细的研究，其中，以下的实证研究可能是影响最深远的。

盖树华的论文设计了不同的阅读目标和相关任务，并希望探讨中国英语专业学生
的词汇附带习得，以及词汇量和学习策略的影响。本研究结果表明，不同的阅读目标
和词汇量对语篇习得有显著影响：读后复述比用语篇阅读后回答问题更有效，词汇量
较大的学生习得的可能性较大。然而，本研究并未发现不同学习策略对词汇附带习得
的影响（Gai Shuhua, 2003b: 282-286）。

根据李红、田秋香的论文，讨论了企业价值的定义和相关解释，阐述了与企业价
值相关的一些实证研究和理论假设，以及在企业价值研究中应注意的几个问题。他们
指出，词汇附带习得应该重视最小的接受性词汇量，而"偶然"的因素很难控制，因
为被试有主动学习新单词的可能性。此外，他们认为在词汇学习中，词汇附带习得和
有意习得是分不开的。这两种方法本身没有优劣之处，最好的词汇习得方法是将两种
方法最好地结合起来。最后，两位研究者认为，很大一部分研究强调了成人的词汇附
带习得，而忽视了 L2 初学者。由于母语往往是通过词汇附带习得的，因此一些相关研
究需要进一步研究（李红 & 田秋香，2005: 52-53）。

许洪通过实证研究研究了词频对英语词汇附带习得的影响。本次实验的 55 名被试均为非英语专业的大二学生。研究人员让受试者在 35 分钟内阅读一篇 3332 个单词的英语故事，然后让他们做多项选择题和填空。研究结果表明，两种试验中词汇附带习得的发生率均在 20%左右。在多项选择题测试中，词频与词汇净百分比呈显著相关，与填空题相反。学生只需要与某个单词接触 14-17 次就能掌握它。被试的词汇量与前测和后测成绩均有显著的相关性，但与词汇量的增加量没有显著的相关性。研究表明，将词汇附带习得与有意识词汇习得相结合是有益的（许洪，2006：105-110）。

王改燕通过对 60 名大学英语专业学生的实证研究，证明了二语学习者可以获得一定数量的词汇知识，包括词汇形式和词汇意义，并且可以强制形成长时间记忆，尽管数量有限。本研究结果证实了在阅读过程中，二语的整体熟练程度、词汇知识和母语水平之间存在正相关关系。她强调教师应该让学生注意新单词，特别是新单词的词汇形式。学生应该运用他们所掌握的知识来预测词汇的意义。此外，必须指出的是，在自然阅读中，词频对于词汇记忆至关重要（王改燕，2009：48-53）。

此外，还有许多学者在这一研究领域进行了研究，如雷磊等，汪徽，翟丽霞等（雷磊等，2007：53-56；汪徽，2005：47-52；翟丽霞，2002：100-102）。

总而言之，一些实证研究结合了我国学生的实际情况，取得了丰硕的成果和宝贵的经验。这些研究都表明词汇附带习得在词汇学习中至关重要，并从词汇量、词频、英语整体水平和词汇知识与词汇附带习得的不同角度进行了实证研究。

2.4.2 投入量假设的实证研究

随着 2001 年 Laufer 和 Hulstijn 提出 "ILH" 假说，国内外对该假说进行了相关的实证研究。国外对这一假设的实证研究较少，国内较少。鉴于此，笔者将提供一些经典研究来展示国外在这一领域的研究现状。

2.4.2.1 国外

Laufer 和 Hulstijn 在荷兰和以色列的实证研究中，所有的研究对象都是英语专业的大学生。两名研究人员将受试者随机分为三组，分别要求他们完成三项不同的任务（阅读理解、阅读理解加完形填空、目标词写作）。每组被要求在限定时间内完成一项任务（Task1：40-45 分钟；Task2：50-55 分钟；Task3：70 - 80 分钟）。在完成三个任务后，所有被试同时接受即时测试和一周后接受延迟测试，即时测试和延迟测试都与目标词有关。以色列组的结果完全支持 "投入量假设"，但荷兰组的结果表明，前两项任务与 IVA 的效果没有显著相关性。因此，本研究部分支持了该假设。Laufer 和 Hustijn 没有对实验结果的差异做出任何解释（Laufer & Hulstijn, 2001：1-26）。

Kim 继续对 "投入量假设" 进行了实证研究，包括两个实验。本研究的研究对象为英语专业的学生，他们被分为两组，高熟练和低熟练，在相同的时间内完成三项任务（阅读理解；阅读理解加完形填空；用目标词造句）。第一个实验的目的是研究不同任务诱导的投入负荷对不同水平的二语学习者记忆的影响。结果表明，在即时测试和延迟测试中，高介入负荷任务的效果优于低介入负荷任务。第二个实验考察了在写作和造句任务中相同的投入负荷（投入指数：3）在不同的小组中会产生相同的效果。结果表明,相同的投入负荷任务对高熟练组和低熟练组的保留率都有相同的影响。Kim研究了语言水平和任务诱导的参与负荷对IVA的交互作用,发现语言水平对IVA的影响没有统计学意义(Kim, 2008: 285-325)。

Keating对79名西班牙语学习者进行了实证研究,为"投入量假设(ILH)"提供了实证支持。在不同的投入负荷下,他设计了阅读理解、填空阅读和句子写作三个任务。根据Keating的设计,Task 1需要适度的需求,不需要搜索,也不需要评估。因此,总介入指数为1。Task2诱导了适度的需求和评估,但没有搜索。介入指数为2。Task3诱导了适度的需求,没有搜索和强烈的评估。介入指数为3。在学生分别完成三个任务后,他们将接受即时和延迟的接受性知识和生产性知识测试。实验结果表明,词汇保留效果在Task3中最高,在Task2中最低,在Task1中最低,与"投入量假设"一致。然而,当考虑到在不同任务上花费的有限时间时,在"ILH"中最具参与性的任务的有效性就丧失了(Keating, 2008: 365-386)。

尽管对"投入量假设"的分析基于大量的实验研究,但必须注意的是,很少有直接检验"ILH"的实证研究,国外仅有三项研究(Laufer & Hulstijn, 2001: 1-26; Kim, 2008: 285-325; Keating, 2008: 365-386)。

综上所述,"投入量假设"自2001年提出以来,在该研究领域引起了广泛关注。这一著名的假设有助于推动对IVA的研究从纯理论分析水平上升到定量研究水平。但事实证明,这一理论和一些相关的实证研究还有待完善,目前还没有一个单一的结论。因此,有必要在另一种情况下验证这一假设。

2.4.2.2 国内

随着国外"投入量假设"研究的蓬勃发展,我国一些著名学者近年来开始对该领域进行探索,但人数相对较少,结论也不一致。笔者将选取一些国内知名学者的研究成果,详细展示"投入量假设"的发展历程。

黄燕进行了一项实证研究,旨在探究不同水平的英语学习者对英语母语价值的影响。本实验的三个阅读任务是:选择题涉及目标词;用目标词填空;用目标词造句。即时测试结果显示,目标词造句在词汇附带习得上的效果优于其他两项任务,而延迟测试则显示只有造句和多项选择题存在显著差异。从这个角度来看,黄燕认为"投入量假设"并不完全正确,并指出"投入负荷"必须考虑时间和英语学习者的不同水平(黄燕, 2004: 386-394)。

段士平和严辰松的论文研究了在阅读同一篇英语阅读材料时,多项选择加注、单加注和不加注对词汇附带习得和生词记忆的影响。结果表明,在短期记忆和长期记忆中,多项选择记忆比单一记忆和不记忆更有效。词汇量大的学习者,其词汇附带习得和保留率也较高。本研究发现,多项选择注释对词汇附带习得和维持记忆最有利。因为猜测词比注释词更容易被学生记住,这与Laufer和Hulstijn的假设是一致的(段士平&严辰松, 2004: 213-218)。

吴建设等为了再次检验和验证"投入量假设",对北京第二外国语大学英语专业的

115 名二年级学生进行了实证研究。本研究采用被试实验、问卷调查和问卷调查相结合的方法来验证 Laufer 和 Hulstijn 的"投入量假设"。本研究结果在一定程度上支持了"投入量假设",即高介入负荷任务比低介入负荷任务在 IVA 上更有效。他们还指出,在相同的涉入负荷下,应该考虑生产性词汇和接受性词汇对词汇附带习得的不同影响,以及单义或多义词汇是否会影响"搜索"变量(吴建设等,2007:360-366)。李燕通过对四种不同涉入负荷任务对生产性词汇习得的影响进行了实证研究,验证了"非生产性"词汇习得的合理性。她从四个自然班中挑选了 133 名非英语专业的大一学生,让他们阅读相同的阅读材料,然后完成阅读理解、填空、查字典填空、用字典写作四项不同的任务。在他们完成所有的任务后,受试者被要求完成一个关于目标单词的即时测试和一个延迟测试。结果表明,"投入量假设"并不完全正确。她认为,虽然参与负荷较高,但以意义加工为目的的任务并不能顺便有效地促进生产性词汇的习得。她指出,我们应该充分利用阅读理解和听英语音乐来促进生产性词汇的习得。要掌握难度较大的生产性词汇,应考虑词汇无意学习与有意学习相结合(李燕,2008:6-9)。此外,还有一些对"投入量假设"的实证研究,如侯冬梅、周勤、吴旭东等。

李燕通过对四种不同涉入负荷任务对生产性词汇习得的影响进行了实证研究,验证了"非生产性"词汇习得的合理性。她从四个自然班中挑选了 133 名非英语专业的大一学生,让他们阅读相同的阅读材料,然后完成阅读理解、填空、查字典填空、用字典写作四项不同的任务。在他们完成所有的任务后,受试者被要求完成一个关于目标单词的即时测试和一个延迟测试。结果表明,"投入量假设(ILH)"并不完全正确。她认为,虽然参与负荷较高,但以意义加工为目的的任务并不能顺便有效地促进生产性词汇的习得。她指出,我们应该充分利用阅读理解和听英语音乐来促进生产性词汇的习得。要掌握难度较大的生产性词汇,应考虑词汇无意学习与有意学习相结合(李燕,2008:6-9)。此外,还有一些对"ILH"的实证研究,如侯冬梅、吴旭东等。

回顾国内以往的研究,我们可以发现对"ILH"的研究已经取得了突破性的进展,使我们向这一研究领域又迈进了一步。但在以往的研究中仍存在一些不足之处。首先,在以往的研究中,几乎所有的研究对象都是本科生或大学生,所以我们很容易忽视 L2 初学者,尤其是初中生的关注。其次,由于研究方法和测量工具的不足,对这一假设还没有普遍的结论。因此,从另一种情况来看,它是值得检验的。第三,尽管已有研究表明第二语言学习者的学习策略非常重要,但很少有专门的实证研究对此进行探讨。

基于以上分析,本文拟以双语初中生为研究对象,对"ILH"进行测试,试图了解他们的词汇学习策略。

在进行国内外研究的综述时,切忌记流水似的从古至今进行日记式的罗列,要分层次,紧密结合自己的研究主题进行归纳总结。作者就抓住了自己研究的主题,分为两个部分:词汇附带习得的实证研究和投入量假设的实证研究。在进行总结别人的研究时,举例要具有代表性,分层论述,既有介绍又有评价，在最后又有小结，从而自然而然提出自己的研究空间，展开自己的研究主题。只有这样才达到文献综述的目的，也就是文献总数之意义所在。

第三节 常用表达

（1）相关文献的总体状况常用表述如下：

A growing body of literature has investigated classroom-decision.

不断增长的文献已经研究了课堂决策。

During the past centuries, much more information has become available on⋯.

在过去的几个世纪中，有关⋯⋯的信息越来越多。

What we know about classroom-decision is largely based upon empirical studies that investigate how⋯.

我们对课堂决策的了解很大程度上基于调查⋯⋯的实证研究。

Traditionally, it has been argued that⋯.

传统上，一直在争论⋯⋯。

More recent attention haspaid on the provision of⋯.

最近更多的注意力集中在⋯⋯

Over the past decades most research in classroom-decision has emphasized the use of⋯.

在过去的十年中，课堂决策的大多数研究都强调了⋯⋯的使用。

There is a large volume of published studies describing the role of classroom-decision.

大量已发表的研究描述了⋯⋯的作用。

In recent years, there has been a growing amount of literature on⋯.

近年来，关于⋯⋯的文献越来越多。

（2）具体某个作者或研究者的观点表述如下：

Investigations such as that conducted by Tom（1999）have shown that⋯.

诸如 Tom（1999）进行的调查表明⋯⋯

It showed/ demonstrated/ investigated / the differential impact of formal and non-formal education on learning efficiency.

它表明/证明/研究了正规和非正规教育对学习水平的不同影响。Many scholars have argued that…. (e. g. Tom , 1999; Smith, 2018)

许多历史学家认为……（例如, Tom , 1999; Smith, 2018）。

Several attempts have been made to explore the motivation.

为探索动机做了一些尝试。

Several studiesso far have linked A with B.

迄今为止，已有几项研究将 A 与 B 关联起来。

Several studies have revealed that it is not just A that acts on….

多项研究表明，对……起作用的不仅仅是 A。

Several works of Tom have been published, who (2013) presents….

Tom 的一些作品已经出版，他（2013）提出……

Data from several sources have identified the increased competition associated with anxiety.

来自多个来源的数据已确定竞争的增长与焦虑有关。

Previous studies have reported/indicated that….

先前的研究已经报道……。

Previous research has indicated that various indicators have a positive impact on motivation.

先前的研究表明，各种指标对动机有积极影响。

Previous research findings intomotivation have been inconsistent and contradictory.

以前对动机的研究发现一直前后矛盾。

Numerous studies have attempted to explainthe cause of….

许多研究试图解释……的原因。

A and B have been identified as major contributing factors for the increasing of anxiety .

A 和 B 已被确定为导致焦虑增长的主要因素。

A has also been proved to reverse the active effects of B in….

A 还被证明可以逆转 B 在…. 中的积极作用。

There is a consensus amonglinguists that…. (Tom , 1999; Smith, 2018).

语言学家之间的共识是……（例如, Tom , 1999; Smith, 2018）

Recent evidence suggests/shows that…. (Tom , 1999; Smith, 2018).

最近的证据表明……（Tom ，1999；Smith，2018）

Several studies investigating learning motivation have been carried out on….

关于……，好几个调查学习动机的研究已经正在进行。

At least 30 case-control studies worldwide have examined the correlation between…..

全世界至少有 152 个案例研究……之间的关系。

The causes ofA have been widely investigated

A 的原因已被广泛研究。

Factors thought to be influencing classroom-decision have been explored in several studies.

在几项研究中已经探索了认为影响课堂决策的因素。

It has been suggested that A are independent of the size of the B .

已经表明，A 与 B 的大小无关。

…… is one of the most popular teaching methods following Task–based teaching method .

……是任务型教学法后最受欢迎的的教学法之一。

It analyzed the data from several countries and concluded that……

分析了来自几个国家/地区的数据并得出结论。

Itreviewed the literature from the period and found no evidence for this….

回顾了这段时期的文献，并没有发现任何证据……

It interviewed 30 subjects using semi-structured outline.

使用半结构化方式对 30 名被试进行了访谈。

It carried out a number of investigations into the learning motivation.

对 学习动机行了许多调查。

It used a survey to assess the various factors affecting on learning strategy.

用调查来评估各种影响学习策略的因素。

Reference to single investigations or publications in the past: anxiety has an important role for the learning of language.

参考过去的单项研究或出版物：焦虑在语言学习中起非常重要的作用。

Tom's analysis/ comparative study（2012）showed that….

Tom 分析/对比研究（2012）表明.....

In a randomized controlled study of……，Smith（2012）reported that….

在……的随机对照研究中，Smith（2012）报告说……

In one well-known recent experiment, limits on…… were found to be effective.

在一项最近的著名实验中，对……的限制被发现为有效的。

Reference to single investigations in the past: research topic as main focus is ……

参考过去的单项研究：研究主要焦点是……

To determine the effects of……, Zhang et al（2009）compared….

为了确定……的影响，Zhang 等（2009）比较了……

There liability of the questionnaire was first studied by Smith in 1920, A formed the central focus of a study by Smith（2002）in which the author found….

问卷的信度是由 Smith 于 1920 年首次研究的，A 构成了 Smith（2002）的一项研究的重点，在该研究中，作者发现……

The correlation of A and B was first reported by Tom in 2003.

A 和 B 之间的相关性 Tom 在 2003 年首次报道的。

Tom（2017）draws on an extensive range of sources to assess….

Tom（2017）运用了广泛的资源来评估……

Tom（2017） mentions the special situation of Beijing as an example of….

Tom（2017）以北京的特殊情况为例去说明……

Tom（2017） discusses the challenges and strategies for facilitating and promoting learning efficiency.

Tom（2017）讨论了促进学习水平的挑战和策略。

Tom（2017） provides in-depth analysis of the work of Smith showing its relevance to….

Tom（2017）对 Smith 的作品进行了深入分析，显示它与……的相关性。

Tom（2017）lists four reasons why the English language has become so dominant.

Tom（2017）列出了英语变得如此占主导地位的四个原因。

Tom（2017）highlights the need to break the link between A and B.

Tom（2017）强调需要打破 A 与 B 之间的联系。

Drawing on an extensive range of sources, the authors set out the different ways in which….

作者利用广泛的资料来源，提出了……的不同方法。

In the subsequent chapter, Tom (2017) examines the extent to which….

在下一章中，Tom (2017) 研究了……的程度。

Some analysts (e. g. Tom , 2017) have attempted to draw fine distinctions between A and B.

一些分析人员（例如 Tom, 2017）试图对 A 和 B 之间进行精细区分。

Other authors (see Tom, 2017) question the usefulness of such an approach.

其他作者（见 Tom 2017）则质疑这种方法的用处。

In her major study/ seminal article/ classic critique / case study / review / analysis of / introduction to…. , Tom (2017) identifies five characteristics of….

Tom (2017) 在他的主要研究/开创性文章/经典评论/案例研究/评论/分析/对.... 的介绍中，确定了……的五个特征。

Tom (2017) points out/ argues/ maintains/ claims/ concludes/ suggests that…… is far more cost effective, and therefore better adapted to the developing world.

Tom (2017) 指出/主张/提出/得出结论/表明……具有更高的成本效益，因此更适合发展中国家。

Smith offers/ proposes /suggests sources. Similarly, Tom (2017) found that ….

史密斯提供了来源。同样，Tom (2017) 发现……

In the same vein, Tom (2017) in his book…… notes….

同样，Tom (2017) 在他的书中……注意到……

This view is supported byTom (2017) who writes that….

这个观点得到的 Tom (2017) 支持，他写道……

Tom (2017) argues that his data support John's (2020) view that….

Tom (2017) 辩称，他的数据支持 John's (2020) ……的观点。

In contrast to John's (1998), Tom (2017) argues that….

与 John's (1998) 相反，Tom (2017) 认为……

A broader perspective has been adopted by John's (2002) who argues that …. Conversely, zhang (2015) reported no significant difference between A and B.

John's（2002）提出了更广阔的视野，他认为……。相反，zhang（2015）报道 A 和 B 之间没有显着差异。

Similarly, zhang（2015）asserts that…. Likewise, Smith（2016）holds the view that….

同样，zhang（2015）断言…… 同样，Smith（2016）认为……

（3）引用

Tom（2007）argues：'……' As John argues：'In the past, the purpose of education was to…. '

Tom（2007）评论道："……" 如 John 所说："过去，教育的目的是……"

As Tom（2004：215）states：'there are many good reasons to be skeptical". In the final part of the theses, he writes："Philosophers have hither to only interpreted the world in various ways；the point…. " John concludes："the idea of development stands today like a ruin in the intellectual landscape…"（John, 1992a：156）. As Smith reminds / observes / notes / points out/ argues："……"（Smith 2003：23）.

正如 Tom（2004）所说："有很多很好的理由表示怀疑"。他在论文的最后部分写道：'哲学家迄今只以各种方式解释了世界；重点……" John 得出结论："今天，发展思想像知识界的废墟一样……"（John, 1992a：156）。正如史密斯提醒/观察/注释/指出/争论："……"（Smith 2003：23）。

（4）总结

Together, these studies outline that….

这些研究共同概述了……。

Overall, these studies highlight the need for….

总体而言，这些研究强调了……的必要性。

Collectively, these studies outline a critical role for…

这些研究共同概述了……的关键作用。

The evidence presented in this section suggests that….

本节提供的证据表明……。

The studies presented thus far provide evidence that….

迄今为止提出的研究提供了……的证据。

Overall, there seems to be some evidence to indicate that···.

总体而言，似乎有一些证据表明······。

Together these studies provide important insights into the···.

这些研究共同为······提供了重要的见识。

In view of all that has been mentioned so far, one may suppose that···.

鉴于到目前为止已提到的所有内容，可以假设···。

第九章 "研究方法"的撰写

在论文或研究论文的方法部分，作者给出了开展其研究的方法。这一章需要详细叙述整个研究的方法。文字叙述的清晰明了程度应该达到读者看过这一章后可以重复此项研究的程度，否则，这一章就没有书写成功，我们知道"重复性"是好的研究的一个特征，这一章书写的详略程度就代表了能否具有这个特点。可详细了解整个研究过程，也可依据所描述程序，重复此项研究。研究所选择的方法可能是新的或不熟悉的，甚至可能是有争议的，但是在方法的叙述方面，它所包含的内容是基本一致的。

第一节 概论

下面我们先来看一下研究方法这一章的主要内容：本章框架或引言、研究问题或假设、研究对象、研究工具、数据收集过程或研究过程。如前所述，研究可使用不同的设计，如：有声思维研究、观察研究、问卷调查、实验研究、个案研究或几种设计结合在一起。尽管收集数据不同，但描述每个研究设计的标题基本相同。如果一项研究中包含两个研究设计，常见的方法是对两个设计分别进行描述。

一、本章框架或引言

在本章大标题下，研究方法的引言就是对本研究的方法进行简要介绍或概括。一般包括为了……用了……做了……。让读者清楚这一章的大致情况，其描述只限于第一层次的标题，不必提供详细内容。

二、研究问题或假设

在这里，总的研究问题和具体的研究问题一起明确地提出来。一般情况下研究假设或研究问题选择一种即可。撰写这一部分特别重要，读者看论文第一就是知道研究者的问题是什么。这部分的撰写是让读者明确研究的问题和后面"研究结果和讨论的结构提供框架。换句话说，所有提出的研究问题在研究结果部分都要——回答。一般情况下，我们都要用问句的形式表达出来。

三、研究对象

研究对象通常是指那些被研究的个人或群体。研究对象指在研究中被研究的所有参与者，有可能是问卷回答者、访谈者，也可能是被观察的对象。例如在实验研究中，参加实验组和对照组的人都属于实验的参与者，在叙述时要写明研究对象的人数、背景情况、挑选程序等。如果研究对象的人数中途发生变化时，就要在这里说明或删除。研究对象的个人情况包括性别、年龄和教育程度。如果他们的家庭背景、在何地上中学、在何地上大学等变量对因变量产生影响的话，它们也应包括在内。为了简便起见，有关研究对象的情况我们可以采取表格和文字的方式进行。记录选择研究对象的程序必须详细说明，如果采用了随机抽样，需要清楚说明是哪一种随机抽样：是简单随机抽样？系统随机抽样？还是分层随机抽样？如果使用的是便利样本，务必解释清楚选择样本的原因。例如在实验中，如果根据考试成绩或根据对某些变量的回答来确定研究研究对象，也需要详细说明。

撰写这一部分时，研究生常犯的错误是不知道研究对象中该包括哪些人。例如：在问卷调查研究中，改试卷的老师、设计试卷的人、做试卷人，哪些是研究对象？鉴定研究对象的最简便方法是"检查他们的活动能否直接为研究问题提供有价值蹬数据。如果能，他们就是研究对象，否则就不是研究对象。另一个常见的问题是，这一部分写得不够详细，比如：有人没有解释选择方便样本的原因；有人没有说明研究对象人数中间发生变化的情况；还有人没有说明选择志愿者的过程"（文秋芳，2009）。

四、研究工具

我们特别需要对本项目中用于测量变量的工具进行详细叙述。这是读者判断研究效度、可重复性和信度的一个重要指标。其中包括用语言测试来测量研究对象的外语水平的测试卷，用问卷来调查研究对象对外语学习动机的问卷，用访谈来了解研究对象学习词汇的策略的访谈纲要，用来记录教师课堂反馈的量表等等。如果这一研究工具是某个学者研制的，需要写明其内容、类型、信度和效度和来源。如果是研究者自己进行了修改，要做具体的说明；如果是研究者自己设计的研究工具，必须把设计的步骤和试测信度、自变量和因变量的操作定义介绍清楚。

五、研究过程

研究过程这部分要详细介绍整个研究的实施过程或步骤，要清楚介绍为研究而做的每一项，可以分阶段进行叙述或描写。这一部分要写清楚：收集数据的时间，负责人，收集数据方法，收集数据地点等。每一项都需要具体说明，比如收集数据的时间，要写明具体日期（课内还是课外）。负责收集数据的人要说明是否有能力进行这项工作，如果是对别人进行了培训则要叙述培训的有关事宜。如果是访谈，访谈的方式、录音、转写、收集数据的环境等都需要叙述。

如果研究是量化研究，测量的变量较多，那么测量方法的描述就应该逐个进行。如果是教学实验研究，比如不同教学实验方法，那么应当有案例来说明实验班的实验措施和对照班的实验措施。

六、数据分析

这部分需要汇报研究中数据分析的程序、软件、信度及过程。如果是定量分析，需要说明软件的名称，简要介绍统计分析的主要步骤和程序。接着需要比较详细地描述数据分析的程序。这里以问卷数据分析为例。描述缺失值的处理、数据转换、分类、信度指数、检验方法等。

第二节 案例分析

本案例分析的期刊论文为天津外国语大学白丽茹发表于《山东外语教学》2017（5）期的"英语语法/词汇能力与听力理解能力潜在关系研究"为例说明"研究方法"的撰写。

一、学术论文类

英语语法/词汇能力与听力理解能力潜在关系研究

…………

2.1 研究被试

被试选自天津外国语大学英语学院某系大二年级 8 个自然班，有效被试 163 人（男 18 人、女 145 人），平均年龄 19.2 岁。正式测试时被试已接受 3 个学期英语听力理解课教学（每周 100 分钟），此间未曾接受英语语法课教学。

2.2 相关概念定义

（1）英语语法能力：参照欧洲理事会文化合作教育委员会（2008）和白丽茹（2015a）语法能力定义，本研究英语语法能力是指对英语语法体系的认知和应用能力，即在句子层级内熟练掌握和运用英语语法知识及语法规则理解、监控、操作和产生句子所具有的语言能力；语法能力由语法技能构成，主要包括语法认知技能和语法应用技能，不同语法技能建立在不同语法认知和语法应用技能基础之上。

（2）英语词汇能力：参照欧洲理事会文化合作教育委员会（2008）词汇能力定义，本研究英语词汇能力是指对英语词汇成分和语法成分认知和应用能力，即在句子层级内准确理解、识别、判断和应用词汇成分和语法成分所具有的语言能力，其中词汇成分包括固定短语、成语和单词，语法成分包含封闭性语法词语（冠词、数词、代词、介词和连词）；词汇能力由词汇技能构成，主要包括词汇认知技能和词汇应用技能，不同词汇技能建立在不同词汇认知和词汇应用技能基础之上。

（3）英语听力理解能力：采用白丽茹（2015a）英语听力理解能力定义，即英语听力理解能力是指听者在听力理解过程中对语篇整体或局部明示信息或隐含信息判断推论，语篇特定词语识别及语篇整体或局部内容总结概括所具有的语言能力；听力理解能力由听力理解技能构成，主要包括判断推论技能、词语识别技能和综合理解技能，不同听力理解技能建立在不同听力理解亚技能基础之上。

2.3　研究问题

本研究尝试探讨语法能力/技能与听力理解能力/技能/测试类型（以下简称类型）以及词汇能力/技能与听力理解能力/技能/类型潜在关系，拟回答以下问题：

（1）语法能力/技能与听力理解能力/技能/类型相关关系如何？语法能力/技能对听力理解能力/技能/类型是否具有显著预测作用？何种语法技能对听力理解能力/技能/类型解释力较大？

（2）词汇能力/技能与听力理解能力/技能/类型相关关系如何？词汇能力/技能对听力理解能力/技能/类型是否具有显著预测作用？何种词汇技能对听力理解能力/技能/类型解释力较大？

（3）语法技能和词汇技能联合对听力理解能力/技能/类型是否具有显著解释力？语法技能和词汇技能何者对听力理解能力/技能/类型解释力较大？

2.4　研究过程

本研究拟从语法能力/技能与听力理解能力/技能/类型，词汇能力/技能与听力理解能力/技能/类型以及语法技能和词汇技能联合与听力理解能力/技能/类型五个层面实施系列实证研究，研究过程如下：

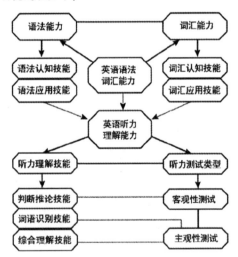

图9-2-1　英语语法/词汇能力/技能与听力理解能力/技能测试类型潜在关系研究示意图

（注：图中↓潜在关系，↓包含关系，——丨平行关系，——等同关系）

2.5　研究工具

2.5.1　英语语法能力量表

我们采用白丽茹（2015b）编制的"英语专业学习者英语语法能力量表"，测验内容涉及语法认知技能和语法运用技能，其中语法认知技能（句子监控技能）涉及词法监控亚技能和句法监控亚技能，语法运用技能（句子操作技能和句子产生技能）涉及句子整合亚技能、句型转换亚技能和汉句英译亚技能。该量表由88道测试题组成，分值介于1~4分，总计130分；句子操作技能和句子产生技能成绩之和为语法应用技能总成绩，语法认知技能和语法应用技能成绩之和为语法能力总成绩；题目难度指数平均值为0.53，区分度平均值为0.45，内部一致性信度系数为0.91。本研究再测内部一致性信度系数为0.88。

（1）语法认知技能：采用句子错误识别与改正检测任务，要求识别目标句中某一特定词法或句法使用错误并写出其正确形式，每题仅1处错误，共40题；目标句采用简单句和复合句（排除歧义句），句长介于6~16个单词。测验内容如下：词法认知亚技能（20题）包括动词时态、语态和语气错误，非谓语形式错误，限定词、指代词、代词、修饰关系和词序错误；句法认知亚技能（20题）包括主谓一致错误，名词、形容词和副词性从句错误，强调、倒装、比较、动词句型、感叹句和反意问句错误。评阅标准如下：每题1分，总计40分；错误识别且改正正确得1分，错误识别正确但改正错误0分，答错或不作答得0分。题目难度指数平均值为0.51，区分度鉴别指数平均值为0.42；内部一致性信度系数为0.84，分半信度系数为0.84。本研究再测内部一致性信度系数为0.77，分半信度系数为0.78。

（2）语法应用技能：涉及句子操作技能和句子产生技能，共48题，分值介于1~4分，总计90分；题目难度指数平均值为0.55，区分度平均值为0.48，内部一致性信度系数为0.85。本研究再测内部一致性信度系数为0.84。

①句子操作技能：包含句子整合亚技能和句型转换亚技能，前者要求将简单句合并成并列句、复合句和并列复合句，共16题，每题含2~4个句子；后者要求在不改变目标句语义前提下对短语和小句进行相互转换，共18题。评阅标准如下：每题1分，总计34分；符合题目要求、句法结构正确且语义合乎逻辑得1分；不符合题目要求、答错或不作答得0分。题目难度指数平均值为0.54，区分度鉴别指数平均值为0.46；内部一致性信度系数为0.75，分半信度系数为0.77。本研究再测内部一致性信度系数为0.75，分半信度系数为0.77。

②句子产生技能：涉及诱导翻译亚技能，要求使用并列句、复合句、并列复合句、分词短语、独立主格形式、倒装结构或平行结构并根据目标句内容产生语义对应的英语句子，目标句介于14~37汉字。评阅标准如下：每题4分，总计56分；句法结构符合要求且使用正确得1分；动词时态、语态和语气使用正确得1分；词序、词语及短语搭配正确得1分；单词拼写、大小写和曲折变化正确得1分。题目难度指数平均值为0.58，区分度相关系数平均值为0.51；内部一致性信度系数为0.79。本研究再测内部一致性信度系数为0.81。

2.5.2 英语词汇能力量表

为真实、客观反映所选被试英语词汇能力，我们尝试编制了"英语专业低年级学习者英语词汇能力量表"，测验题目选自历年英语专业四级考试词汇试题及《英语专业四级词汇自测题 1000 题》（贺宗文 2015）。量表测验内容涉及词汇认知技能和词汇应用技能，前者主要测查对词汇成分（固定短语、成语和单词）和语法成分（冠词、数词、代词、介词和连词）的认知能力，后者主要测查对词汇成分语法功能（曲折变化）和派生功能（前缀和后缀）的应用能力。经过师生访谈、试测及题目分析，我们最终将难度和区分度优良的测试题目组成英语词汇能力量表，题型为多项选择题和词语填空题，所有题目答案词汇均为英语专业四级高频词汇。量表共包含 126 道测试题，分值 1~2 分，总计 172 分；题目难度指数平均值为 0.57，区分度平均值为 0.39，内部一致性信度系数为 0.93。

（1）词汇认知技能：涉及词语辨别亚技能和语义匹配亚技能，采用填空型检测任务和取代型检测任务（刘润清、韩宝成，2000），题目干扰项均不涉及语法因素，重点考查词汇意义因素，共 80 题，每题 1 分，总计 80 分；题目难度指数平均值为 0.56，区分度鉴别指数平均值为 0.36；内部一致性信度系数为 0.86，分半信度系数为 0.86。具体内容如下：① 填空型检测任务，题干为 1 个或 2 个连续的句子，其间有一空白处，要求从所给 4 个选择项中选择 1 个单词或短语填入空白处，共 50 题；题目难度指数平均值为 0.52，区分度鉴别指数平均值为 0.34；内部一致性信度系数为 0.82，分半信度系数为 0.83。② 取代型检测任务，题干为 1 个或 2 个连续句子，其中某个单词或短语加有底横线，要求从所给选项（同义词）中选取意义与划线词语最接近的选项，共 30 题；题目难度指数平均值为 0.64，区分度鉴别指数平均值为 0.39；内部一致性信度系数为 0.79，分半信度系数为 0.80。相对于填空型检测任务，取代型检测任务题目相对较为容易，这可能与该检测任务作答方式有关，但题目难度指数平均值仍处于量表编制可接受范围。

（2）词汇应用技能：涉及语法功能亚技能和派生功能亚技能，采用填空型检测任务，共 5 组，每组 8~10 题，共 46 题；题干为 1 个连续句子，其间有一空白处，要求从每组 8~10 个选项中选择 1 个符合该题语义和句法规则的词，每题 1 个正确选项；目标句为简单句、并列句和复合句（排除歧义句），句长 9~28 个单词，所选词汇均为英语专业四级高频词汇。评阅标准如下：每题 2 分，总计 92 分；单词选择正确且语法和派生功能正确得 2 分；单词选择正确但语法和派生功能错误得 1 分；单词选择错误或不作答得 0 分。题目难度指数平均值为 0.57，区分度相关系数为 0.45，内部一致性信度系数为 0.91。

2.5.3　英语听力理解能力测验

为全面、客观地反映被试英语听力理解能力，我们以其大二学年第 1 学期末英语听力理解考试成绩作为听力理解能力测试数据，测验题目从历年英语专业四级、雅思和托福考试及美国之音新闻材料精选而成。测试类型包含客观性测试和主观性测试（简称客/主观类型），总计 100 分；测验内容涉及判断推论技能（客观类型，占 54%），词语识别技能和综合理解技能（主观类型，占 46%）。测验内部一致性信度系数为 0.64，测验内容与测验总成绩相关系数介于 0.91~0.73，测验内容之间相关系数介于 0.42~0.59。

（1）判断推论技能：涉及短对话 15 段（15 题）和长对话 4 段（12 题），共 27 题；

题型为多项选择题,每题1个正确选项;音频播放2遍,要求边听边在答题卡上填涂正确选项;每题2分,总计54分,答对得2分,答错或不作答得0分。

(2)词语识别技能:测验内容为1篇设置13处空白的约300字短文,每空只需填写1个单词;每题2分,总计26分;音频播放3遍,要求边听边在答题纸上填写答案。单词拼写准确无误得2分;单词拼写正确但曲折变化错误得1分;单词拼写错误或不作答得0分。

(3)综合理解技能:测验内容为1篇设置5道测试题的美国之音新闻材料,其中问答题4道(必须使用完整句子作答)和总结概括1题(必须使用3~5个句子作答);音频播放3遍,之后留3分钟在答题纸上誊写答案;每题5分,总计25分;内容准确、要点充分、叙述流畅及语法正确得5分,内容较为准确、要点不全、叙述不够流畅及语法使用有误得5~3分,内容不准确或只言片语得2~1分,内容文不对题或不作答得0分。

2.6 数据收集与分析

数据收集始于2015年秋季学期(大二学年第1学期)第15~18周,由本文研究者在正常教学时间内负责实施,依次为英语语法能力量表(2次完成,各50分钟)、英语词汇能力量表(2次完成,各40分钟);英语听力理解能力测验始于第20周(期末正式考试周),测试地点为语言实验室,每班2名主试负责实施,音频播放65分钟。

英语听力理解能力测验客观性测试数据由机器评阅,主观性测试数据由本文研究者和1名听力理解课教师评阅,评分结果组间不存在显著差异(评阅者A:M=66.57,SD=12.18;评阅者B:M=64.65,SD=10.91;t=1.06,p=0.290>0.05);英语语法能力和英语词汇能力测试数据由本文研究者评阅以确保评分标准统一、规则一致。数据分析使用SPSS15.0统计软件,包括描述性统计、相关性检验及线性回归分析。

作者首先介绍了研究对象,在做这方面的介绍时要介绍清楚与研究相关的背景信息,如在此例中作者介绍了研究对象的学校(天津外国语大学英语学院某系)、年级(大二)、班级(8个自然班)人数(163人)、性别(男18人、女145人)、年龄(平均年龄19.2岁)、被试的研究背景(正式测试时被试已接受3个学期英语听力理解课教学,每周100分钟,此间未曾接受英语语法课教学)。作者在介绍研究对象的学校院系时为某系。并不使作者不知道,而是为了保护被试的个人隐私,出于对研究对象的尊重,我们经常在研究论文中采用某校、某某等或化名的表述就是为了尊重研究对象而采取的一种表达。关于其他信息的介绍也是很有必要的,这些信息的说明一定程度上保证了研究的内部效度。

紧接着作者对本研究的相关定义进行了界定,详细陈述了研究问题,在陈述研究问题时,要做到层次清楚,从简到难,具有一定的递进关系。在叙述研究工具时,要详细清楚说明研究工具的来源出处,如果对原来的工具有改动，需要详细说明原因，还需需要交代工具的使用方法，赋值等，在这个例子中，作者交代了试题的来源、总分、类型占比、信度系数、题量、播放次数、计分方法等。这也是研究可复制性的基础。在数据收集与分析方面，作者说明了试题的考试时间、方法、数据分析方法等。

二、学业论文

下面以李文同学的硕士毕业论文——基于"投入量假设"的不同阅读任务对词汇附带习得的实证研究为例来说明"研究方法的撰写"。

首先作者以概括性的语言对该研究的方法进行简要介绍。在叙述的过程中，大家一定要注意内容之间的逻辑性和连贯性。

为了研究不同的阅读任务对词汇附带习得的影响，并且验证"投入量假设"；同时了解他们在完成不同阅读任务时所使用的词汇学习策略，本章首先提出了两个研究问题；然后，对研究对象、研究工具、数据分析、控制外部变量等进行了详细的说明。最后介绍了研究的步骤，包括阅读材料的选择、目标词的选择、四种不同的阅读任务的选择和实施。

写研究问题时做到条理清楚，写清大问题，如果包含子问题时要用所属符号表达清楚，达到准确到位。

本研究在前人对"投入量假设"理论研究的基础上，主要解决以下问题：

研究问题1：基于"投入量假设"的实证研究，双语初中学生不同阅读任务的结果如何？

根据即时测试，在短期记忆中，在不同的投入量负荷下哪种任务对词汇附带习得更有效？

据延迟测试，在长期记忆中，在不同的投入量负荷下哪种任务对词汇附带习得更有效？

与四组即时测试和延迟测试相比，不同投入量负荷下的哪种任务在词汇记忆方面更有效？

研究问题2：在不同的阅读任务和不同的投入量负荷下双语初中生主要使用什么策略？

在写研究对象时，该作者介绍了选择这些班级的原因，即洛阳第二外国语学校因其英语特色而闻名遐迩，是洛阳市首批8所双语教育试点学校之一，这符合作者的研究目的。紧接着作者介绍了研究对象的选取要求：无显著性差异。通过描述性和方差分析数据说明了被试的英语水平没有显著差异，即符合实验的基本条件，可以用作实验对象。

本研究的对象是来自洛阳第二外国语学校5个自然班（平行班）的186名三年级

学生。洛阳市第二外国语学校因其英语特色而闻名遐迩,是洛阳市首批8所双语教育试点学校之一。洛阳第二外国语学校开展了地理、历史、体育等非语言学科的双语教学。有四个自然班,被选为目标班。他们分别是一班、二班、三班和四班。选择剩余班级(5班)进行阅读材料的选择和目标单词的初步研究。

为了保证被试的英语水平相近,根据被试上学期的期末考试成绩进行选择。洛阳市教委和洛阳市教研室共同制定了该学科的英语期末考试试卷,具有良好的信度和效度。这样,通过比较五个自然班的平均分数,就可以确定是否存在显著差异。所有的受试者从进入初中开始就接受双语教学,他们学习英语的总时间(约6年)被认为是大致相同的。为了控制教学研究的因素,所有的目标班级几乎都是由相同的双语教师授课。这五个类别的详细信息如下表所示:

表4.1 五组期末考试的描述性统计

Group	N	Mean	Std. deviation	Std. error
Class 1	39	82.79	17.151	2.746
Class 2	34	82.79	16.655	2.856
Class 3	33	81.88	18.625	3.032
Class 4	39	82.73	17.205	2.982
Class 5	41	82.28	17.264	1.266

如上述描述性统计表(表4.1)所示,五个类别的均值分别为82.79、82.79、81.88、82.73和82.28。统计数据表明,这五个班的学生英语期末考试的平均分大致相当。

表4.2 五组期末考试的方差分析

	Sum of Squares	df	Mean Square	F	Sig.
Between Groups	80.237	4	20.059	.066	.992
Within Groups	55059.225	181	304.195		
Total	55139.462	185			

根据英语期末考试的单因素方差分析(表4.2),F值为.066,sig.值为.992(sig=.992>.05)。这意味着这五个班的英语水平没有显著差异。也就是说,五个班的学生初始英语水平相近,本研究可以将五个自然班作为研究对象。随机选择1、2、3、4班作为目标班,总人数为145人,而5班仅在试点研究中用于确定阅读材料和目标单词。

通过以上数据说明五个班的英语水平没有显著差异,即符合实验的基本条件,可以用作实验对象。

在撰写研究工具时，一定要交代清楚每个研究工具的具体信息，包括来源、出处、选择原因、试题的设置及得分依据、问卷维度、信度等。一般情况下，按照研究工具在研究中的重要性依次进行叙述。一般要在附在附录中，需标明具体见哪个附录。

本研究使用的研究工具包括阅读文章、即时测试和事后测试，以及问卷调查。具体细节如下。

（1）阅读文章

整篇文章，Spiderman – a Hero Just like You and Me（376 字）以及 7 个理解问题（见 Appendix Ⅰ），选择从高中 English Ⅰ（北京师范大学出版社，2004 年版，这里说明了来源）。本研究的阅读材料和目标词汇是根据初步研究的结果确定的（选择原因）。在非目标班级中，英语水平接近的 5 班学生被要求完成一篇阅读文章和几个理解题。他们将选出在整篇文章中的生词，作者可以根据"投入量假设"决定是否阅读材料适合这组主题和设计的四种类型的任务（见附录Ⅱ）。

（2）测试

本研究使用了两种词汇测试：即时测试和事后测试。即时测试和事后测试都是为了检查在试点研究中选择的所有目标词。

在学生完成"投入量假设"负荷的不同阅读任务后，立即进行测试，以检验短期记忆对词汇习得的影响。为了检测长期记忆对词汇习得的延迟影响，在即时测试后两周进行后测。

表 4.3　词汇知识量表

Degree	Meaning
1	I can't remember having seen this word before.
2	I have seen this word before, but I don't know its meaning.
3	I can catch the meaning of this word when I saw it in sentence, but I can't use it in spoken or writing. And it means：. (Synonyms/Chinese meaning)
4	I can make sentence by using this word.

即时和后测的设计基于表 4.3 所示的词汇知识量表（Wesche & Paribakht, 1996: 13-40）。它可以反映接受性和生产性的词汇量，以及被试获得了多少知识。

表4.4 词汇知识得分方法

Degree	Scores	Meaning of the scores
(1) ——→ 0		I can't remember having seen this word before.
(2) ——→ 1		I have seen this word before, but I don't know its meaning.
(3) ——→ 2		I can write down the word's correct synonyms or Chinese meaning.
(4) ——→ 3		I can make a semantically and grammatically correct sentence by using this word.

　　词汇知识的表征应该是一个连续体,词汇知识的评分方法如下:选择"1"的受试者得分为0分,选择"2"的受试者得分为1分,选择"3"的受试者得分为2分,选择"4"的受试者得分为3分。必须注意的是,如果被试选择了"3",但他不能写下这个词的意思,那么他将得到1分。如果被试选择"4",并写下正确的单词意思,但包括语法错误,那么他将得到两分。表4.4给出了词汇知识的评分方法。直接测试的具体信息和发布测试见附件Ⅲ、Ⅳ。

　　(3)问卷

　　为了探讨不同组别学生在不同参与负荷下完成不同阅读任务的策略,作者设计了问卷。本研究的问卷是根据顾和约翰逊的词汇学习策略问卷设计的。这两位著名研究者的问卷调查包括元认知和猜测策略、词典策略、记笔记策略、记忆策略和激活策略(Gu & Johnson, 1996: 643-679)。根据实证研究的实际情况,笔者设计了问卷,问卷分为猜测策略、咨询策略、记忆策略和应用策略四种类型。本调查问卷的内容可以分为两部分:第一部分包括调查问卷的题目,学生姓名、班级等基本信息,以及填写问卷的说明;第二部分是具体的问题项。

　　本问卷共18个题项,表4.5为词汇学习策略问题项分布情况。本问卷第1、2、3、4、5项为猜测策略。通过第6项至第13项来检测查阅策略,使用第14项至第16项来探究记忆策略。通过项目17和18对实施的战略进行了审查。由于初中英语水平的限制,问卷调查以中文进行,并由作者或英语教师提前讲解,以避免一些可能的误解,消除一些不必要的干扰。

表 4.5　词汇学习策略问题项分布情况

Categories	Items
Guessing Strategy	1, 2, 3, 4, 5
Consulting Strategy	6, 7, 8, 9, 10, 11, 12, 13
Memory Strategy	14, 15, 16
Applied Strategy	17, 18

在问卷的 18 个项目中，每个问题都有 5 个不同的选项，分别标记为 A、B、C、D 和 E，每个选项都是基于李克特量表设计的。"A"指的是"这个问题的情况并不完全符合我的情况"；"B"指的是"情况通常与我的情况不一致；"C"指"情况有时与我相符合"；"D"是指"情况通常与我一致"；"E"指的是"情况完全符合我"。

为了方便后续结果分析，问卷的评分方法如下：如果学生选择"A"，得 1 分；选择"B"，得 2 分；选择"C"，得 3 分；选择"D"，得 4 分；选择"E"，得 5 分。（见附件 V）

试验研究结束后，笔者对英语水平相近的第五班（N=20）学生进行了问卷调查，问卷的信度结果如下：

表 4.6　问卷信度统计

Cronbach's Alpha	N of Items
.855	18

如上表 4.6 所示，信度值为 0.855，大于 0.8。可以认为，该问卷具有一致性和可靠性，可以在本研究中采用。

通过上面的例子我们可以得到一个结论该作者详细介绍了所有要用到的研究工具，知道了每个研究工具的具体信息，这即可以对本研究的研究工具有一个清晰的把握，也为她的研究的内部信度打下了一个坚实的基础。

在撰写研究过程时一定要达到内容详实，层次清晰、过程完整。

4.6 研究过程

4.6.1 选择阅读材料和目标单词

本研究使用的阅读材料 Spiderman – a Hero Just like You and Me 是一篇 376 个单词的课文，选自《高中英语 1》（北京师范大学出版社，2004 年版）。以保证被试能够大致理解文章，并确保文章对被试来说不是太难。一些来自 5 班（非目标班，英语水平相近）的学生被要求阅读这篇文章并完成 7 个理解题。目的是测试文章是否适合被试。

此外，在试点研究中，学生被允许在阅读材料中所有的生词下面划线。此外，作者还请了两名有经验的老师来帮助选择他们认为被试不太可能知道的单词。

根据 Laufer 和 Nation 的观点，新词的数量应该保持在整篇文章的 2% 以内，这样学习者才能猜出目标词的意思，然后习得生词（Laufer & Nation, 1998: 33-51）。如果生词超过文章的 2%，作者就用意思相近的熟语代替生词。并通过 SPSS 17.0 软件对划线词的频次分布进行分析，确定了这篇阅读文章的八个目标词，其中有三个名词，四个动词，只有一个形容词。他们是：struggle, introduce, create, power, enemy, doubt, cruel。所有的目标词都用粗体打印出来，以便让学生更加注意。

表4.7 目标单词记录表

Task	Target words	need	search	evaluation	total
1. Reading with multiple - choice comprehension questions	Glossed in text and relevant to task	+	−	−	1
2. Reading and filling in sentence blanks	Glossed in text and relevant to task	+	−	+	2
3. Reading and completing sentence translations	Not glossed in text but relevant to tasks	+	+	+	3
4. Reading and making sentences	Not glossed in text but relevant to tasks	+	+	++	4

4.6.2 设计阅读任务

本研究探讨了四种不同投入量负荷的阅读任务对附带词汇学习中目标词的影响。四项任务的参与要素：需求、搜索、评价因投入量负荷指标的不同而存在差异。当题项没有需求时，投入量指标为 0；当需求适度时，指标为 1；当需求强劲时，指标数为 2。随机给不同的任务，不同的组被给予相同的时间限制来完成他们的任务。表4.8 显示了不同投入量负荷下的阅读任务。（见附录Ⅱ）

表 4.8　不同介入负荷下的阅读任务

Task	Target words	need	search	evaluation	otal
1. Reading with multiple – choice comprehension questions	Glossed in text and relevant to task	+	–	–	1
2. Reading and filling in sentence blanks	Glossed in text and relevant to task	+	–	+	2
3. Reading and completing sentence translations	Not glossed in text but relevant to tasks	+	+	+	3
4. Reading and making sentences	Not glossed in text but relevant to tasks	+	+	++	4

任务 1：阅读选择题

在任务 1 中，向受试者提供了一篇课文和一组与目标词相关的多项选择题。受试者必须理解目标词的意思才能完成任务。研究人员在本文的空白处对不认识的单词进行了注释（L1 翻译和 L2 解释）。该任务不需要搜索，也不需要评估，只需要适度的需求，因此任务 1 的投入量指标为 1（1+0+0）。

任务 2：阅读并填空句子

在这个任务中，要求受试者阅读课文，从给定的单词（包括目标单词和干扰词）中选择合适的单词来填空。和任务 1 一样，研究者在文本的空白处提供了生词的注释（L1 翻译和 L2 解释）。为了完成任务 2，受试者必须理解每个句子和给出的单词的意思，并确定哪个单词适合每个句子。因此，任务 2 引发了适度的需要、不搜索和适度的评价，为这些需要提供目标词的意义和上下文。投入量指标为 2（1+0+1）。

任务 3：阅读并完成句子翻译

在任务 3 中，受试者被要求阅读文章，然后完成句子的翻译。每一个中文句子都必须使用给定的单词（包括目标单词和干扰词）进行翻译。需要注意的是，所有的目标词都与阅读任务相关，在页边空白处没有对目标词的标注。允许被试查字典，找出他们不认识的单词的意思和一些用法。第三个阅读任务是翻译。给出每个汉语句子的上下文，让被试根据所给的单词一个一个地翻译英语句子。这一任务引发了适度的需要，搜索和适度的评价，因为目标词是相互比较的，并且在给定的上下文中涉及合适的词语搭配。投入量指标为 3 (1+1+1)。

任务 4：阅读和造句

在任务 4 中，受试者首先被要求阅读文章，然后试着用给出的单词造句。与上述第三个任务相同，目标词与阅读任务相关，研究者不为被试提供生词注释。他们被允许查字典以了解这些词的意思和用法。这个任务需要适度的需要和搜索，因为他们应该通过查字典来找出每个单词的意思，这与阅读任务相关。而且有很强的评价，因为主语要确定具体词语的意义和搭配是否适合句子。事实上，为了完成造句的阅读任务，被试必须自己创造语境。因此，投入量指标数为 4 (1+1+2)。

4.6.3 实施

作者在不同的介入负荷下设计了四项不同的任务，然后给四组被试分别分配了四项不同的任务，并要求每组在限定的时间（30 分钟）内完成一项任务。必须指出的是，这四个阅读任务被随机分配到四个自然班。任务一分配给了一班，任务二分配给了二班，任务三分配给了三班，任务四分配给了四班。9 月 11 日星期三上午，一班和三班正在完成前两节英语课的阅读任务、即时测验和问卷调查。二班和四班在同一天的第三节和第四节课上做着同样的事情。在完成任务之后，所有的阅读材料和练习都由老师和作者一起交上来。然后，研究对象会立即进行一项意想不到的测试和问卷调查，以及两周后的一项测试。

4.6.3.1 立即测试

在受试者完成阅读任务后，立即进行测试。所有的实验对象都被要求进行词汇测试，他们不允许使用任何参考书或老师的帮助。他们必须在 20 分钟内完成试卷，时间一到，所有的试卷都由老师立即交上来。

4.6.3.2 问卷

在本研究中，问卷的目的是了解不同参与负荷的不同任务与学生词汇学习策略之间的关系。明确参与负荷是否影响学习者的词汇学习策略。

问卷调查是在即时测试后立即进行的。在交卷后，要求每组根据实际情况完成问卷。四组受试者都被要求在半小时内完成问卷。为了避免一些不必要的影响被误解，问卷以中文表达，由作者或英语教师将问卷的使用说明告知被试，并确保被试知道如何使用问卷。

本研究的问卷是基于 Gu 和 Johnson 的学习策略问卷设计的（Gu & Johnson, 1996：643-679）。问卷的内容是关于学生的词汇学习策略。换句话说，它是关于在做不同阅读任务的过程中策略的实际使用。词汇学习策略问卷分为猜测策略、咨询策略、记忆策略和应用策略四种类型。

4.6.3.3 后测试

在即时测试和问卷调查两周后进行后测，以检测延迟效应。这次测试与第一次测试的要求是一样的，只是被意外地分配给了四组受试者。后测是在 9 月 25 日星期三上午进行的，因为这四个班周三上午的英语课和两周前的一样。为了防止即时测试对后测的影响，本研究将随机打乱单词的顺序。受试者被要求在 20 分钟内完成后测试卷，所有试卷由英语老师或研究人员收集。

从上例我们可以看出作者的研究分为实验准备阶段和实施阶段，在实验准备阶段的工作是选择阅读材料、目标单词和设计阅读任务；在实施阶段，作者详细陈述了怎样进行测试和问卷。整个过程清晰明了，对实施时间、地点和人物都进行了交代。

第三节　常用表达

在撰写英语论文的"研究方法"时所用的时态为一般过去时，语态主要为被动语态。

在描写过程时使用不定式表目的，正确使用方式副词、表时间和顺序的副词等。

常用表达举例。

1. 描述以前使用的方法（Describing previously used methods）

So far various methods have been developed and introduced to measure⋯.

到目前为止，已经开发和引进了各种方法来测量……。

In most recent studies, the variable has been measured in four different ways.

在最近的研究中，这个变量是用四种不同的方法测量的。

Traditionally, the variable has been assessed by measuring⋯.

传统上，这个变量是通过测量……。

A variety of methods are used to assess the variable . Each has its advantages and disadvantages.

评估这个变量的方法多种多样，每种方法都有其优点和缺点。

Data were gathered from multiple sources at various time points duringmy research.

在研究期间，在不同的时间点从多个来源收集数据。

Different authors have measured the variable in a variety of ways.

不同的作者用不同的方法测量了这个变量。

Previous studies have based their criteria for selection on⋯.

以前的研究把选择的标准建立在……。

The use of qualitative case studies is a well－established approach in this field.

定性案例研究是一种行之有效的方法。

This test is widely available, and has been used in many　studies.

该测试广泛应用，并已在许多研究中使用。

Case studies have been long established to present detailed analysis of⋯.

案例研究已经建立了很长时间，以提供详细的分析⋯⋯。

Recently, simpler and more rapid tests of the variable have been developed.

近年来，对这个变量进行了更简单、更快速的检测。

2. 说明采用或拒绝某一特定方法的原因（Giving reasons why a particular method was adopted or rejected）

A quantitative approach was employed since⋯.

采用定量方法是因为⋯⋯。

The design of the questionnaires was based on⋯.

问卷的设计是基于⋯⋯。

However, there are certain drawbacks associated with the use of non-parametric signed rank tests.

然而，使用非参数符号秩检验也有一些缺点。

The main disadvantage of the experimental method is that⋯.

该实验方法的主要缺点是⋯⋯。

There are certain advantages with the use of paralleled groups. One of these is that there is less⋯.

使用平行小组存在某些优点。其中之一是⋯⋯。

The interview is one of the more practical ways of collect data.

访谈方法是比较实用的收集数据方法之一。

The semi-structured approach was chosen because⋯.

之所以选择半结构化方法，是因为⋯⋯。

The approach hassome attractive features：⋯.

这种方法有许多吸引人的特点：⋯⋯。

The first advantage of using the multivariate method is⋯.

使用多元方法的第一个好处是⋯⋯。

It was decided that the best method to adopt for this investigation was to⋯.

决定这次调查采用的最好方法是⋯⋯。

The study uses qualitative analysis in order toobtain insights into⋯.

这项研究采用定性分析的方法，以便深入了解⋯⋯。

It was considered that quantitative measures would usefully supplement …．

人们认为，定量措施将有效地补充……。

Many of the distributions were not normal so non‐parametric signed rank tests werechosen.

许多分布是非正太的，所以进行了非参数符号秩检验。

3. 指明具体方法（Indicating a specific method）

Itwas prepared according to the procedure used by Tom et al. (1998).

这是按照 Tom et al. 等人（1998）的方法制备的。

Samples were analyzed for…as previously reported by Tom et al. (1998)

如 Tom et al. (1998) 之前报道的，对样本进行……分析。

4. 描述样本的特征（Describing the characteristics of the sample）

Eligibility criteria required individuals to have receivedsome tests.

资格标准要求个人接受检验．

A random sample of subjects without significant difference was recruited from …．

一个随机的五显著性差异的被试样本是从……招募的。

Two groups of subjects were interviewed, namely group one and two. The first group were….

访谈对象分为两组，1组和2组。第一组是……。

The project used a convenience sample of 52 freshman in modern languages major.

该项目使用了32名一年级现代语言学生的便利样本。

The initial sample consisted of 500 students, 89 of whom belonged to minority groups.

最初的样本包括500名学生，其中89人属于少数群体。

Semi‐structured interviews were conducted with 17 male with a mean age of 38 years.

对17名平均年龄38岁的男性进行了半结构式访谈。

Forty students studying…were recruited for this study.

本研究招募了40名研究……的学生。

Just over half the sample (59%) was female, of whom 41% were male.

超过一半的样本（59%）是女性，其中41%是男性。

Of the initial cohort of 200 students, 105 were female and 95 male.

首批 200 名学生中, 105 名女性, 95 名男性。

Onlystudents aged between 20 and 35 years were included in the study.

只有 20 到 35 岁的学生参与了这项研究。

Eligible female who matched the selection criteria were identified by···.

符合选择标准的合格女性由······。

The students were divided into two groups based on their performance onthe test.

根据学生们在测试方面的表现, 他们被分成了两组。

All of the participants were aged between28 and 30 at the beginning of the study···.

所有的参与者在研究开始时的年龄都在 28 到 30 岁之间。

Articles were searched from January 1965 until April 2020.

文章搜索从 1965 年 1 月到 2010 年 4 月。

A systematic literature review was conducted of studies that···.

系统的文献综述了······。

5. 说明样品特性的原因 Indicating reasons for sample characteristics

Criteria for selecting the subjects were as follows:

选择研究对象的标准如下:

Five individuals were excluded from the study on the basis of···.

五个人被排除在这项研究是基于······。

A small sample was chosen because of the expected difficulty of obtaining the data.

由于预期获得数据的困难, 我们选择了一个小样本。

The subjects were selected on the basis of a degree of homogeneity of their···.

这些研究对象是根据他们的······。

6. 描述过程:

不定式表目的 (Describing the process: infinitive of purpose)

In order to identify their difference, the subjects were asked to finish the test.

为了识别他们的差异, 研究对象被要求完成测试。

In order to understand how A regulates B, a series of tests was performed.

为了了解 A 是如何调节 B 的, 进行了一系列的测试。

To see if the two methods gave the same measurement, the data was plotted

.

为了观察这两种方法是否给出了相同的测量结果，我们绘制了数据图……。

To control for bias, measurements were carried out by another person.

为了控制偏差，测量由另一个人进行。

To enable the subjects to see the computer screen clearly, the laptop was configured withcamera.

为了让受试者清楚地看到电脑屏幕，笔记本电脑配置了摄像头。

To increase the reliability of measures, eachsubject was tested twice with a 10-minute break between….

为了增加测量的可靠性，每个被试都进行了两次测试，中间有 10 分钟的休息时间。

To compare the scores three weeks after initial screening, a global ANOVA F-test was used

为了比较初次筛选后三周的得分，使用了方差分析 f 检验。

The process was repeated several times in order to remove….

这个过程重复了几次，以便移除……。

In an attempt to make each interviewee feel as comfortable as possible, the interviewer firstly ask some unrelated questions.

为了让每个面试者都尽可能地感到舒适，面试官首先问了一些无关的问题。

表达目的的其他短语（Describing the process: other phrases expressing purpose）

For the purpose of height measurement, subjects were asked to….

为了测量身高，受试者被要求……。

For the purpose of analysis, 8 segments were extracted from each subjects.

为了便于分析，我们从每个被试提取了 8 个片段。

描述过程：动词用被动语态 Describing the process: typical verbs in the passive form

The data were normalized using….

数据用…转变为正态。

Two sets of anonymize questionnaires were completed by the subjects.

两套匿名问卷由被试完成。

Significance levels were set at the 0. 05% level using the student Independence t-test.

学生独立样本 t 检验的显著性水平设定为 0.05%。

Descriptive data were generated forthe dependent variables.

所有因变量得到的描述性数据。

Data for this study were retrospectively collected from questionnaire.

本研究的数据来源于问卷。

Prompts were used as an aid to questionone so that⋯.

提示被用来辅助问题 1,以便⋯⋯。

Data management and analysis were performed using SPSS 20.0.

数据管理和分析采用 SPSS 20.0 软件。

The solutions were coded by a colleague to reduce experimenter bias.

为了减少实验者的偏见,解决方法由一位同事编码,。

There searcher were asked to pay close attention to the characters whenever the subject are in learning.

当受试者学习时,研究者要求密切注意这些人物。

The pilot interviews were conducted informally by the trained interviewer.

试点面试由受过培训的面试官非正式地进行。

Samples were obtained with consent from 60 male students⋯.

在征得同意的情况下,对 256 名男性学生进行了采样。

Independent tests were carried out on the dependent variables for the four years.

四年中,对因变量进行了独立检验。

Article references were searched further for additional relevant publications.

还进一步搜索了其他相关出版物的参考文献。

The mean score for the two trials was subjected to multivariate analysis of variance to determine⋯.

对两项试验的平均得分进行多元方差分析以确定⋯⋯。

描述过程:运用表顺序排列单词和短语的(Describing the process: sequence words and phrases)

Prior to undertaking the investigation, ethical clearance was obtained from⋯.

在进行调查之前,从⋯⋯获得了伦理思路。

In the end, the questionnaire of Qin Xiaoqing was selected as the measurement tool for the current study.

最后，秦晓晴的问卷被选择作为本研究的测量工具。

The data was recorded on a digital audio recorder and transcribed using a····.

这些数据被记录在一个数字录音机上，然后用一个······转写。

Statistical significance wasanalyzed using analysis of variance and t-tests as appropriate.

统计学意义分析采用方差分析和 t 检验。

Comparisons between the two groups were made using independent t-tests.

两组间的比较采用的是独立 t 检验。

After informational analysis of the variables, it was necessary to····.

对变量进行构象分析后，有必要······。

On completion ofthe descriptive analysis, the process of model specification and parameter estimation was carried out.

描述分析完成后，进行模型规范和参数估计。

In the follow-up phase of the study, participants were asked····.

在研究的后续阶段，参与者被要求······。

描述过程：方式副词（Describing the process：adverbs of manner）

The camera was *then* placed in a framework and *gradually* point to····.

然后把照相机放在架子上，逐渐对准······。

描述过程：using+工具 Describing the process：using + instrument

30 subjects were recruited using email advertisements requesting healthy students from the school.

30 名受试者通过电子邮件广告招募，要求来自学校健康的学生。

All the work on the computer was carried out using Quattro Pro for Windows.

电脑上的所有工作都是使用 Quattro Pro for Windows。

Data were collected using two high spectral resolution cameras.

数据收集使用两个高光谱分辨率相机。

7. 表明问题或局限 Indicating problems or limitations

In this investigation there are several sources for error. The main error is····.

在这个调查中有几个错误的来源。主要的错误是······。

Another major source of uncertainty is in the method used to calculate......

不确定度的另一个主要来源是计算...... 的方法。

Further data collection is required to determine exactly how the motivation affects learning efficiency.

需要进一步的数据收集来确定动机如何影响学习水平。

It was not possible to investigate the significant correlation of the motivation and learning efficiency further because the sample is too small.

由于样本量太小，进一步研究动机和学习水平的显著相关性是不可能的。

第十章 "结果分析与讨论" 的撰写

常见的布局有两种：一边报告研究结果一边讨论；研究结果与讨论分开来写。如果把研究结果与讨论结合在一起写，结果分析后立即进行讨论，读者容易理解作者的思路。后者个指这一章的前半部分报告研究结果，后半部分讨论研究结果。

第一节 概论

这一节讨论两个问题如何写结果分析，如何进行讨论。

一、结果分析

（一）结果分析的内容

研究结果指根据自己收集的数据，将数据分析后得到的研究问题的答案。研究结果的报告自始至终不能偏离研究问题，也就是说，凡是与研究问题无关的数据分析结果都不需要在此部分出现。

报告研究结果的最佳布局是以研究问题的顺序为依据。我们可以将研究问题重述一遍，也可以将这一章的小标题提炼为研究问题的关键词，读者通过阅读小标题就可把具体的研究结果与相关的研究问题联系起来，直接找到研究问题的答案，这样就能做到大方向上层次清晰。在这一部分的布局安排上，通常会出现有人根据研究工具来汇报研究结果，比如他们用测试结果、问卷结果、访谈结果等。

然而，研究工具是为我们的研究问题而服务的，这些小标题从表面上看似乎清楚、明确，但并不能清楚显示研究结果与研究问题的关系，反而让读者很难发现研究问题的答案。一般情况下，研究结果的顺序与前面提出的研究问题保持一致。如果一个研究问题用了不同的研究工具来收集数据，既有定量研究的结果，又有定性研究的结果，定性研究的结果最好与定量研究的结果一起报告，其顺序为先报告定量研究的结果，后报告定性研究的结果。

（二）汇报研究结果

1. 定量研究

一般说来，定量研究的结果可用图表加文字叙述的方法来报告，这两种不同形式的结合让读者既得到数字信息，又得到文字信息，两者可以互为补充。

用文字描述定量研究的结果通常有 3 种方法。第一种是标志性陈述，向读者表明哪张表是有关哪个研究的结果。第二种是专业性陈述，它是从专业的角度来表述研究结果。第三种是非专业性陈述，即用非专业的语言来说明研究结果（文秋芳，2004：240）。

例如表 10-1-1 初中生学习策略描述性统计，我们可以进行下列汇报。

表 10-1-1　初中生学习策略描述性统计

Item	N	Mean	Std. Deviation
Cognitive Strategies	94	3.52	.58364
Control Strategies	94	3.58	.66289
Communicative Strategies	94	3.50	.81466
Resource Strategies	94	3.77	.91762
Strategies	94	3.55	.56181

专业性陈述（实际发现）：如表 10-1-1 所示，学生的资源策略的平均分（$M = 3.77$，$SD = 0.91762$）最高，其次是调控策略（$M = 3.58$，$SD = 0.66289$），紧接着是认知策略（$M = 3.52$，$SD = 0.58364$），交际策略水平最低（$M = 3.50$，$SD = .81466$），总策略的使用水平为中等水平（$M = 3.55$，

SD＝0.56181）。

非专业性陈述：如表 10-1-1 所示，学生的资源策略的平均分最高，其次是调控策略，紧接着是认知策略，交际策略水平最低，总策略的使用水为中等水平。

2. 定性研究

在报告定性研究的结果时，主要以文字叙述为主，偶尔辅以图表。与报告定量研究结果的基本陈述不同，报告定性研究的结果因研究而异，没有统一的格式。但是我们要记住，要进行分析总结，提炼中心观点，然后引用数据进行论证，切忌记流水帐似的将数据罗列下来，因为没有任何一个读者愿意阅读一段接一段的引语，而不知道引用这些内容的目的，以及这些引语与研究问题的关系。

二、讨论

讨论部分是论文的升华也是论文中最重要的部分，可是许多人都觉得这部分是最难的，有的甚至省略了。每报告一个研究结果，接下来都要进行适当的讨论。讨论的目的一方面是为了阐述的研究与现有文献之间的联系，另一方面为了展现对所研究问题的全面了解。

讨论研究结果也就是对研究结果发表自己的观点或看法或说明产生这一研究结果的可能原因、这一研究结果的意义以及对未来这一领域研究的建议等等。

研究结果与讨论的区别是：前者是陈述事实，后者是阐述观点。观点的阐述是站在现有理论或前人的研究的基础之上，至少要符合一般人的常识。因此，在讨论中，引用文献必不可少，并且这一部分是引用文献较多的部分。一般情况下，讨论不能太长，不然的话会分散读者的注意力。

我们为什么要讨论呢？当读者读到研究结果时，人们自然要问的一个问题是："为什么有这样的研究结果？"因此，讨论研究结果实际上是对研究结果的解释。解释切忌凭空想象，要有逻辑性，因为解释是需要结合现有理论和其他实证研究的结果为支撑。也就是结合自己论文的理论依据和国内外有关此研究的文献来进行。最缺乏说服力的解释来源于直觉。此外，解释原因时不能只是一面之词，要考虑多种可能的原因，同时还要顾及研究本身的局限性。

第二节 案例分析

本节进行案例分析的期刊论文以天津外国语大学白丽茹发表于《山东外语教学》的"英语语法/词汇能力与听力理解能力潜在关系研究"为例说明"结果分析与讨论"。

一、学术论文类

论文"英语语法/词汇能力与听力理解能力潜在关系研究"采取的是研究结果与讨论分开来写,指先报告研究结果,后半部分讨论研究结果。在报告研究结果时,一定要紧密结合研究问题,根据问题进行一一汇报,我们首先回顾一下研究问题。

（1）语法能力/技能与听力理解能力/技能/类型相关关系如何?语法能力/技能对听力理解能力/技能/类型是否具有显著预测作用?何种语法技能对听力理解能力/技能/类型解释力较大?

（2）词汇能力/技能与听力理解能力/技能/类型相关关系如何?词汇能力/技能对听力理解能力/技能/类型是否具有显著预测作用?何种词汇技能对听力理解能力/技能/类型解释力较大?

（3）语法技能和词汇技能联合对听力理解能力/技能/类型是否具有显著解释力?语法技能和词汇技能何者对听力理解能力/技能/类型解释力较大?

这三个研究问题,可以分为两大类:相关性和预测作用或解释力。从统计方法上讲,主要用了相关分析和回归分析。作者的研究结果有三个小标题,第一个小标题为相关性,作者回答了第一个和第二个研究问题的前半部分,因为这个结果是通过相关性分析而来的,所以放在一起回答。这样安排做出来的表格分类清晰明确,利于读者阅读。在层次安排上特别清晰。下面为白丽茹发表于《山东外语教学》2017（5）期的"英语语法/词汇能力与听力理解能力潜在关系研究"为例说明"结果分析与讨论"的撰写。

3.0 统计结果

3.1 语法能力/技能和词汇能力/技能与听力理解能力/技能/类型相关性检验

表1为语法能力/技能和词汇能力/技能与听力理解能力/技能/类型描述性统计和相关性检验结果，数据显示变量间均存在显著正相关（p<0.001 和 p<0.05）。

表1 语法能力/技能和词汇能力/技能与听力理解能力/技能/类型描述性统计和相关性检验结果

检验类别＼检测任务		语法认知	语法应用	语法能力	词汇认知	词汇应用	词汇能力	判断推论	词语识别	综合理解	主观类型	听力理解
相关性检验结果	语法认知	–										
	语法应用	0.60***	–									
	语法能力	0.83***	0.94***	–								
	词汇认知	0.27***	0.25**	0.29***	–							
	词汇应用	0.37***	0.48***	0.49***	0.61***	–						
	词汇能力	0.37***	0.44***	0.45***	0.84***	0.94***	–					
	判断推论	0.41***	0.41***	0.45***	0.37***	0.46***	0.47***	–				
	词语识别	0.40***	0.38***	0.43***	0.37***	0.41***	0.44***	0.59***	–			
	综合理解	0.46***	0.40***	0.47***	0.16*	0.32***	0.29***	0.42***	0.51***	–		
	主观类型	0.50***	0.45***	0.52***	0.27***	0.40***	0.39***	0.55***	0.79***	0.93***	–	
	听力理解	0.51***	0.48***	0.55***	0.37***	0.49***	0.49***	0.91***	0.77***	0.73***	0.85***	–
描述性统计	最小值	3.00	16.50	34.50	20.00	5.00	28.00	18.00	4.00	3.00	7.00	33.50
	最大值	35.00	69.00	97.50	68.00	84.00	148.00	58.00	15.00	21.00	35.00	88.50
	平均值	21.58	51.20	72.78	45.05	52.55	97.60	41.34	11.87	12.40	24.28	65.62
	标准差	5.65	9.47	13.63	10.75	17.21	25.23	7.35	2.47	4.10	5.78	11.57

注：听力理解指听力理解能力总成绩，主观类型成绩为词语识别技能和综合理解技能成绩之和，客观类型成绩即判断推论技能成绩（数据略），下表同；＊＊＊$p<0.001$，＊$p<0.05$。

进一步分析发现：语法能力与听力理解能力/技能/类型相关系数介于0.55~0.43，语法认知技能与听力理解能力/技能/类型相关系数介于0.51~0.40，语法应用技能与听力理解能力/技能/类型相关系数介于0.48~0.38；词汇能力与听力理解能力/技能/类型相关系数介于0.49~0.29，词汇认知技能与听力理解能力/技能/类型相关系数介于0.37~0.16，词汇应用技能与听力理解能力/技能/类型相关系数介于0.49~0.32。

通过阅读上文我们发现，作者首先介绍统计方法为相关性分析，然后对结果进行分类陈述，并且回答了研究问题1和2的前半部分问题。

3.2 语法技能和词汇技能对听力理解能力/技能/类型预测能力检验

为探讨语法技能和词汇技能对听力理解能力/技能/类型是否具有显著预测作用，我们采用多元逐步回归分析法建立回归模型并进行各项检验，包括测定系数检验（R^2，判断回归模型拟合程度）、模型显著性检验（F检验，判断回归模型整体上是否成立）、回归系数检验（t检验，评估预测变量贡献率大小）。在多元回归分析中，F检验是对整个回归关系显著性检验，t检验是对回归模型各参数显著性检验（秦晓晴，2003：259）。表10-2-2数据显示：语法技能和词汇技能对听力理解能力/技能/类型回归模型

均通过了 F 检验和 t 检验（$p<0.001$、$P<0.01$ 和 $p<0.05$），这表明已建立的各回归模型整体上成立且具有显著预测能力。

表 10-2-2　语法技能和词汇技能对听力理解/技能/类型多元逐步回归分析结构

任务	因变量	模型	预测变量	测定系数检验				显著性检验		回归系数检验	
				R	R^2	校正后 R^2	变化值 R^2_Δ	F 值	变化值 F_Δ	Beta	t 值
语法技能对听力理解	判断推论	1	语法认知	0.41	0.17	0.17		32.97***		0.41	5.74***
		2	语法认知	0.46	0.21	0.20	0.04	21.20***	8.00**	0.26	3.01**
			语法应用							0.25	2.83**
	词语识别	1	语法认知	0.40	0.16	0.15		30.01***		0.40	5.48***
		2	语法认知	0.43	0.19	0.18	0.03	18.48***	6.01*	0.27	2.99**
			语法应用								2.45*
	综合理解	1	语法认知	0.46	0.21	0.21		43.53***		0.46	6.60***
		2	语法认知	0.49	0.24	0.23	0.03	24.94***	5.21*	0.34	3.99***
			语法应用							0.20	2.28*
	主观测试	1	语法认知	0.50	0.25	0.24		52.90***		0.50	7.27***
		2	语法认知	0.53	0.28	0.27	0.04	31.45***	7.77**	0.36	4.28***
			语法应用							0.23	2.79**
	听力理解	1	语法认知	0.51	0.26	0.26		56.67***		0.51	7.53***
		2	语法认知	0.56	0.31	0.30	0.05	35.70***	11.15**	0.35	4.22***
			语法应用							0.27	3.34**
词汇技能对听力理解	判断推论	1	词汇应用	0.46	0.21	0.21	—	42.81***	—	0.46	6.54***
	词语识别	1	词汇应用	0.41	0.17	0.16		32.53***		0.41	5.70***
		2	词汇应用	0.44	0.19	0.18	0.02	18.70***	4.22*		3.33**
			词汇认知							0.18	2.05*
	综合理解	1	词汇应用	0.32	0.10	0.10		18.61***		0.32	4.31**
	主观测试	1	词汇应用	0.41	0.16	0.16		31.41***		0.41	5.61***
	听力理解	1	词汇应用	0.49	0.24	0.24		51.68***		0.49	7.19***

注：语法技能和词汇技能对客观类型回归模型即语法技能和词汇技能对判断推论技能回归模型（数据略）；回归系数为标准化回归系数；*****$p<0.001$，**$p<0.01$，*<0.05。**

（1）语法技能对听力理解能力/技能/类型多元逐步回归分析结果：语法技能对听力理解能力，模型 2 引入语法应用技能后，校正后 R^2 为 0.30，R^2_Δ 为 0.05，F_Δ 为 11.15，Beta 为 0.35 和 027；语法技能对判断推论技能，模型 2 引入语法应用技能后，校正后 R^2 为 0.20，R^2_Δ 为 0.04，F_Δ 为 8.00，Beta 为 0.26 和 0.25；语法技能对词语识别技能，模型 2 引入语法应用技能后，校正后 R^2 为 0.18，R^2_Δ 为 0.03，F_Δ 为 6.01，Beta 为 0.27 和 0.22；语法技能对综合理解技能，模型 2 引入语法应用技能后，校正后 R^2 为 0.23，R^2_Δ 为 0.03，F_Δ 为 5.21，Beta 为 0.34 和 0.20；语法技能对主观类型，模型 2 引入语法应用技能后，校正后 R^2 为 0.27，R^2_Δ 为 0.04，F_Δ 为 7.77，Beta 为 0.36 和 0.23。

（2）词汇技能对听力理解能力/技能/类型多元逐步回归分析结果：词汇应用技能对听力理解能力、判断推论/综合理解技能及客/主观类型，只有词汇应用技能进入回归模型，校正后 R^2 为 0.24、0.21、0.10 和 0.16；词汇应用技能对词语识别技能，模型 2 引入词汇认知技能后，词汇应用技能和词汇认知技能两个变量联合相关系数为 0.44，校正后 R^2 为 0.18，R^2_Δ 为 0.02，F_Δ 为 4.22，Beta 为 0.30 和 0.18。

本部分和上部分的写作方法大致相同，作者首先介绍统计方法为多元逐步回归分析法，然后对此检验方法进行说明和分类陈述。先对语法技能对听力理解能力/技能/类型多元逐步回归分析结果进行陈述，然后陈述了词汇技能对听力理解能力/技能/类型多元逐步回归分析结果，以此回答了研究问题 1 和 2 的后半部分问题。

3.3 语法技能和词汇技能联合对听力理解能力/技能/类型解释力检验

我们采用多元逐步回归分析法对语法技能和词汇技能联合对听力理解能力/技能/类型是否具有显著解释力以及何种语法技能和词汇技能解释力较大进行了检验。研究结果表明：语法认知技能和词汇应用技能均进入了回归模型，两个变量联合对听力理解能力/技能/类型各回归模型均通过了 F 检验和 t 检验（$p<0.001$ 和 $p<0.05$），这表明已建立的回归模型整体上成立且具有显著预测能力（表 10-2-3）。

表 10-2-3　语法技能和词汇技能联合对听力理解能力/技能/类型多元逐步回归分析结构

因变量	模型	预测变量	测定系数检验				显著性检验		回归系数检验	
			R	R^2	校正值 R^2	变化值 R^2_Δ	F 值	变化值 F_Δ	Beta	t 值
判断 推论	1	词汇应用	0.46	0.21	0.21		42.81***		0.46	6.54***
	2	词汇应用	0.53	0.28	0.27	0.07	30.98***	15.34***	0.36	4.92***
		语法认知							0.28	3.92***
词语 识别	1	词汇应用	0.41	0.17	0.16		32.53***		0.41	5.70***
	2	词汇应用	0.49	0.24	0.23	0.07	25.01***	14.72***	0.31	4.13***
		语法认知							0.28	3.84***
综合 理解	1	语法认知	0.46	0.21	0.21		43.53***		0.46	6.60***
	2	语法认知	0.49	0.24	0.23	0.03	25.25***	5.70*	0.40	5.36***
		词汇应用							0.18	2.39*
主观 测试	1	语法认知	0.50	0.25	0.24		52.90***		0.50	7.27***
	2	语法认知	0.55	0.30	0.30	0.06	34.99***	13.10***	0.40	5.70***
		词汇应用							0.26	3.62***
听力 理解	1	语法认知	0.51	0.26	0.26		56.67***		0.51	7.53***
	2	语法认知	0.61	0.37	0.36	0.11	46.72***	27.45***	0.38	5.64***
		词汇应用							0.35	5.24***

注：语法技能和词汇技能对客观类型回归模型即语法技能和词汇技能对判断推论技能回归模型（数据略）；回归系数为标准化回归系数；***$p<0.001$，*$p<0.05$。

进一步分析发现：语法认知技能和词汇应用技能对听力理解能力，模型 2 引入词汇应用技能后，校正后 R^2 为 0.36、R^2_Δ 为 0.11，F_Δ 为 27.45，Beta 为 0.38 和 0.35；语法认知技能和词汇应用技能对判断推论技能，模型 2 引入语法认知技能后，校正后 R^2 为 0.27、R^2_Δ 为 0.07，F_Δ 为 15.34，Beta 为 0.36 和 0.28；语法认知技能和词汇应用技能对词语识别技能，模型 2 引入语法认知技能后，校正后 R^2 为 0.23、R^2_Δ 为 0.07，F_Δ 为 14.72，Beta 为 0.31 和 0.28；语法认知技能和词汇应用技能对综合理解技能，模型 2 引入词汇应用技能后，校正后 R^2 为 0.23、R^2_Δ 为 0.03，F_Δ 为 5.70，Beta 为 0.40 和 0.18；语法认知技能和词汇应用技能对主观类型，模型 2 引入词汇应用技能后，校正后 R^2 为 0.30、R^2_Δ 为 0.06，F_Δ 为 13.10，Beta 为 0.40 和 0.26。

本部分和上部分的写作方法一样，作者首先介绍统计方法为多元逐步回归分析法，然后对此检验方法进行说明和分类陈述，陈述了语法技能和词汇技能联合对听力理解能力/技能/类型多元逐步回归分析结果，回答了研究问题3。

三个研究问题的结果先后作出汇报，读者也知道了作者的研究问题答案。"知其然，然后知其所以然"，因此作者需要对上述三个研究问题的结果进行原因分析或解释。三个小标题与作者的研究问题基本一致，并在下述内容进行了相应的解释。

4.0 讨论

4.1 语法能力/技能和词汇能力/技能与听力理解能力/技能/类型相关关系比较

在本研究中，语法能力/技能与听力理解能力/技能/类型均存在显著正相关，语法能力可以解释听力理解能力、判断推论/词语识别/综合理解技能及客/主观类型 30.25%、20.25%、18.49%、22.09%、20.25%和27.04%的变异；语法认知技能可以解释听力理解能力、判断推论/词语识别/综合理解技能及客/主观类型 26.01%、16.81%、16.00%、21.16%、16.81%和25.00%的变异；语法应用技能可以解释听力理解能力、判断推论/词语识别/综合理解技能及客/主观类型 23.4%、16.81%、14.44%、16.00%、16.81%和20.25%的变异。相比而言，语法能力与听力理解能力/技能/类型相关关系程度较高，语法认知技能与听力理解能力/技能/类型相关关系程度略高于语法应用技能。本研究语法能力与听力理解能力研究结果与白丽茹（2015a）的研究结论基本一致；但语法认知技能与听力理解能力研究结果与王同顺等（2011）不尽相同，该研究发现语法知识（语法认知技能）可以解释听力理解能力19.90%的变异，这可能与研究者采用的测量工具、题目难易、测试方式及被试英语水平不同有关。

在本研究中，词汇能力/技能与听力理解能力/技能/类型均存在显著正相关，词汇能力可以解释听力理解能力、判断推论/词语识别/综合理解技能及客/主观类型 24.01%、22.09%、19.36%、8.41%、22.09%和15.21%的变异；词汇认知技能可以解释听力理解能力、判断推论/词语识别/综合理解技能及客/主观类型 13.69%、13.69%、13.69%、2.56%、13.69%和7.29%的变异；词汇应用技能可以解释听力理解能力、判断推论/词语识别/综合理解技能及客/主观类型 24.01%、21.16%、16.81%、10.24%、21.16%和16.00%的变异。相比而言，词汇能力和词汇应用技能与听力理解能力/技能/类型相关关系程度基本一致，词汇认知技能与听力理解能力/技能/类型相关关系程度较弱；词汇能力/技能与综合理解技能及词汇认知技能与主观类型相关关系程度较弱。在样本不少于100的情况下，相关系数介于0.20~0.35，此值也许有统计学上的显著性，但是表明两个变量相关关系较弱，在预测研究中毫无意义（刘润清1999：176）。

通过以上解释我们可以看出，作者首先对自己的研究结果进行总结，然后把自己的研究结果和学术界其他学者（如王同顺、刘润清）的研究结果进行比较分析。

4.2 语法技能和词汇技能对听力理解能力/技能/类型预测能力比较

在本研究中，语法认知技能和语法应用技能对听力理解能力/技能/类型均具有显著预测作用：（1）语法认知技能对听力理解能力解释力为26.00%，引入语法应用技能后，两个变量联合可以解释听力理解能力30.00%的变异，语法认知技能贡献率较大；（2）语法认知技能对判断推论、词语识别和综合理解技能解释力分别为17.00%、15.00%和21.00%，引入语法应用技能后，两个变量联合可以解释判断推论、词语识别和综合理解技能20.00%、18.00%和23.00%的变异，语法认知技能贡献率较大；（3）语法认知技能对客/主观类型解释力为17.00%和24.00%，引入语法应用技能后，两个变量联合可以解释客/主观类型20.00%和27.00%的变异，语法认知技能贡献率较大。相比而言，语法认知/语法应用技能两个变量联合对听力理解能力、综合理解技能及主观类型解释力相对较大，而对判断推论和词语识别技能及客观类型解释力相对较小。

在本研究中，词汇认知技能和词汇应用技能对听力理解能力/技能/类型预测能力存在差异，词汇应用技能是听力理解能力/技能/类型较好的预测指标：（1）词汇应用技能对听力理解能力、判断推论/综合理解技能均具有显著预测作用，分别可以解释听力理解能力、判断推论/综合理解技能24.00%、21.00%和10.00%的变异；（2）词汇应用技能和词汇认知技能两个变量对词语识别技能具有显著预测作用，词汇应用技能对词语识别技能解释力为16.00%，引入词汇认知技能后，两个变量联合可以解释词语识别技能18.00%的变异，词汇应用技能贡献率较大；（3）词汇应用技能对客/主类型具有显著预测作用，可以解释客/主观类型21.00%和16.00%的变异。相比而言，词汇应用技能对听力理解能力和判断推论技能解释力相对较大，对词语识别技能和主观类型解释力基本一致或差异甚微，而对综合理解技能解释力相对较弱。

4.3 语法技能和词汇技能联合对听力理解能力/技能/类型预测能力比较

在本研究中，语法认知技能和词汇应用技能联合对听力理解能力/技能/类型均具有显著预测作用，两个变量联合对听力理解能力、判断推论技能及客/主观类型解释力相对较大，对词语识别和综合理解技能解释力基本一致：（1）语法认知技能对听力理解能力解释力为26.00%引入词汇应用技能后，两个变量联合可以解释判断推论技能36.00%的变异，语法认知技能贡献率较大；（2）词汇应用技能对判断推论和词语识别技能解释力为21.00%和16.00%，引入语法认知技能后，两个变量联合可以解释判断推论和词语识别技能27.00%和23.00%的变异，词汇应用技能贡献率较大；语法认知技能对综合理解技能解释力为21.00%，引入词汇应用技能后，两个变量联合可以解释综合理解技能23.00%的变异，语法认知技能贡献率较大；（3）词汇应用技能对客观类型解释力为21.00%，引入语法认知技能后，两个变量联合可以解释客观类型27.00%的变异，词汇应用技能贡献率较大；语法认知技能对主观类型解释力为24.00%，引入词汇应用技能后，两个变量联合可以解释主观类型30.00%的变异，语法认知技能贡献率较大。

相比而言，语法认知技能对听力理解能力、综合理解技能和主观类型解释力大于词汇应用技能，词汇应用技能对判断推论、词语识别技能及客观类型解释力大于语法认知技能。这一结果可能的解释是：（1）综合理解技能要求被试将所听材料主要内容以书面语言形式进行表述，这不仅要求被试准确理解输入材料内容，还要输出既忠实于所听材料内容又符合目的语语法知识和语法规则的句子，语法认知技能在此项听力理解技能中所起作用尤为突出；（2）判断推论技能要求被试对语篇明示或隐含信息进行判断推论，既需要词汇应用技能也需要语法认知技能，但是此类测试通常以多项选择形式呈现，在快速语流中语法认知技能在此项听力理解技能中所起作用不太显著，而词汇应用技能所起作用则较为明显；（3）词语识别技能测试方式为语篇特定词语填空，该项测试技能要求被试具备较好的词汇应用技能以便准确识别并正确填写所需单词或短语及单词曲折变化等，（相对于语法认知技能）词语识别技能在此项听力理解技能中所起作用较为突出。

在这两点中，作者将两种技能对听力的预测能力比较进行了分别和联合比较，主要从理论和教学的角度进行了解释。

二、学业论文

下面以李文同学的1硕士毕业论文——**基于"投入量假设"的不同阅读任务对词汇附带习得的实证研究**为例来说明"结果分析与讨论"。

首先在章节标题后进行总体描述本章的主要内容，在描述时要根据文章的层次顺序进行概括性的描写，既突出层次结构，又说明内容，起到提纲挈领的作用。

第五章结果分析与讨论

在本章中，作者展示了所有的研究数据来回答第四章提出的两个研究问题。首先，通过数据分析来回答第一个研究问题，该问题包括三个子问题。从即时测试和延迟测试的数据，揭示了四种不同任务在学生短期记忆和长期记忆中的IVA情况，并采用了单因素方差分析。通过与四组学生的即时测试和延迟测试的比较，用即时测试和延迟测试的数据用配对样本T检验证明了学生词汇保留的第三个子问题。然后，第二个研究问题是说明被试在完成四个不同的阅读任务时主要使用什么策略。其次，对分析结果进行了详细的讨论。

在分析阅读之前，我们先回顾一下研究问题，因为所有的研究结果必须是和研究问题紧密联系。

研究问题1：基于"ILH"的实证研究，双语初中生不同阅读任务的结果是什么？

（1）根据即时测试，在不同的投入负荷下，哪一项任务对短期记忆的IVA更有效？

（2）根据延迟测试，在不同的投入负荷下，哪一项任务对长期记忆的 IVA 更有效？

（3）与四组的即时测试和延迟测试相比，不同参与负荷的任务在词汇记忆上更有效？

研究问题 2：双语初中生在完成不同投入负荷的阅读任务时，主要使用哪些策略？

我们首先看一下作者的小标题，5.1 是第一个研究问题的研究结果，5.2 为第二个研究问题的结果，5.3 为讨论。从层次上来说，也是先汇报结果，再讨论原因，层次结构清晰，一目了然。而且作者在 5.1 标题下对此部分的层次进行了特别交代，并且说明了每个小问题的研究结果的数据统计方法。

5.1 不同参与负荷的阅读任务对双语初中生词汇记忆的影响

在这一部分中，本文揭示了研究的第一个问题：不同参与负荷的阅读任务对双语初中生的影响是什么？本研究问题包括三个子问题。用单因素方差分析的方法对即时测验的数据进行分析，揭示了第一个子问题：哪项任务在不同的投入负荷下对短期记忆的 IVA 更有效？利用单因素方差分析对延迟测试数据进行分析，得出第二个子问题：哪项不同参与负荷的任务对长期记忆的 IVA 更有效？利用配对样本 T 检验对即时测试和延迟测试的数据进行分析，得出了第三个子问题：参与负荷不同的任务对词汇保持更有效？具体结果如下：

5.1.1 对短期记忆的影响分析

为了回答第一个研究问题，在受试者完成阅读任务后立即进行测试。在即时测试中，四组被试被要求完成一个词汇测试，结果如下。

Table 5.1 Descriptive Statistics of the Score in Immediate Test

Group	N	Mean	Std. Deviation	Std. Error
1	39	12.59	4.037	.647
2	34	13.44	4.541	.779
3	33	16.55	4.251	.740
4	39	16.49	4.382	.702

（Note：1＝Class one；2＝Class two；3＝Class three；4＝Class four）

表 5.1 为四组间即时检验得分的描述性统计。在表中，四个类的均值分别为 12.59、13.44、16.55 和 16.49。四个类的 std. 偏差分别为 4.037、4.541、4.251 和 4.382。根据以上证据，我们可以得出结论，完成第三项阅读任务：阅读和完成句子翻译的三班在 4 组被试中平均得分最高。而完成第四项阅读任务"阅读造句"的四班学

生的平均分远远高于一班和二班，但略低于三班。需要注意的是，平均分数从第 1 组到第 3 组依次递增，第 3 组的平均分数略高于第 4 组。

Table 5.2 ANOVA Analysis of the Immediate Test

	Sum of Squares	df	Mean Square	F	Sig.
Between Groups	464.298	3	154.766		
Within Groups	2607.744	141		8.368	.000
Total	3072.041	144	18.495		

从四类间即时检验的方差分析表 5.2 所示的统计数据可以清楚地看出，F 的值为 8.368，Sig. 的值为 0.000（Sig. =.000<.05）。根据表 5.2 的统计，我们可以得出结论，至少两组之间存在显著性差异。与表 5.3 比较，结果相同。

Table 5.3 Multiple Comparison of the Immediate Test

Group (I)	Group (J)	Mean Difference (I–J)	Std. Error	Sig.	95%Confidence Interval Lower Bound	Upper Bound
1	2	-.851	1.009	.870	-3.71	2.00
	3	-3.956*	1.017	.002	-6.83	-1.08
	4	-3.897*	.974	.002	-6.65	-1.14
2	1	.851	1.009	.870	-2.00	3.71
	3	-3.104*	1.051	.037	-6.08	-.13
	4	-3.046*	1.009	.031	-5.90	-.19
3	1	3.956*	1.017	.002	1.08	6.83
	2	3.104*	1.051	.037	.13	6.08
	4	.058	1.017	1.000	-2.82	2.94
4	1	3.897*	.974	.002	1.14	6.65
	2	3.046*	1.009	.031	.19	5.90
	3	-.058	1.017	1.000	-2.94	2.82

* The mean difference is significant at the 0.05 level

为了了解两组之间的差异，表 5.3 描述了多重比较的系统方差分析。具体细节如下：

组 1 与组 2 的 SIG. 值为 0.870（SIG. =.870），显然"0"包含在差值的 95%置信区间的上界和下界的值中。因此，两组间无显著差异。组 1 和组 3、组 1 和组 4 之间的 SIG. 值都为 .002，且在差值的 95%置信区间的上界和下界的值中不包含"0"，说明上述两组存在显著性差异。

（2）组 2 和组 3 的 SIG. 值为 0.037，且上界和下界的值在差值的 95%置信区间不包含"0"，说明两组间差异有统计学意义。组 2 和组 4 之间的 SIG. 值为 0.031，且下界和上界的值在差值的 95%置信区间上包含"0"，说明两组间差异有统计学意义。

（3）组 3 和组 4 之间的 SIG. 值为 1.000，且"0"包含在差值的 95%置信区间的下界和上界的值中，说明上述两组之间不存在显著性差异。

总之，显然根据统计数据，组 3 组 4 没有明显的统计学差异，组 1 和 3 组，组 1 和组 4，组 2 和组 3，具有统计上显著的差异。

作者交代了研究所得数据结果，并对数据结果进行了解读，解读时说明了解读依据如不仅解读了数据有显著性差异，而且交代了有显著性差异的依据：Sig. 值的大小，且上界和下界的值在差值的 95%置信区间是否包含"0"。

5.1.2　对长期记忆的影响分析

对后测数据的分析回答了第二个子问题：哪项不同投入负荷的任务对长期记忆的 IVA 更有效？后测在即刻测后两周进行。所有的实验对象都被强制进行与即时测试相同形式的词汇测试，但八个单词的顺序被随机打乱。

Table 5. 4　Descriptive Statistics of the Score in Post Test

Group	N	Mean	Std. Deviation	Std. Error
1	39	12. 38	4. 069	. 652
2	34	12. 79	3. 804	. 652
3	33	15. 58	3. 588	. 625
4	39	15. 38	3. 836	. 614

（Note：1＝Class one；2＝Class two；3＝Class three；4＝Class four）

根据表 5.4 对四组后测得分的描述性统计，可以看出四类的均值分别为 12.38、12.79、15.58、15.38。四个类的 std. 偏差依次为 4.069、3.804、3.588、3.836。与直接测试的结果相同，从统计数据可以明显看出，完成第三项阅读任务——阅读和完成句子翻译的 3 班学生在四组学生中平均得分最高。而完成第四项阅读任务：阅读造句的 4 班的平均分远远高于 1 班和 2 班的平均分，但略低于 3 班的平均分。需要指出的是，各组的平均得分趋势从组 1 到组 3 依次增长，组 3 的平均得分也略高于组 4 的得分。

Table 5. 5　ANOVA Analysis of the Post Test

	Sum of Squares	df	Mean Square	F	Sig.
Between Groups	307. 891	3	102. 630	6. 964	. 000
Within Groups	2078. 081	141	14. 738		
Total	2385. 972	144			

表 5.5 是四类后验的方差分析，从表 5.5 可以明显看出，F 值为 6.964，Sig. value 为 .000（Sig. =.000<.05）。根据表 5.5 的统计，我们很容易得出结论，至少两组之间存在统计学差异。为了进一步理解结果，我们对后验的多重比较表 5.6 进行分析。

Table 5. 6　Multiple Comparison of the Post Test

Group（I）	Group（J）	Mean Difference（I−J）	Std. Error	Sig.	95%Confidence Interval	
					Lower Bound	Upper Bound
1	2	−. 410	. 901	. 976	−2. 96	2. 14
	3	−3. 191 ∗	. 908	. 008	−5. 76	−. 62
	4	−3. 000 ∗	. 869	. 009	−5. 46	−. 54
2	1	. 410	. 901	. 976	−2. 14	2. 96
	3	−2. 782 ∗	. 938	. 036	−5. 44	−. 13
	4	−2. 590 ∗	. 901	. 045	−5. 14	−. 04
3	1	3. 191 ∗	. 908	. 008	. 62	5. 76
	2	2. 782 ∗	. 938	. 036	. 13	5. 44
	4	. 191	. 908	. 998	−2. 38	2. 76
4	1	3. 000 ∗	. 869	. 009	. 54	5. 46
	2	2. 590 ∗	. 901	. 045	. 04	5. 14
	3	−. 191	. 908	. 998	−2. 76	2. 38

∗ The mean difference is significant at the 0. 05 level

表 5.6 显示了后验多重比较的系统方差分析。为了更清楚地了解两组之间的差异，详细信息如下：

（1）组 1 与组 2 的 SIG. 值为 0.976，其差值的 95% 置信区间上下值均为 0，说明两组间差异不显著。组 1 与组 3、组 1 与组 4 的 SIG. 值分别为 0.008 与 0.009，且在差值的 95% 置信区间的下界和上界的值中不包含"0"，说明上述两对组具有统计学显著性差异。

（2）组 2 和组 3 之间的 SIG. 值为 0.036，组 2 和组 4 之间的 SIG. 值为 0.045。"0"不包含在差值 95%置信区间的下界和上界的值中。这说明前面提到的两组在统计上有显著的差异。

（3）组 3 和组 4 之间的 SIG. 值为 0.998，上界和下界的值在差值的 95%置信区间上包含"0"，说明两组间差异不显著。

综上所述，首先可以得出，组 1 与组 2、组 3 与组 4 之间差异无统计学意义。其次，可以看出，组 1 与组 3、组 1 与组 4、组 2 与组 3、组 2 与组 4 差异均有统计学意义。

5.1.3 对词汇记忆的影响分析

在分析了即时测试和延迟测试的数据后，利用配对样本 T 检验对即时测试和延迟测试数据的分析解释了第三个子问题：参与负荷不同的任务对词汇保留更有效？具体内容如下：

Table 5.7 Paired Samples Statistics in the Immediate and Delayed Tests

		Mean	N	Std. Deviation	Std. Error Mean
Pair 1	IT	12.5897	39	4.03744	.64651
	DT	12.3846	39	4.06924	.65160
Pair3	IT	13.4412	34	4.54067	.77872
	DT	12.7941	34	3.77214	.64692
Pair3	IT	16.5455	33	4.25067	.73995
	DT	15.5758	33	3.58844	.62467
Pair4	IT	16.4872	39	4.38221	.70172
	DT	15.3846	39	3.83622	.61429

（Note：IT = Immediate Test；DT = Delayed Test）

由表 5.7 可以看出，这是四组被试的即时检验和延迟检验的配对样本统计量。统计量表明，四组的即时检验和延迟检验的均值是不同的。从统计数据可以清楚地看出，四组被试的即时测试平均分远远高于延迟测试平均分。由此可以得出结论，四组学生的词汇保留率发生了变化。很容易看出，长期记忆的效果比短期记忆的效果差得多。也就是说，基于 ILH 的四项阅读任务明显不能促进词汇的持久记忆。

Table 5.8 Paired Samples Test in the Immediate and Delayed Test

		Paired Differences					t	df	Sig. 2-tailed
		Mean difference	Std. Deviation	Std. Error Mean	95% Confidence Interval of the Differences				
					Lower	Upper			
Pair1	IT-DT	.20513	1.92189	.30775	-.41788	.82813	.667	38	.509
Pair2	IT-DT	.64706	3.89158	.66740	-.71078	2.00489	.970	33	.339
Pair3	IT-DT	.96970	2.37809	.41397	.12646	1.81293	2.342	32	.026
Pair4	IT-DT	1.10256	1.68265	.26944		1.64802	4.092	38	.000

（Note：IT= Immediate Test；DT= Delayed Test）

表 5.8 为四组被试即时检验和延迟检验的配对样本检验。从统计数据可以看出，四组的立即检验和延迟检验的差异均值分别为 .20513、.64706、.96970 和 1.10256。这意味着即时测试的平均分要高于延迟测试的平均分。其 Sig.（2-tailed）值的第一和第二组分别是 .509 和 .339。而下界和上界的值在差值的 95% 置信区间包含 0。因此，第一组和第二组被试的词汇保留在统计学上没有显著差异。根据表，统计显示，Sig.（2-tailed）值的第三和第四组是分别为 026 和 0.000，在差异的 95% 置信区间上，不包含 "0" 的值，说明第三组和第四组被试的词汇记忆存在显著差异。

综上所述，从上表可以看出，延迟测试的平均分明显低于立即测试的平均分。因此，我们可以得出结论，两周后，目标词的长期记忆要比短期记忆差。结果表明，这对四组被试的词汇记忆效果不是很好。此外，我们有数据表明，第一组和第二组的词汇保留没有显著差异，但后两组存在显著差异。因此，我们可以得出结论，相比之下，第一组和第二组的词汇记忆效果要比第三组和第四组好得多。

5.2 双语初中学生主要使用的策略

在这一部分中，第二个研究问题将通过分析问卷中的数据来回答，这个问题是为了说明被试在完成四项不同的阅读任务时，主要使用哪些策略。

本研究的第四章主要介绍了四种主要的词汇策略，分别是猜测策略、查阅策略、记忆策略和应用策略。1、2、3、4、5 题探索猜测策略；第 6 至 13 项是咨询策略；第 14 至 16 项检查内存策略，第 17 和 18 项检测应用的策略。为了了解被试在完成不同的阅读任务时主要使用哪些策略，笔者将逐一进行论证。

5.2.1 猜测策略

表 5.9 是猜测策略的描述性统计。在表中，四个类的均值分别为 2.70，2.75，3.24 和 3.40。四个类的标准偏差分别为 0.637、0.579、0.609 和 0.595。通过以上统计，我们可以得出结论，四组被试在猜测策略得分上的均值依次递增。

Table 5.9 Descriptive Statistics of the Guessing Strategy

Group	N	Mean	Std. Deviation	Std. Error
1	39	2.70	.637	.102
2	34	2.75	.579	.099
3	33	3.24	.609	.106
4	39	3.40	.595	.095

(Note: 1 = Class one; 2 = Class two; 3 = Class three; 4 = Class four)

Table 5.10 ANOVA Analysis of the Guessing Strategy

	Sum of Squares	df	Mean Square	F	Sig.
Between Groups	13.767	3	4.589	12.489	.000
Within Groups	51.811	141	.367		
Total	65.578	144			

由表 5.10 对四类猜测策略的方差分析可以明显看出，F 值为 12.489，SIG. 的值为 0.000。如表 5.10 所示，我们可以得出结论，至少两组之间存在显著差异。

Table 5.11 Multiple Comparison of the Guessing Strategy

Group (I)	Group (J)	Mean Difference (I-J)	Std. Error	Sig.	95%Confidence Interval	
					Lower Bound	Upper Bound
1	2	−.050	.142	.989	−.45	.35
	3	−.539 *	.143	.004	−.94	−.13
	4	−.703 *	.137	.000	−1.09	−.31
2	1	.050	.142	.989	−.35	.45
	3	−.489 *	.148	.014	−.91	−.07
	4	−.653 *	.142	.000	−1.06	−.25
3	1	.539 *	.143	.004	.13	.94
	2	.489 *	.148	.014	.07	.91
	4	−.164	.143	.729	−.57	.24
5	1	.703 *	.137	.000	.31	1.09
	2	.653 *	.142	.729	.25	1.06
	3	.164	.143	.585	−.24	.57

* The mean difference is significant at the 0.05 level

表 5.11 描述了猜测策略多重比较的系统方差分析。具体细节如下:

(1) 组 1 与组 2 的 SIG. 值为 0.989,其 95%置信区间上、下界值包含 0,说明两组间无显著性差异。1 组和 3 组之间的 SIG. 值是 0.004,组 1 和 4 值是 0.000,"0"不包含在 95%信信区间的上限和下限内,这意味着上述两组的有显著差异。

(2) 组 2 与组 3 的 SIG. 值为 0.014,组 2 和组 4 之间的 SIG. 值为 0.000。而在差异的 95%置信区间上下限的值不包含"0",说明上述两对组之间存在统计学显著性差异。

(3) 组 3 和组 4 之间的 SIG. 值为 0.729,95%置信区间的上下限包含"0",说明上述两组之间不存在显著性差异。

综上所述,从图中可以看出,组 1 与组 2、组 3 与组 4 差异无统计学意义。必须指出的是,其他组的数据也有显著差异。

5.2.2 查阅策略

表 5.12 为查阅略的描述性统计。由表可知，四个类的均值分别为 3.36、3.39、3.82 和 4.05。四类的标准偏差分别为 0.460，0.462，0.362 和 0.370。从上图可以看出，四组受试者咨询策略得分的均值依次递增。

Table 5.12　Descriptive Statistics of the Consulting Strategy

Group	N	Mean	Std. Deviation	Std. Error
1	39	3.36	.460	.074
2	34	3.39	.462	.079
3	33	3.82	.362	.063
4	39	4.05	.370	.059

（Note：1＝Class one；2＝Class two；3＝Class three；4＝Class four）

表 5.13 为查阅策略的方差分析，F 值为 24.721，Sig. value 为 0.000（Sig. ＝0.000 <0.05）。统计表明，至少两组之间存在显著性差异。

Table 5.13　ANOVA Analysis of theConsulting Strategy

	Sum of Squares	df	Mean Square	F	Sig.
Between Groups	12.888	3	4.296		
Within Groups	24.504	141	.174	24.721	.000
Total	37.392	144			

Table 5.14　Multiple Comparison of the Consulting Strategy

Group (I)	Group (J)	Mean Difference (I–J)	Std. Error	Sig.	95%Confidence Interval	
					Lower Bound	Upper Bound
1	2	−.034	.098	.989	−.31	.24
	3	−.462 *	.099	.000	−.74	−.28
	4	−.696 *	.094	.000	−.96	−.43
2	1	.034	.098	.989	−.24	.31
	3	−.428 *	.102	.001	−.72	−.14
	4	−.662 *	.098	.000	−.94	−.38

续表

Group（I）	Group（J）	Mean Difference（I–J）	Std. Error	Sig.	95%Confidence Interval	
					Lower Bound	Upper Bound
3	1	.462 *	.099	.000	.18	.74
	2	.428 *	.102	.001	.14	.72
	4	−.233	.099	.139	−.51	.05
4	1	.696 *	.094	.000	.43	.96
	2	.662 *	.098	.000	.38	.94
	3	.233	.099	.139	−.05	.51

* The mean difference is significant at the 0.05 level

表 5.14 描述了多重比较的系统方差分析。具体信息如下：

（1）组 1 与组 2 的 SIG. 值为 0.989，其 95% 置信区间上、下界值包含 0。这意味着这两组之间没有显著的差异。组 1 和组 3，组 1 和组 4 的 SIG. 值都是 0.000，"0" 并不包括在 95% 信信区间的上限和下限之内，这表明上述两组的统计上的显著差异。

（2）组 2 和组 3 的 SIG. 值为 0.001，95% 置信区间的上、下限不包含 "0"。组 2 和组 4 之间的 SIG. 值为 0.000（SIG。=0.000<0.05），且 "0" 不包含在 95% 置信区间上、下限的值中，说明上述两对组之间存在统计学显著性差异。

（3）组 3 和组 4 的 SIG. 值为 0.139，95% 置信区间上界和下界的包含 "0"。说明两组之间不存在显著性差异。

综上所述，从统计学上可以明显看出，组 1 与组 2、组 3 与组 4 之间无统计学差异。而组 1 与组 3、组 1 与组 4、组 2 与组 3、组 2 与组 4 差异均有统计学意义。

5.2.3 记忆策略

Table 5.15 Descriptive Statistics of theMemory Strategy

Group	N	Mean	Std. Deviation	Std. Error
1	39	2.91	.670	.107
2	34	3.39	.689	.118
3	33	3.60	.665	.116
4	39	3.62	.554	.089

（Note：1＝Class one；2＝Class two；3＝Class three；4＝Class four）

表 5.15 是记忆策略的描述性统计。记忆策略的均值分别为 2.91、3.39、3.60 和 3.62。四个类的标准偏差分别为 0.670、0.689、0.665 和 0.554。根据上面的表，我们可以得出结论，四组被试在记忆策略方面的得分均值都在逐渐增加。

Table 5.16   ANOVA Analysis of theMemory Strategy

	Sum of Squares	df	Mean Square	F	Sig.
Between Groups	12.141	3	4.047		
Within Groups	58.552	141	.415	9.745	.000
Total	70.693	144			

由表 5.16 对四类猜测策略的方差分析可以明显看出，F 值为 9.745，Sig. 的值为 0.000（Sig. =0.000<0.05）。如表 5.10 所示，我们可以得出至少两组被试之间存在显著差异的结论。

Table 5.17   Multiple Comparison of the Memory Strategy

Group (I)	Group (J)	Mean Difference (I-J)	Std. Error	Sig.	95%Confidence Interval	
					Lower Bound	Upper Bound
1	2	−.478 *	.151	.022	−.91	−.05
	3	−.681 *	.152	.000	−1.11	−.25
	4	−.701 *	.146	.000	−1.11	−.29
2	1	.478	.151	.022	.05	.91
	3	−.204	.157	.643	−.65	.24
	4	−.223	.151	.538	−.65	.20
3	1	.681 *	.152	.000	.25	1.11
	2	.204	.157	.643	−.24	.65
	4	−.019	.152	.999	−.45	.41
4	1	.701 *	.146	.000	.29	1.11
	2	.223	.151	.538	−.20	.65
	3	.019	.152	.999	−.41	.45

* The mean difference is significant at the 0.05 level

表 5.17 展示了内存策略多重比较的系统方差分析。详情如下：

（1）组 1 与组 2、组 1 与组 3、组 1 与组 4 的 SIG. 值分别为 0.022、0.000、0.000。且在差异的 95% 置信区间上下限不包含 "0"，验证了上述三对组之间存在统计学显著性差异。

（2）组 2 与组 3 的 SIG. 值为 0.643，组 2 与组 4 的 SIG. 值为 0.538，且 95% 置信区间的上、下界值中包含 "0"，说明两对组之间存在显著性差异。

（3）组 3 和组 4 之间的 SIG. 值为 0.999，且 95% 置信区间的上、下界值中包含 "0"，说明了上述两组之间不存在显著性差异。

综上所述，我们可以认为组 1 与组 2、组 1 与组 3、组 1 与组 4 之间存在统计学差异。而组 2 与组 3、组 2 与组 4、组 3 与组 4 差异不具有统计学意义。

5.2.4 应用策略

表 5.18 为应用策略的描述性统计。由表可知，组一到组四的均值依次为 2.69、2.85、3.65、3.69。四个类的标准偏差分别为 0.824、0.892、0.775 和 0.848。结果表明，四组被试在策略运用上得分的平均值是按顺序相加的。

Table 5.18　Descriptive Statistics of the Applied Strategy

Group	N	Mean	Std. Deviation	Std. Error
1	39	2.69	.824	.132
2	34	2.85	.892	.153
3	33	3.65	.775	.135
4	39	3.69	.848	.136

（Note：1=Class one；2=Class two；3=Class three；4=Class four）

Table 5.19　ANOVA Analysis of the Applied Strategy

	Sum of Squares	df	Mean Square	F	Sig.
Between Groups	30.284	3	10.095	14.432	.000
Within Groups	98.623	141	.699		
Total	128.907	144			

表 5.19 为应用策略的方差分析，F 值为 14.432，SIG. 值为 0.000。从上表可以看出，至少两组之间存在显著性差异。

Table 5.20 Multiple Comparison of the Applied Strategy

Group (I)	Group (J)	Mean Difference (I–J)	Std. Error	Sig.	95%Confidence Interval	
					Lower Bound	Upper Bound
1	2	−.161	.196	.880	−.72	.39
	3	−.959 *	.198	.000	−1.52	−.40
	4	−1.000 *	.189	.000	−1.54	−.46
2	1	.161	.196	.880	−.39	.72
	3	−.799 *	.204	.002	−1.38	−.22
	4	−.839 *	.196	.001	−1.39	−.28
3	1	.959 *	.198	.000	.40	1.52
	2	.799 *	.204	.002	.22	1.38
	4	−.041	.198	.998	−.60	.52
4	1	1.000 *	.189	.000	.46	1.54
	2	.839 *	.196	.001	.28	1.39
	3	.041	.198	.998	−.52	.60

* The mean difference is significant at the 0.05 level

表 5.20 显示了应用策略的多重比较的系统方差分析。具体信息如下：

（1）组 1 与组 2 的 SIG. 值为 0.880，在差异的 95% 置信区间上下限不包含 "0"，说明这两组间无显著差异。组 1 和 3 组，组 1 和组 4 的 SIG. 值都为 0.00，且在差异的 95% 置信区间上下限不包含 "0"，这表明上述两组存在统计上的显著性差异。

（2）组 2 和组 3 的 SIG. 值为 0.002，组 2 和组 4 之间的 SIG. 值为 0.001，且在差异的 95% 置信区间上下限不包含 "0"，这表明上述两对组间的差异具有统计学意义。

（3）组 3 与组 4 之间的 SIG. 值为 0.998，且在差异的 95% 置信区间上下限包含 "0" 这说明这两组没有显著差异。

总之，从统计学上可以明显看出，组 1 与组 2、组 3 与组 4 之间无统计学显著性差异。另一方面，组 1 与组 3、组 1 与组 4、组 2 与组 3、组 2 与组 4 差异有统计学意义。

作者对两个研究问题的研究结果进行了一一陈述，在此过程中做到了，先提纲挈领的概说，紧接着详细数据展示，并对数据进行了一一解读，其中叙述了解读依据，所以做到了论点鲜明，论据充足。

研究结果已经出来了，那么为什么？作者又根据研究问题的顺序一一对此研究结果的原因进行了讨论。对于基于 ILH 的短期记忆不同阅读任务产生的原因，作者讨论了两个原因，主要是从本研究的理论依据：投入量假设的理论层面上进行了论证，其次作者也将自己的研究结果与别的学者的研究结果进行了比较分析。

5.3　讨论

在接下来的讨论中，我们将探讨导致上述现象的原因。并根据词汇测试和问卷调查的结果分析，探讨其原因。

5.3.1　基于 ILH 探讨初中双语学生在 IVA 上的不同阅读任务

在这一部分中，笔者将从短期记忆、长期记忆和词汇记忆三个方面探讨不同投入负荷下的阅读任务对中英双语初中生 IVA 的影响。

5.3.1.1　不同阅读任务对短期记忆的影响原因

在预试研究中，我们可以看到各组之间没有显著差异，四个目标班的英语水平相同。在调查实施过程中，四组被试被分配了不同的阅读任务和不同的投入负荷。表 4.7 显示了不同参与负载的四个任务的情况。组 1 ~ 组 4 的涉入负荷指数为 1 ~ 4。由表 5.1 所示的上述结果可知，第 1 组到第 3 组的平均分依次递增，第 3 组的平均分略高于第 4 组。由表 5.3 可知，除组 1、组 2、组 3、组 4 外，两组间差异均有统计学意义。对于每组的平均成绩，我们可以确定存在 IVA，说明每项不同投入负荷的阅读任务都能促进词汇习得。然而，不同的阅读任务对 IVA 有不同的影响。任务 1 的多项选择综合题的阅读是最差的，任务 2 的阅读和填空是第二。阅读和完成句子翻译的任务 3 比前两个任务好得多，比阅读和造句的任务 4 好得多。

因此，任务 3（涉入负荷指数为 3）在短时记忆中比其他阅读任务的涉入负荷指数更有效。任务 3 和任务 4 对词汇习得有明显的影响，但任务 3 略优于任务 4，部分验证了 ILH。一些可能的原因如下。

首先，在 Task 1 和 Task 2 中，被试只需理解目标单词的意思就可以完成阅读任务，并且目标单词都被标注在文本空白处。两个任务的主要区别在于，完成任务 2 的被试不仅需要理解单词的意思，还需要确定哪个单词适合每个句子，并且有一个适度的评价。根据加工深度理论，第二组被试在完成任务 2 的过程中对目标词的加工深度比第一组被试更深。由于任务 2 的涉入负荷指数略高于任务 1，所以二班的平均分略高于一班。而两组受试者之间没有显著差异，因为参与负荷指数相似。

其次，第 1 组到第 3 组的平均分有规律地上升可以用 ILH 来解释。因为介入负荷指数也会依次增加。在任务 1 中，被试只需通过文本空白处了解单词的意思就可以完成多项选择综合题。在这个过程中，他们可能不记得目标词的意思或用法，但正确地做练习。在任务 2 中，被试需要知道每个单词和每个句子的意思，并分析和比较每个单词与其他单词的异同，从而确定哪个单词适合每个句子。任务 3 中的目标词也与阅读任务相关，并没有在文本空白处标注。这就要求被试通过查字典来了解每个词的意思和正确的用法，并根据上下文来确定每个词的准确用法和整理。在这个加工过程中，3班的被试可能比1班和2班的被试接触到更多的目标词，对目标词的加工也更深入。组4的平均分远远高于组1和组2。总体上，可以用ILH来说明，因为任务4的涉入负荷指数远远高于前两个任务。在任务4中，被试既要了解每个词的意义、用法和搭配，又要了解每个目标词与其他词的异同。虽然4班的介入负荷指数高于3班，但出乎意料的是，4班的平均分略低于3班。这种情况不能用ILH来解释。可以推测，一方面，阅读文章中并没有给出任务3和任务4的目标词，而被试应该通过猜测或查字典来掌握这些词的意思。任务4要求受试者先阅读文章，然后用目标词造句。从四班的阅读材料中，笔者发现一些学生没有积极地构建适合目标词的语境，使自己的词汇知识更深入地处理。他们只是模仿原文的句子，甚至是抄写文章中的句子，所以他们可能甚至不知道单词的意思。另一方面，由于年龄和英语水平的限制，这一水平的学生很难用给定的单词来创造自己的语境。即他们很难完成任务4这样的阅读任务。相反，任务3要求第三班的被试阅读文章，然后用所给的单词翻译句子。提供了全部的汉语句子和一半的英语句子，学生只需要知道每个单词的意思，并在适当的上下文中选择和使用正确的单词。虽然本实验提供了属于中度评价的阅读任务语境，但被试仍需付出更多的认知努力，诱导更深层的语义加工来完成任务。这样可以在不知不觉中加强学生的词汇习得。由于任务3和任务4均具有较高的参与负荷，因此组3和组4的被试在四个班级中平均得分较高，两组之间无统计学差异。可以看出，在考虑ILH的同时，我们还应该重视第二语言学习者的年龄和英语水平。

5.3.1.2　不同阅读任务对长时记忆产生影响的原因

后测在即刻测试后两周进行。如上所述，任务1的涉入负荷指数为1；任务2的得分为2；任务3的结果是3；任务4是4。四项任务的参与负荷指数排序结果为任务1<任务2<任务3<任务4。由表5.4可知，后测的均值为任务3>任务4>任务2>任务1。必须指出的是，每一组的后测均值都低于后测均值。由表5.5可知，至少两组受试者之间存在统计学差异（F=6.964，Sig. =.000<.05）。这意味着四种不同的阅读任务会对两周后的词汇记忆产生影响。与直接检验的结果一样，表5.6表明，除了第1类和第2类（Sig. =.976）以及第3类和第4类（Sig. =.998）外，每两个类别之间都有显著差异。一些可能的原因如下。

首先，从后测的结果可以看出，3班和4班的平均分远远高于1班和2班。因此，我们可以得出结论：高介入负荷的任务可以提高短期和长期记忆的脑内瓦，可以部分测试脑内瓦。

其次，与即时测试结果一致的是，第一次阅读任务对词汇的记忆效果最差。造成这种现象的主要原因可能是这种阅读任务不需要被试产生与目标词相适应的语境。因此，很难促使被试主动地将自己已有的知识、经验和背景与目标词结合起来。因此，根据Slamecka和Graf的观点，这不利于目标词的同化和内化，不利于词汇的维护（Slamecka & Graf, 1978：592-604）。

任务3在短时记忆和长时记忆方面都有显著的效果。虽然在四种阅读任务中，任务4的介入负荷最高，但任务4的平均得分并不优于任务3，而任务3的介入负荷指数低于任务4。这无法得到国际劳工组织的证实。的原因直接测试，测试后的结果表明，长期记忆的影响不在于参与负载的任务，但在主题创造更多的认知效果，尝试是否激活他们已有的知识并积极与目标词连接。

5.3.1.3 基于ILH的不同阅读任务对词汇记忆的影响原因

从以上结果可以看出，短期记忆对目标词的记忆效果要比长期记忆好得多（表5.7）。这一结果证实了 Laufer 和 Hulstijn 的研究结果，符合词汇记忆规律。当 L2 学习者接触到一些已经记住的新单词时，这些单词会在语境中不断出现，如果 L2 学习者不及时复习和巩固这些单词，那么这些单词就会很快被遗忘。事实证明，及时复习和巩固对词汇记忆起着至关重要的作用。

从表5.8中可以看出，任务1和任务2的词汇保留效果明显好于后两个阅读任务。第1组的 Sig. value 为 0.509，第2组的 Sig. value 为 0.339，大于 0.05。这意味着两组人的短期记忆和长期记忆没有显著差异。组3和组4的 Sig. value 分别为 0.026 和 0.000，说明后两组的短期记忆和长期记忆有统计学差异。结果表明，任务1在词汇记忆方面效果最好，任务2次之。不难看出，相对高投入负荷的任务3和任务4对词汇记忆没有很好的影响。事实上，可能的原因是前两项任务一开始的词汇习得率相对较低，因此可能出现的单词丢失率也较低。相反，任务3和任务4生成的词汇量一开始就远远高于前两个任务，因此丢失的词汇量可能会比前两个任务多。

5.3.2 讨论不同阅读任务对基于ILH的词汇学习策略的影响

根据前面的描述，我们知道在本研究中有四种主要的词汇学习策略，分别是猜测策略、查阅策略、记忆策略和应用策略。而笔者想探究的是，被试在完成四项不同涉入负荷的阅读任务时，主要使用哪些策略。

首先，在猜测策略方面，问卷数据显示，做任务3和任务4的被试比做任务1和任务2的被试使用更多的猜测策略。因为第3类任务3是中等需要，搜索，和弱评估，第4类任务4是中等需要，搜索，和强评估。两组的相似之处在于，他们都需要知道单词的意思，而这些单词并没有在文本空白处注释。相反，任务1和任务2中的目标词被注释了，所以两组的被试可以直接使用注释。由于目标的话相关但不忽略的阅读任务，在课堂上和一些科目3和4想通过更好的理解，所以他们不得不尝试猜目标单词的含义与原有知识，一些相关词汇和上下文。

其次，在咨询策略方面，统计数据显示后两组被试采用的咨询策略多于前两组。第二组采用的这种词汇学习策略比第一组多一些。即使提供了目标词的意思，任务2与目标词的相关性也比任务1强。我们知道任务3和任务4中的目标词没有被忽略。而且，对目标词的掌握要求比前两个任务更高。只有掌握目标词的意思，被试才能理解文章的中心思想，完成问题。从上面的分析我们可以看出，任务4的被试比任务3使用了更多的咨询策略，因为只有当他们采用了这种策略，更多地了解被试的用法，他们才能完成造句。

第三，根据问卷调查，第14~16项与记忆策略有关。由表5.15可以看出，四组被试的记忆策略平均分依次递增。另外，从表5.17可以看出，具有任务1的类1与各组之间存在显著性差异，其他各组之间不存在显著性差异。由于任务一的参与负荷最低，而完成任务一的被试只是用单词做多项选择题，因此有一部分被试在不理解目标单词含义的情况下完成了任务。与此相反，任务2、3、4要求被试不仅要知道未知单词的意思，而且要用自己原有的单词和经验对单词进行深入的加工。因为后三个阅读任务的相似之处在于，它们都诱发了参与负荷的一个因素，即评估，并为被试提供了一个情境。在这个过程中，被试利用上下文可能比任务1更容易记住单词。在完成任务2、3、4时，大部分被试认为完成上述任务就可以记住生词。

第四，在本问卷中，通过项目17和18对应用策略进行了调查。从表5.18可以看出，第3组和第4组的均值远远高于前两组。由表5.20统计可知，组1与组2、组3与组4之间无显著性差异。很明显，后两项任务比前两项任务诱导更高的介入负荷。为了完成这两项任务，被试必须做出更多的认知努力，并试图激活他们原有的知识，并自动将其与目标词连接起来。完成任务3和任务4后，被试不仅掌握了生词的意思，还掌握了生词的用法。因此，他们更倾向于在口语交际或写作中使用这些目标词。

综上所述，通过以上分析和讨论，我们可以得出结论，不同参与负荷的任务在二语学习者的词汇学习策略中起着至关重要的作用。不同任务的小组使用不同的词汇学习策略。他们根据自己的任务需求选择不同的策略。

通过讨论分析，作者最后进行了总结，做到了理论和研究结果的水乳交融与高度概括。

第三节　常用表达

在描述自己的研究结果与讨论所用的时态通常为一般过去时，语态主要为被动语态。在描写过程时使用不定式表目的，正确使用方式副词、表时间和顺序的副词等。

一、结果汇报（Reporting Results）

（一）用于描写目标或方法（Reference to aim or method）

Changes in X and Y were compared using⋯.
用⋯⋯比较 X 和 Y 的变化。
Simple statistical analysis was used to⋯.

简单的统计分析被用来……

To assess…the… questionnaire was used.

为了评估……使用了……问卷。

To distinguish between these two possibilities….

为了区分这两种可能性……。

T-tests were used to analyse the relationship between….

用 t 检验分析……。

In order to assess… repeated-measures ANOVAs were used.

为了评估……，使用重复测量 ANOVAs。

Regression analysis was used to predict the….

用回归分析预测……。

The average scores of A and B were compared in order to….

比较 A 和 B 的平均分，以便……。

Nine items on the questionnaire measured the extent to which….

问卷中的九个项目测量了……。

The correlation between A and B was tested.

检验 X 和 Y 之间的相关性。

The first set of analyses examined the impact of….

第一组分析研究了……的影响。

To compare the scores three weeks after initial screening, a global ANOVA F-test was used.

为了比较初次筛选后三周的得分，使用了一种全局方差分析 f 检验。

A scatter diagram and a Pearson's product moment correlation were used to determine the relationship between….

散点图和皮尔逊积差相关被用来确定……之间的关系。

Table 1（Figure 1）shows（compares, presents, provides）an overview of…

表 1（图 1）展示了…的概况。

The table below illustrates（The pie chart above shows）some of the main characteristics（the breakdown）of the….

下表说明了（上面的饼图显示了）……的一些主要特征（细目）。

As shown in Figure 1, the X group reported significantly more Y than the other two groups.

如图 1 所示，X 组报告的 Y 明显多于其他两组。

The themes identified in these responses are shown in Table 1.

这些答复中确定的主题如表 1 所示。

（二）在表格或图表中突出显示重要数据（Highlighting significant data in a table or chart）

It is apparent from this table that very few⋯.

从这张表中可以明显看出，很少有⋯⋯。

This table is quite revealing in several ways. First, unlike the other tables⋯.

这张表在很多方面都很有启示意义。首先，不像其他的表⋯⋯。

What is interesting in this data is that⋯.

数据中有趣的是⋯⋯。

In Figure 10 there is a clear trend of decreasing⋯.

在图 10 中⋯⋯有明显的下降趋势。

As Table III shows, there is a significant difference（t = − 2. 15, p = 0. 03）between the two groups.

由表三可知，两组间存在显著性差异（t = −2. 15, p = 0. 03）。

The differences between X and Y are highlighted in Table 4

表 4 突出显示了 X 和 Y 之间的差异。

From the chart, it can be seen that by far the greatest demand is for⋯.

从该图表可以看出，到目前为止，最大的需求是⋯⋯。

From the data in Figure 9, it is apparent that the length of time left between ⋯.

从图 9 的数据可以明显看出⋯⋯。

From this data, we can see that Study 2 resulted in the lowest value of⋯.

从这个数据中，我们可以看到，研究 2 导致的最低值⋯⋯。

Data from this table can be compared with the data in Table 4. 6 which shows⋯.

该表中的数据可以与表 4. 6 中的数据进行比较，表 4. 6 显示⋯⋯。

（三）肯定结果陈述（Statements of positive result）

Strong evidence of X was found when⋯

当⋯⋯时发现了关于 X 的有力证据。

This result is significant at the p = 0. 05 level.

该结果在 p = 0.05 水平上具有显著性。

There was a significant positive correlation between….

在……之间存在显著的正相关关系。

There was a significant difference between the two conditions…。

这两种情况之间有显著差异。

On average, Xs were shown to have….

平均来看，Xs 有……。

The mean score for X was….

X 的平均分数是……。

Interestingly, for those subjects with X, ….

有趣的是，对于那些有 X 的人，……。

A positive correlation was found between X and Y.

X 与 Y 呈正相关。

The results, as shown in Table 1, indicate that….

结果如表1所示，表明……。

A two-way ANOVA revealed that….

一项双向方差分析显示……。

Post hoc analysis revealed that during….

事后分析显示在……。

Further analysis showed that….

进一步的分析表明……。

Further statistical tests revealed….

进一步的统计测试显示……。

(四) 否定结果陈述（Statements of negative result）

There was no increase of X associated with….

与……无关的 X 没有增加。

There were no significant differences between….

在……之间没有显著差异。

No significant differences were found between….

在……之间没有发现显著差异。

No increase in X was detected.

未检测到 X 的增加。

No difference greater than X was observed.

没有观察到大于 X 的差异。

None of these differences were statistically significant.

这些差异在统计学上都不显著。

Overall, X did not affect males and females differently in these measures.

总体而言，X 对男性和女性的影响没有差异。

The Chi-square test did not show any significant differences between…

卡方检验没有显示……之间的任何显著差异。

A clear benefit of X in the prevention of Y could not be identified in this analysis.

在这项分析中，X 在预防 Y 方面没有明显的好处。

Only trace amounts of X were detected in….

在……中只检测到微量的 X。

（五）突出重要的、有趣的或惊人的结果
（Highlighting significant, interesting or surprising results）

Interestingly, the X was observed to….

有趣的是，X 被观察到……。

Interestingly, this correlation is related to….

有趣的是，这种相关性与……。

The more surprising correlation is with the….

更令人惊讶的相关性是……。

The most surprising aspect of the data is in the….

数据中最令人惊讶的是……。

The most striking result to emerge from the data is that….

从数据中得出的最显著的结果是……。

The correlation between X and Y is interesting because….

X 和 Y 之间的关系很有趣，因为……。

The single most striking observation to emerge from the data comparison was
….

从数据比较中得出的一个最引人注目的观察结果是……。

（六）报告调查问卷和访谈的结果
（Reporting results from questionnaires and interviews）

The response rate was 60% at six months and 56% at 12 months.

6 个月和 12 个月的有效率分别为 60% 和 56%。

Of the study population, 90 subjects completed and returned the question-naire.

在研究人群中，90 名受试者完成并返回了问卷。

Thirty-two individuals returned the questionnaires.

32 个人填写了问卷。

By the end of the survey period, data had been collected from 64 individu-als, 23 of whom were….

调查结束时，已收集了 64 个人的数据，其中 23 人是……。

This section of the questionnaire required respondents to give information on …

问卷的这一部分要求受访者提供关于……的信息。

Respondents were asked to indicate whether….

受访者被要求表明是否……。

Respondents were asked to suggest other reasons for….

受访者被问及……的其他原因。

There were 53 responses to the question: ' …?'

对这个问题有 53 个回答："?"

The total number of responses for this question was….

对这个问题的回答总数是……。

The overall response to this question was poor.

对这个问题的总体反应很差。

In response to the question: ' …?', a range of responses was elicited.

在回答这个问题时："……?"，引出了一系列的回答。

In response to Question 1, most of those surveyed indicated that….

对于问题 1，大多数受访者表示……。

The overall response to this question was very positive.

对这个问题的总体反应是非常积极的。

When the participants were asked……, the majority commented that….

当被问及……时，大多数人认为……。

Other responses to this question included….

对这个问题的其他回答包括……。

The majority of those who responded to this item felt that….

对这一问题作出答复的大多数人认为……。

70% of those who were interviewed indicated that….

70%的被访者表示……。

Almost two-thirds of the participants（64%）said that….

几乎三分之二的参与者（64%）说……。

Just over half of those who answered this question reported that….

回答这个问题的人中只有超过一半的人报告说……。

Over half of those surveyed reported that….

超过一半的被调查者报告说……。

Approximately half of those surveyed did not comment on….

大约一半的受访者没有对……发表评论。

Of the 62 participants who responded to this question, 30 reported an increase in….

62名参与者回答了这个问题，其中30人报告说……。

Of the 148 patients who completed the questionnaire, just over half indicated that….

在148名完成调查问卷的患者中，只有过半的人表示……。

A small number of those interviewed suggested that….

少数受访者认为……。

Only a small number of respondents indicated that….

只有一小部分受访者表示……。

Some participants expressed the belief that….

一些与会者认为……。

One individual stated that '…' And another commented '…'

一个人说"……"另一个评论说："……"

A minority of participants（17%）indicated that….

少数参与者（17%）表示……。

One participant commented：'…'

一位与会者评论道："……"

Another interviewee alluded to the notion of….

另一位受访者提到……。

（七）定性数据观察（Observations about qualitative data）

The themes of X and Y recurred throughout the dataset.

X 和 Y 的主题在数据集中反复出现。

Five broad themes emerged from the analysis.

分析中出现了五个主要主题。

Two discrete reasons emerged from this. First… Second. ….

由此产生了两个互不相关的原因。第一个……第二个……

A number of issues were identified….

发现了许多问题……。

This theme came up for example in discussions of….

这个主题就出现了，例如在讨论……。

A recurrent theme in the interviews was a sense amongst interviewees that….

采访中反复出现的一个主题是，受访者认为……。

These views surfaced mainly in what respects….

这些观点主要出现在哪些方面……。

Among interviewees, there was a sense of….

受访者中有……的感觉。

A variety of perspectives were expressed….

人们表达了各种各样的观点……。

A common view amongst interviewees was that….

受访者普遍认为……。

Issues related to X were not particularly prominent in the interview data.

与 X 相关的问题在访谈数据中并不是特别突出。

In their accounts of the events surrounding….

在他们对周围事件的描述中……。

As one interviewee said：….

正如一位受访者所说：……。

As one interviewee put it：….

正如一位受访者所说：……。

For example, one interviewee said：….

例如，一位受访者说：……。

Talking about this issue an interviewee said：….

谈到这个问题，一位受访者说：……。

Another interviewee, when asked… said：….

另一位受访者在被问到……时说：……。

The extract/comment below shows….

下面的摘录/评论显示……。

Some interviewees argued that… while others….

一些受访者认为，而另一些人认为……。

Some felt that… while others considered that….

一些人认为，而另一些人认为……。

Two divergent and often conflicting discourses emerged….

出现了两种分歧的、常常相互冲突的话语……。

Whilst a minority mentioned that… all agreed that….

只有少数人提到……所有人都同意……。

（八）过渡语句（Transition statements）

If we now turn to….

如果我们现在转向……。

A comparison of the two results reveals….

两种结果的比较表明……。

Turning now to the experimental evidence on….

现在我们来看看实验证据。

Comparing the two results, it can be seen that….

比较这两个结果，可以看出……。

The next section of the survey was concerned with….

调查的下一部分是关于……。

In the final part of the survey, respondents were asked….

在调查的最后一部分，受访者被问及……。

（九）总结和过渡（Summary and transition）

These results suggest that….

这些结果表明……。

Overall, these results indicate that….

总之，这些结果表明……。

Together these results provide important insights into….

综上所述，这些结果为我们了解……。

Taken together, these results suggest that there is an association between….

综上所述，这些结果表明……。

In summary, these results show that….

总之，这些结果表明……。

The results in this Chapter indicate that… The next Chapter, therefore, moves on to discuss the….

本章的结果表明……因此，下一章将继续讨论……。

二、讨论 Discussing Findings

（一）背景资料：参考文献或研究目的/问题（Background information：reference to literature or to research aim/question）

As mentioned in the literature review, ….

正如文献综述中提到的，……。

The third question in this research was….

这项研究的第三个问题是……。

Prior studies that have noted the importance of….

之前的研究已经注意到……的重要性。

An initial objective of the project was to identify….

该项目的最初目标是确定……。

Very little was found in the literature on the question of….

关于……问题的文献很少。

This study set out with the aim of assessing the importance of X in….

这项研究的目的是评估 X 在……中的重要性。

The first question in this study sought to determine….

这项研究的第一个问题试图确定……。

It was hypothesized that participants with a history of….

我们假设有…

The present study was designed to determine the effect of….

本研究旨在确定……的影响。

A strong relationship between X and Y has been reported in the literature.

文献报道了 X 和 Y 之间有很强的关系。

In reviewing the literature, no data was found on the association between X and Y.

在文献回顾中，没有发现关于 X 和 Y 之间关联的数据。

（二）结果陈述：通常参照结果部分

（Statements of result：usually with reference to results section）

The current study found that….

目前的研究发现……。

The most interesting finding was that….

最有趣的发现是……。

In this study, A were found to cause….

在这项研究中，A 被发现导致……。

The results of this study show/indicate that….

这项研究的结果表明……。

This experiment did not detect any evidence for….

这个实验没有发现任何证据证明……。

On the question of X, this study found that….

关于 X 问题，这项研究发现……。

The most important clinically relevant finding was….

最重要的临床相关发现是……。

Another important finding was that….

另一个重要的发现是……。

In the current study, comparing X with Y showed that the mean degree of….

在目前的研究中，将 X 与 Y 进行比较，可以看出……。

It is interesting to note that in all seven cases of this study….

有趣的是，在这项研究的所有七个案例中……。

The results of this study did not show that…/Did not show any significant increase in….

这项研究的结果没有显示……有任何显著的增长。

（三）意想不到的结果（Unexpected outcome）

Surprisingly, X was found to….

令人惊讶的是，X 被发现……。

What is surprising is that….

令人惊讶的是……。

One unanticipated finding was that….

一个意想不到的发现是……。

Surprisingly, no differences were found in….

令人惊讶的是,在……没有不同。

This finding was unexpected and suggests that….

这一发现出乎意料,表明……。

It is somewhat surprising that no X was noted in this condition….

有点令人吃惊的是,在这种情况下没有发现 X。

Contrary to expectations, this study did not find a significant difference between….

与预期相反,这项研究没有发现……。

However, the observed difference between X and Y in this study was not significant.

然而,在本研究中观察到的 X 和 Y 之间的差异并不显著。

However, the ANOVA (one way) showed that these results were not statistically significant.

然而,方差分析(一种方法)显示这些结果在统计学上不显著。

(四)参考以往支持性的研究(Reference to previous research: support)

These findings further support the idea of….

这些发现进一步支持了……。

This finding confirms the association between….

这一发现证实了……。

This study confirms that X is associated with….

这项研究证实 X 与……有关。

These results match those observed in earlier studies.

这些结果与早期研究中观察到的结果相吻合。

The results of this study will now be compared to the findings of previous work.

现在将把这项研究的结果与以前工作的结果进行比较。

The findings of the current study are consistent with those of Smith and Jones (2001) who….

目前的研究结果与史密斯和琼斯(2001)一致,他们……。

These results are consistent with those of other studies and suggest that….

这些结果与其他研究的结果一致，并表明……。

This finding supports previous research into this brain area which links X and Y.

这一发现支持了之前对连接 X 和 Y 的大脑区域的研究。

This finding corroborates the ideas of Smith and Jones（2008），who suggested that….

这一发现证实了 Smith 和 Jones（2008）的观点，他们认为……。

This finding is in agreement with Smith's（1999）findings which showed….

这一发现与史密斯（1999）的发现一致，该发现表明……。

It is encouraging to compare this figure with that found by Jones（1993）who found that….

将这一数字与琼斯（1993）的发现相比较是令人鼓舞的，他发现……。

Increased activation in the X in this study corroborates these earlier findings.

在这项研究中增加的 X 激活证实了这些早期的发现。

The present findings seem to be consistent with other research which found…
目前的发现似乎与其他研究发现的一致。

This also accords with our earlier observations, which showed that….

这也符合我们早先的观察结果，即……。

These results agree with the findings of other studies, in which….

这些结果与其他研究的结果一致，其中……。

In accordance with the present results, previous studies have demonstrated that….

根据目前的结果，之前的研究已经证明……。

The findings observed in this study mirror those of the previous studies that have examined the effect of….

这项研究的结果与之前的研究结果相呼应……效果。

This study produced results which corroborate the findings of a great deal of the previous work in this field.

这项研究产生的结果证实了这一领域以前大量工作的发现。

There are similarities between the attitudes expressed by X in this study and those described by（Smith, 1987, 1995）and Jones（1986）.

在本研究中 X 表达的态度与 by 描述的态度有相似之处（Smith，1987，1995）和 Jones（1986）。

（五）参考以往反驳性的研究

（Reference to previous research：contradict）

However, the findings of the current study do not support the previous research.

然而，目前的研究结果并不支持之前的研究。

This study has been unable to demonstrate that⋯.

这项研究未能证明……。

However, this result has not previously been described.

然而，这个结果以前没有被描述过。

In contrast to earlier findings, however, no evidence of X was detected. 然而，与早期的发现相反，没有发现 X 的证据。

These results differ from X's 2003 estimate of Y, but they are broadly consistent with earlier⋯.

这些结果与 X 2003 年对 Y 的估计不同，但它们与早些时候的……。

Although, these results differ from some published studies（Smith，1992；Jones，1996），they are consistent with those of⋯.

虽然，这些结果不同于一些已发表的研究（Smith，1992；琼斯，1996），他们是与……一致。

（六）对结果的解释（Explanations for results）

There are several possible explanations for this result.
对于这个结果有几种可能的解释。

A possible explanation for these results may be the lack of adequate⋯.
对这些结果的一个可能的解释可能是缺乏足够的……。

It is difficult to explain this result, but it might be related to⋯.
很难解释这一结果，但它可能与……。

There are, however, other possible explanations.
然而，还有其他可能的解释。

These factors may explain the relatively good correlation between X and Y.
这些因素可以解释 X 和 Y 之间相对较好的相关性。

These differences can be explained in part by the proximity of X and Y.

这些差异可以部分解释为 X 和 Y 的接近。

Some authors have speculated that···.

一些作者推测······。

A possible explanation for this might be that···.

对此可能的解释是······。

Another possible explanation for this is that···.

另一种可能的解释是······。

This result may be explained by the fact that···.

这一结果可以用······这个事实来解释。

It seems possible that these results are due to···.

这些结果似乎有可能是由于······。

This inconsistency may be due to···.

这种不一致可能是由于······。

This discrepancy could be attributed to···.

这种差异可以归因于······。

This rather contradictory result may be due to···.

这个相当矛盾的结果可能是由于······。

The observed increase in X could be attributed to···.

所观察到的 X 的增长可以归因于······。

Since this difference has not been found elsewhere it is probably not due to···.

由于这种差异在其他地方没有发现，所以可能不是由于······。

The observed correlation between X and Y might be explained in this way···.

观察到的 X 和 Y 之间的相关性可以这样解释······。

The reason for this is not clear but it may have something to do with···.

造成这种情况的原因尚不清楚，但可能与······。

There are two likely causes for the differences between···.

有两个可能的原因导致······。

The possible interference of X cannot be ruled out.

不能排除 X 可能的干涉。

（七）解释（interpretation）

These data must be interpreted with caution because···.

对这些数据必须谨慎解释，因为……。

These results therefore need to be interpreted with caution.

因此，需要谨慎地解释这些结果。

It is important to bear in mind the possible bias in these responses.

记住这些反应中可能存在的偏差是很重要的。

However, with a small sample size, caution must be applied, as the findings might not be transferable to….

然而，由于样本量小，必须谨慎，因为结果可能不是转移到……。

Although exclusion of A did not reduce the effect on X, these results should be interpreted with caution.

虽然排除 A 并没有减少对 X 的影响，但这些结果应该用谨慎。

（八）建议（Suggesting general hypotheses）

The value of X suggests that a weak link may exist between….

X 的值表明……之间可能存在微弱联系。

It is therefore likely that such connections exist between….

因此，在……之间很可能存在这样的联系。

It can thus be suggested that….

因此，我们可以建议……。

It is possible to hypothesise that these conditions are less likely to occur in….

可以假设，这些条件不太可能发生在……。

It is possible/likely/probable therefore that….

因此，很有可能……。

Hence, it could conceivably be hypothesised that….

因此，可以设想……。

These findings suggest that….

这些发现表明……。

It may be the case therefore that these variations….

因此，这些变化可能是……。

In general, therefore, it seems that….

总之，因此，似乎……。

It is possible, therefore, that….

因此，有可能……。

Therefore, X could be a major factor, if not the only one, causing….

因此，X 可能是一个主要因素，如果不是唯一的因素，导致……。

It can therefore be assumed that the….

因此，可以假定……。

This finding, while preliminary, suggests that….

这一发现虽然是初步的，但表明……。

(九) 启示/意义 (Noting implications)

This finding has important implications for developing….

这一发现对发展……有重要意义。

An implication of this is the possibility that….

这其中的隐含意义是……。

One of the issues that emerges from these findings is….

从这些发现中出现的问题之一是……。

Some of the issues emerging from this finding relate specifically to….

这一发现引发的一些问题与……。

This combination of findings provides some support for the conceptual premise that….

这些发现的结合为概念前提提供了一些支持，即……。

These findings may help us to understand….

这些发现可能有助于我们理解……。

These results provide further support for the hypothesis that….

这些结果进一步支持了……的假设。

(十) 对结果的评论 (Commenting on findings)

However, these results were not very encouraging.

然而，这些结果并不十分令人鼓舞。

These findings are rather disappointing.

这些发现相当令人失望。

The test was successful as it was able to identify students who….

这个测试很成功，因为它能够识别出那些……。

The present results are significant in at least major two respects.

目前的结果至少在两个主要方面具有重大意义。

These findings will doubtless be much scrutinized, but there are some immediately dependable conclusions for….

这些调查结果无疑将受到仔细审查，但有一些立即可靠结论……。

The results of this study do not explain the occurrence of these adverse events.

本研究的结果不能解释这些不良事件的发生。

（十一）对未来工作的建议（Suggestions for future work）

Further work is required to establish this.

需要进一步的工作来确定这一点。

This is an important issue for future research.

这是未来研究的一个重要问题。

Several questions remain unanswered at present.

目前有几个问题仍未得到回答。

There is abundant room for further progress in determining….

在决定……方面有很大的进展空间。

Further research should be done to investigate the….

应该做进一步的研究来调查……。

Research questions that could be asked include….

可以问的研究问题包括……。

Future studies on the current topic are therefore recommended.

因此，建议对当前主题进行进一步研究。

A further study with more focus on X is therefore suggested.

因此，建议对 X 进行进一步研究。

Further studies, which take these variables into account, will need to be undertaken.

需要进行进一步的研究，将这些变量考虑在内。

In future investigations, it might be possible to use a different X in which….

在未来的调查中，可能会使用不同的 X，其中……。

In further research, the use of this data as X could be a means of….

在进一步的研究中，使用这些数据作为 X 可以成为……。

However, more research on this topic needs to be undertaken before the association between X and Y is more clearly understood.

然而，在 X 和之间的关联之前，还需要对这一主题进行更多的研究 Y 更容易理解。

第十一章　"结论"的撰写

当读者阅读了你的论文的选题背景、文献综述、研究方法、研究结果与讨论后，可以说已经完全了解了你的全部研究。但是，由于记忆力所限，他们也需要一个高度精炼、高度概括的论文要点，为了达到这一目的，需要撰写论文的结论，所以论文的结论就是帮助读者通过高度概括的形式完整地回顾论文的主要内容。也许，有人认为前面章节的内容已经非常翔实，最后再重述一遍，有必要吗？一般来说，最后的章节是印象最深的一个部分，而且许多读者可能没有时间从头至尾看完，需要在最短的时间内抓住你所研究的高度概括的结论。而且这一部分内容的优劣对论文质量的评估也是非常重要的。

第一节　概论

一般情况下，结论部分包括四个方面的内容：主要研究成果、研究的启示或意义、研究的局限性及对未来研究的建议。

一、主要研究成果

主要研究成果有时也称为主要研究发现，它的主旨是将最重要的研究结果进行全面总结。需要说明的是有的研究者把研究结果那一章节的小结内容一字不漏地再重复一遍，这是不正确的。根据文秋芳的观点，这一部分有两种写法：一种做法是先把研究问题重复一遍，这里只需要交代总的问题，而不需要说明总问题下面的具体细节。接着根据总的问题，把主要研究成果列出来。一般的做法是根据主要研究问题的顺序，逐一报告主要成果。另一种做法是，不受原来研究问题的限制，将主要的研究结果进行归纳总结。

我们可以选择其中任何一种写法，但是大家需要记住一点：在论文结论的写作中不需要使用行话、术语和摘抄前面研究结果中的统计数字，需要的是非简明扼要、高度浓缩的叙述。撰写的过程中，需要根据研究问题按照层次逐条逐点的进行，除了报告与研究问题相关的研究成果外，也可以报告预想不到的研究结果。

二、研究的启示或意义

阐述该研究的意义的时候，需要综合各项研究结果，从宏观角度进行论述，给读者一个完整的图像。从语言学习或教学方面阐述这项研究的给我们这个领域带来的"好处"，也就是你的研究能为大家做什么。

三、研究的局限性

我们在做自己的研究时，总是想尽办法使其完美、科学、系统，可是在现实研究中，总是要受到各个方面的约束，如环境因素、选样因素、研究工具、统计方法等。为了使以后的研究更加科学，我们应该实事求是地汇报一下自己的研究在什么地方受到了限制，这也是给后面的研究者提供一个"注意事项"，以避免疏忽大意引发错误。

四、对未来研究的建议

对未来研究的建议包括宏观建议和微观建议。换句话说，建议既要涉及研究的总趋势，又要提出具体的研究建议。建议的问题要求要与论文中的研究相关，必须是真正需要研究的问题。语言学研究是一个特别复杂的领域，每一个人的研究犹如沧海一粟，所以由此而引发的下一步的研究是存在的。研究者指出自己对未来研究的建议可以帮助其他研究者很快地找到研究中存在的问题。

五、小结

引言部分包含选题背景、研究的总体描述、研究的必要性及论文的总体框架。文献综述包含的关键术语界定、研究的理论依据、研究主题相关的研究现状及评价，最终展现自己研究的必要性。研究方法包含研究问题、研究对象、研究工具、收集数据和分析数据的方法、研究过程等。研究结果与讨论需要按照研究问题的顺序来安排布局，只报告那些能回答研究问题的研究结果，然后讨论这一部分应该对研究结果进行合理的解释，并作出相应评价。结论这一章是总结主要的研究结果，阐述其研究的启示或意义、自己研究的局限性、对未来的研究建议等。与上一章不同的是，结论这一章的撰写要紧紧抓住本项研究的大问题进行高度概括，因此语言上要求高度精炼、简明扼要。

第二节　案例分析

本案例分析的期刊论文为天津外国语大学白丽茹发表于《山东外语教学》2017年第5期的《英语语法/词汇能力与听力理解能力潜在关系研究》为例说明"结论"的撰写。

一、学术论文类

一般情况下，结论部分包括：主要研究成果、本项研究的启示或意义、研究的局限性及对未来研究的建议。但是期刊论文由于版面的限制，不一定把这四项内容都包含在内，往往视情况而定；但是主要研究成果和研究的意义或启示是必须要有的，请阅读白丽茹发表于《山东外语教学》2017年第5期的《英语语法/词汇能力与听力理解能力潜在关系研究》的结论。

研究结论。

本研究尝试探讨了语法能力/技能和词汇能力/技能与听力理解能力/技能/类型潜在关系，研究结论如下：语法能力/技能和词汇能力/技能与听力理解能力/技能/类型均存在显著的正相关，但变量间相关关系程度存在个体差异；语法认知技能和语法应用技能对听力理解能力/技能/类型均具有显著的预测作用，语法认知技能解释力大于语法应用技能；词汇应用技能是听力理解能力/技能/类型显著的预测指标，而词汇认知技能仅对听力词语识别技能具有一定的解释力；语法认知技能和词汇应用技能对听力理解能力/技能/类型均具有显著的预测作用，两个变量的联合对听力理解能力/技能

/类型具有显著的解释力，但贡献率彼此存在个体差异。本研究结果对我国大学低年级英语听力理解技能课的教与学具有如下启示：语法能力和词汇能力在大学低年级英语听力理解的学习过程中具有举足轻重的作用，是低年级英语学习者听力理解能力发展和提高的基础；语法能力和词汇能力的强与弱是低年级英语学习者听力理解水平高低的较好预测指标，语法能力和词汇能力表现欠佳是阻碍低年级英语学习者听力理解能力发展与提高的核心缺陷之一。因此，英语听力理解技能课教师在强化听力理解技能训练和培养学习者良好听力学习策略的同时，既要鼓励学生不断扩大英语词汇量，不断提高英语词汇认知技能和词汇应用技能，还需要不断地向学生灌输英语语法能力对听力理解学习的重要性，培养学生目的语的语法意识，鼓励学生夯实目的语的语法知识，加强语法应用能力训练，激发学生在听力理解过程中有意识激活语法知识以便准确理解文本内容，进而从本质上提高大学低年级英语学习者英语听力理解能力及听力理解水平。

通过此结论我们可以看出结论的前半部分为研究结论，作者叙述清楚、语言凝练，一句话写明了研究结论，其中包含四层意思，用分号隔开，在这里我们可以总结出作者将研究问题凝练为一个主题，然后对自己的研究结论进行了高度总结。紧接着作者就对此结论对教学到来的启示进行了总结：语法能力和词汇能力在大学低年级英语听力理解的学习过程中具有举足轻重的作用，是低年级英语学习者听力理解能力发展和提高的基础；语法能力和词汇能力的强与弱是低年级英语学习者听力理解水平高低的较好预测指标，语法能力和词汇能力表现欠佳是阻碍低年级英语学习者听力理解能力发展和提高的核心缺陷之一。最后作者指出在教学中我们应该怎么做和能够达到的目的（论文结论的最后一句话）。我们可以看出整个写作逻辑严密，凝练性强。

二、学业论文

下面以李文同学的硕士毕业论文——《基于"投入量假设"的不同阅读任务对词汇附带习得的实证研究》为例来说明"结论"的撰写。

首先和期刊论文相比，毕业论文的结论部分从文字量和内容上来说要更加详细和全面复杂。文章章节名称后为本章主要内容概述。

第六章　结论

在本章中，作者将对当前的研究进行总结。本研究的主要发现、教学启示、局限性及对未来研究的建议，将由以下四个部分来阐述及说明结论部分。

6.1 主要发现

本研究旨在探讨不同参与负荷下的阅读任务对双语初中生英语认知能力的影响，

并探讨初中生在完成不同阅读任务时的词汇学习策略情况。从详细的结果分析和讨论来看，不同的阅读任务和不同的投入负荷对初中汉语双语学生英语词汇附带习得的主要研究结果如下：

（1）本研究结果部分符合 Laufer 和 Hulstijn 的 ILH。一方面，不可否认的是，任务负荷的高低对初中双语学生的 IVA 有影响，但并不意味着越高越好。在即时测试中，任务 4 的负荷最高，但并没有很好地提高被试的 IVA。出人意料的是，任务 3（参与负荷指数为 3）对短期记忆中的英语词汇附带习得效果优于其他任务。另一方面，在短期记忆的 IVA 中，高负荷的任务（任务 3 和任务 4）比低负荷的任务（任务 1 和任务 2）要好得多，这一点也不奇怪。结果表明，高投入负荷的任务能使被试对目标词进行更深入、更彻底的加工。

（2）通过后测可以看出，任务 3 仍然是保持被试长期记忆最有效的方式。本研究的后测结果也部分验证了 ILH。一方面，高负荷的任务（任务 3 和任务 4）在长期记忆中的表现优于低负荷的任务（任务 1 和任务 2）。另一方面，任务 3 对长期记忆的影响优于其他任务，包括任务 4。产生这种现象的原因并不在于任务的涉入量，而在于任务能否引导被试产生更多的认知能力，积极地尝试刺激自己的内在知识并与目标词建立联系。

（3）在词汇记忆效果方面，我们不难发现，前两个投入负荷相对较低的任务比后两个投入负荷相对较高的任务的效果要好得多。两周后，受试者记忆中的词汇被慢慢移除。造成这一现象的原因，我们已经在上面作过分析。任务 1 和任务 2 似乎是相对更有效的记忆词汇的方法。这说明，及时的复习和巩固在词汇记忆中发挥着不可或缺的作用。

（4）从本问卷的结果分析和调查可知，不同参与负荷的阅读任务对二语学习者的词汇学习策略起着至关重要的作用。不同任务组根据任务要求使用不同种类的词汇学习策略。研究结果表明，不同参与负荷的任务会影响二语学习者的词汇学习策略，从而对二语学习者的英语词汇学习方法进行控制和调节。二语学习者所采用的词汇学习策略与投入负荷的三个要素的关系更为密切。

研究的主要发现是结论的主体部分，从作者的写作上看，在这一部分的撰写中，作者首先用凝练的语言概括了自己的研究目的与问题。然后分为四个层次进行论述。在叙述结论的过程中建议大家根据意思进行分层次论述，不可过于笼统，让读者感到冗长、繁琐。分层次叙述既清楚又明了。同时叙述的时候一定要做到语言简练，概括。

6.2 教学的启示

从以上的结果分析，我们可以得出结论，ILH 倾向于部分正确，并不能适用于该研究中的初中语文双语学生的所有情况。我们必须对具体问题作具体分析。但总体而言，本研究结果对英语词汇的教学有一定的指导意义。

首先，英语教师和 ESL 学习者可以设计或选择一些与目标词汇相关的合适的阅读任务，不同涉入量的阅读任务对英语附带词汇习得的效果并不是越高越好。所以，英语教师和英语学习者应以年龄特征、英语水平等因素为前提，选择合适的阅读任务，最大限度地提高附带习得的英语词汇量。

第二，英语教师应注意目标单词的重复率，并有意识地提高新单词的重复率。例如，英语教师最好为学生选择与目标词相关的主题的阅读任务，这样可以提高生词的重复率，从而加强附带性英语词汇习得。另一方面，鉴于词汇的保留受时间的影响较为明显，英语教师应该为 ESL 学习者创造和提供更多的机会来复习和巩固已经掌握的单词。只有这样，才能提高 ESL 学习者英语词汇知识的记忆能力。

第三，中国有句老话，"授人以鱼不如授人以渔"。英语教师的首要职责，不仅需要教授英语词汇，而且还要指导有价值的学习方法。不同的任务和不同的投入负荷可以刺激学生使用不同的词汇学习策略。从这个角度来看，作为英语教师，我们应该充分地利用这些有用的策略，促进 ESL 学习者附带习得英语词汇，积极地用未知词汇激活他们的内在知识，从而深入、彻底地维护目标词汇。

最后，从结果分析和调查可知，附带英语词汇习得对自主习得的影响并不好。因此，如果我们把它和有意识的词汇习得结合起来，可能会更好。众所周知，IVA 重视言语所传达的交际意义。而有意识的词汇习得则强调词汇的形式规则和要素，依赖于死记硬背。在本研究中，词汇保留对长期记忆的影响要弱于短期记忆。因此，单靠 IVA 是不够的。而对教学的启示或建议是，在有效利用 IVA 的同时，结合有意识的词汇习得。

6.3 本研究的局限性

本研究之间的差异和先前的研究选择中国双语小学学生为符合条件的研究对象，选择教材的阅读材料，以调查影响不同的阅读任务不同参与负载 IVA 和他们的词汇学习策略。本研究结果已在以上进行了全面的讨论，并对 ILH 进行了部分测试，但本研究仍存在一些局限性，详见下文。

首先，本研究仅选取洛阳市一所双语初中五个自然班的 186 名三年级学生，其中前四个班的 145 名学生作为目标群体，五班的 41 名学生仅用于试点研究。由于本研究的抽样范围较小，研究结果不能代表整个初中双语学生。因此，还需要进一步的研究，从双语教学的实际情况出发，对这一假设进行检验和验证。

其次，英语词汇习得是一个从感觉记忆到短期记忆再到长期记忆的语言熟练度的过程。研究实施的持续时间不够长。后测仅在两周后进行。我们不确定实验实施对 IVA 是否有更深刻和更持久的影响。

第三，必须指出，词汇知识包括形态知识、语义知识、搭配知识、语法知识、联想知识和内涵知识等。而目前的研究范围比较狭窄。

6.4 对未来研究的建议

在未来的研究中，我们不仅要避免本研究的局限性，还要考虑到其他一些重要的方面。

一方面，在本研究中，笔者仅根据初中双语学生的母语水平调查了不同阅读任务对母语水平的影响。至于其他类型的任务，如听、说、写的任务是否会对这类被试的母语水平产生影响，目前还不清楚。什么样的任务更有利于促进初中语文双语学生的词汇习得？

另一方面，本研究仅探讨了四种不同投入负荷的阅读任务对被试阅读能力的影响。但关键问题是如何量化涉入负荷指数，需求、搜索和评价三个因素对词汇习得的影响是否处于相同的显著水平。这些问题都需要进一步研究。

最后，我们希望本研究能为丰富二语习得做出贡献，未来的研究应重视本研究领域的建议，找出一种有效的、简单的方法来促进词汇的教与学。

在主要发现、教学启示、本研究的局限性和对未来研究的建议方面，作者也做到了根据意思进行分层次论述，语言简练、概括性强。在写作过程中一定要做到紧密结合自己的研究，不可离题。

第三节　常用表达

在本节，英文在研究结论部分所用的时态为一般现在时，语态主要为被动语态。在描写过程时使用不定式表目的，应正确使用方式副词、表时间和顺序的副词等。

Results Report（结果汇报）常用表达举例如下。

一、重述研究目的（Restatement of aims）

This paper has argued that⋯.
这篇论文认为⋯⋯。
This study set out to determine⋯.
这项研究旨在确定⋯⋯。
This essay has discussed the reasons for⋯.
这篇文章讨论了⋯⋯的原因。
The present study was designed to determine the effect of⋯.
本研究旨在确定⋯⋯的影响。
The main goal of the current study was to determine⋯.
当前研究的主要目标是确定⋯⋯。
In this investigation, the aim was to assess⋯.

在这次调查中，目的是评估……。

The purpose of the current study was to determine….

当前研究的目的是确定……。

This project was undertaken to design… and evaluate….

这个项目被委托设计……和评估……。

Returning to the hypothesis/question posed at the beginning of this study, it is now possible to state that….

回到本研究开始时提出的假设/问题，现在有可能陈述……。

二、归纳研究发现（Summarising research findings）

This study has shown that….

这项研究表明……。

The investigation of X has shown that….

对 X 的调查表明……。

These findings suggest that in general….

这些发现表明，总的来说……。

One of the more significant findings to emerge from this study is that….

这项研究得出的一个更重要的发现是……。

It was also shown that….

研究还表明……。

This study has found that generally….

这项研究发现，一般来说……。

The relevance of X is clearly supported by the current findings.

目前的调查结果清楚地证明了 X 的相关性。

This study/research has shown that….

这项研究表明……。

The second major finding was that….

第二个主要发现是……。

The results of this investigation show that….

这项调查的结果表明……。

The most obvious finding to emerge from this study is that….

这项研究最明显的发现是……。

X, Y and Z emerged as reliable predictors of…

X, Y 和 Z 是……的可靠预测。

Multiple regression analysis revealed that the…

多元回归分析表明……。

It is apparent from this table that very few…

从这张表中可以明显看出，很少有……。

三、建议启示（Suggesting implications）

The evidence from this study suggests that…

这项研究的证据表明……。

The following conclusions can be drawn from the present study…

从目前的研究中可以得出以下结论……。

The results of this study indicate that…

这项研究的结果表明……。

The results of this research support the idea that…

这项研究的结果支持了……。

In general, therefore, it seems that…

总之，因此，似乎……。

Taken together, these results suggest that…

综合起来，这些结果表明……。

An implication of this is the possibility that…

这其中的隐含意义是……。

The findings of this study suggest that…

这项研究的结果表明……。

四、研究结果的意义或研究贡献（Significance of the findings or research contribution）

This research extends our knowledge of…

这项研究扩展了我们对……的知识。

The present study makes several noteworthy contributions to···.

目前的研究对······作出了几项值得注意的贡献。

This work contributes to existing knowledge X by providing···.

该工作通过提供······对现有知识 X 作出贡献。

The present study provides additional evidence with respect to···.

本研究为······提供了更多的证据。

The current findings add to a growing body of literature on···.

目前的研究结果为越来越多的关于······。

The study has confirmed the findings of Smith et al. (2001) which found that···.

该研究证实了 Smith et al. (2001) 的研究发现······。

The findings from this study make several contributions to the current literature. First, ···.

本研究的发现对当前的文献作出了一些贡献。首先，······。

These findings enhance our understanding of···.

这些发现增进了我们对······。

The study has gone some way towards enhancing our understanding of···.

这项研究在一定程度上提高了我们对······。

The X that we have identified therefore assists in our understanding of the role of···.

因此，我们所确定的 X 有助于我们理解······。

The empirical findings in this study provide a new understanding of···.

这项研究的实证结果提供了对······的新理解。

The key strengths of this study are its long duration and···.

这项研究的主要优点是持续时间长······。

This is the first study reporting an advantage in those who···.

这是第一个报告那些······。

This is the first time that X has been used to explore···.

这是 X 第一次被用来探索······。

This is the largest study so far documenting a delayed onset of···.

这是迄今为止规模最大的记录了······。

This study has demonstrated, for the first time, that···.

这项研究第一次证明了······。

The analysis of X undertaken here, has extended our knowledge of···.

此处进行的 X 分析扩展了我们对······的了解。

This research will serve as a base for future studies and···.

这项研究将作为未来研究的基础和······。

The methods used for this X may be applied to other Xs elsewhere in the world.

这个 X 的使用方法可能适用于其他 X 在世界其他地方。

Taken together, these findings suggest a role for X in promoting Y.

综上所述，这些发现表明 X 在促进 Y 方面的作用。

The present study confirms previous findings and contributes additional evidence that suggests···.

目前的研究证实了之前的发现，并提供了更多的证据表明······。

This research has several practical applications. Firstly, it points to···.

这项研究有几个实际应用。首先，它指向······。

五、调查结果的意义 (Significance of the findings with a qualification)

Whilst this study did not confirm X, it did partially substantiate···.

虽然这项研究没有证实 X，但它确实部分证实了······。

Despite its exploratory nature, this study offers some insight into···.

尽管这项研究具有探索性，但它提供了一些关于······。

Although the current study is based on a small sample of participants, the findings suggest···.

虽然目前的研究是基于一个小样本的参与者，研究结果表明······

Notwithstanding these limitations, the study suggests that···.

尽管有这些局限性，研究表明······有趣的是，X 被观察到······。

六、本研究的局限性 (Limitations of the current study)

Finally, a number of important limitations need to be considered. First, ···.

最后，需要考虑一些重要的限制。首先，……。

The findings in this report are subject to at least three limitations. First，…Thirdly，….

本报告的调查结果至少有三个局限。首先，……第三，……。

The generalisability of these results is subject to certain limitations. For instance，….

这些结果的可推广性受到一定的限制。例如，……。

The most important limitation lies in the fact that….

最重要的限制在于……。

The major limitation of this study is the low response rate.

本研究的主要局限性是反应率低。

A limitation of this study is that the numbers of subjects and controls were relatively small.

这项研究的局限性是被试和对照组的人数相对较少。

Several limitations to this pilot study need to be acknowledged. The sample size is….

需要承认的是，这项初步研究有几个局限性。样本容量为……。

This limitation means that study findings need to be interpreted cautiously.

这一局限性意味着需要谨慎地解释研究结果。

The current study has only examined….

目前的研究只调查了……。

The current investigation was limited by….

目前的调查局限于……。

The current study was unable to analyse these variables.

目前的研究无法分析这些变量。

The current research was not specifically designed to evaluate factors related to….

目前的研究并不是专门设计来评估与……。

The study is limited by the lack of information on….

由于缺乏关于……的信息，这项研究受到了限制。

The scope of this study was limited in terms of….

这项研究的范围在……方面是有限的。

However, these findings are limited by the use of a cross sectional design.

然而，由于采用了横断面设计，这些发现受到了限制。

The project was limited in several ways. First, the project used a convenience sample that….

这个项目在几个方面受到了限制。首先，该项目使用了一个方便的样本……。

The sample was nationally representative of X but would tend to miss people who were….

该样本是 X 的全国代表，但往往会错过那些……。

However, with a small sample size, caution must be applied, as the findings might not be transferable to….

然而，由于样本量小，必须谨慎，因为结果可能不是转移到……。

These results may not be applicable to….

这些结果可能不适用于……。

It is unfortunate that the study did not include….

不幸的是，这项研究没有包括……。

The main weakness of this study was the paucity of….

这项研究的主要缺点是……。

An arguable weakness is the arbitrariness in our definition of….

我们对……的定义任意性是一个值得争论的弱点。

An issue that was not addressed in this study was whether….

本研究中未提及的一个问题是是否……。

A number of caveats need to be noted regarding the present study.

关于本研究有一些需要注意的事项。

One source of weakness in this study which could have affected the measurements of X was….

本研究中可能会影响 X 测量值的一个弱点是……。

Although the study has successfully demonstrated that……, it has certain limitations in terms of….

尽管这项研究成功地证明了……，它在……方面有一定的局限性。

七、对进一步研究工作的建议（Recommendations for further research work）

This research has thrown up many questions in need of further investigation.
这项研究提出了许多有待进一步研究的问题。

What is now needed is a cross-national study involving···.
现在需要的是一项跨国研究，包括……。

More broadly, research is also needed to determine···.
更广泛地说，还需要研究来确定……。

More research is needed to better understand when implementation ends and···.
需要更多的研究来更好地理解何时结束执行和……。

More research is required to determine the efficacy of···.
需要更多的研究来确定……的功效。

It would be interesting to assess the effects of···.
评估……的影响会很有趣。

It would be interesting to compare experiences of individuals within the same··· .
比较同一个人的经历会很有趣。

It is recommended that further research be undertaken in the following areas：
建议在下列领域进行进一步的研究：

It is suggested that the association of these factors is investigated in future studies.
这些因素的相关性有待进一步研究。

Further work needs to be done to establish whether···.
需要做进一步的研究来确定是否……。

Further research is needed to account for the varying···.
需要进一步的研究来解释……。

Further research might explore/investigate···.
进一步的研究可能会探索/调查……。

Further research in this field would be of great help in···.

在这一领域的进一步研究将对……有很大帮助。

Further research regarding the role of X would be worthwhile/interesting.

关于 X 的角色的进一步研究是值得/有趣的。

Further investigation and experimentation into X is strongly recommended.

强烈建议对 X 进行进一步的研究和实验。

Further experimental investigations are needed to estimate….

需要进一步的实验调查来估计……。

A further study could assess the long-term effects of….

进一步的研究可以评估……的长期影响。

Further research needs to examine more closely the links between X and Y.

进一步的研究需要更仔细地检查 X 和 Y 之间的联系。

Future trials should assess the impact of….

未来的试验应该评估……。

Future research should therefore concentrate on the investigation of….

因此，未来的研究应该集中在……。

A future study investigating X would be very interesting.

未来关于 X 的研究将会非常有趣。

A number of possible future studies using the same experimental set up are apparent.

很明显，未来可能会有许多使用相同实验设置的研究。

Another possible area of future research would be to investigate why….

未来研究的另一个可能领域是调查为什么……。

A natural progression of this work is to analyse….

这项工作的一个自然进展是分析……。

These findings provide the following insights for future research：….

这些发现为未来的研究提供了以下见解：……。

The precise mechanism of X in learning remains to be elucidated.

X 在学习中的确切作用机制还有待阐明。

Considerably more work will need to be done to determine….

要确定……还需要做相当多的工作。

The issue of X is an intriguing one which could be usefully explored in further research.

X 问题是一个有趣的问题，可以在进一步的研究中进行有益的探索。

Large randomised controlled trials could provide more definitive evidence.

大型随机对照试验可以提供更明确的证据。

A greater focus on X could produce interesting findings that account more for….

对 X 的更多关注会产生有趣的发现，从而解释……。

More information on X would help us to establish a greater degree of accuracy on this matter.

更多关于 X 的资料将有助于我们在这个问题上建立更大程度的准确性。

If the debate is to be moved forward, a better understanding of X needs to be developed.

如果要推进这场辩论，就需要更好地理解 X。

I suggest that before X is introduced, a study similar to this one should be carried out on….

我建议在引入 X 之前，应该对……进行类似的研究。

八、对实践或政策的暗示或建议（Implications or recommendations for practice or policy）

Other types of X could include：a)、b) ….

其他类型的 X 可以包括：a)、b) ……。

therefore, a definite need for….

因此，肯定需要……。

Moreover, more X should be made available to….

此外，应该提供更多的 X 给……。

Another important practical implication is that….

另一个重要的实际含义是……。

Unless governments adopt X, Y will not be attained.

除非各国政府采用 X，否则就无法实现 Y。

These findings suggest several courses of action for….

这些发现为……提出了几条对策。

A reasonable approach to tackle this issue could be to….

解决这一问题的合理方法是……。

There are a number of important changes which need to be made.

有许多重要的改变需要去做。

A key policy priority should therefore be to plan for the long – term care of···.

因此，一项关键的优先政策应该是为······的长期照料作出计划。

This information can be used to develop targetted interventions aimed at···.

这些信息可用于制定针对······的有针对性的干预措施。

Taken together, these findings do not support strong recommendations to···.

综上所述，这些发现并不支持对······。

An implication of these findings is that both X and Y should be taken into account when···.

这些发现的一个暗示是，当······时，X 和 Y 都应该被考虑进去。

The findings of this study have a number of important implications for future practice.

本研究的发现对未来的实践有许多重要的启示。

参考文献

[1] Coady, James & Thomas Huckin. (Eds.). *Second Language Vocabulary Acquisition* [M]. Cambridge: Cambridge University Press. 1997.

[2] Craik, F. I. M. & Lockhart, R. S. Levels of processing: A framework for memory research [J]. *Journal of Verbal Learning and Verbal Behavior*, 1972 (11): 671-684.

[3] Craik, F. I. M. & Tulving, E. Depth of processing and the retention of

[4] words in episodic memory [J]. *Journal of Experimental Psychology: General 104,* 1975: 268-294.

[5] Dr. John Morley. Academic Phrasebank : A compendium of commonly used phrasal elements in academic English in PDF format ,2014b edition.

[6] Dupuy, B. & S. Krashen. Incidental vocabulary acquisition in French as foreign language [J]. *Applied Language Learning*, 1993(4): 55-63.

[7] Elley, W. B. Vocabulary acquisition from listening to stories [J]. *Reading Research Quarterly*, 1989, 24(2):174-187.

[8] Elley, W. B. Acquiring Literacy in a Second Language: The Effect of Book-Based Programs [J]. *Language Learning,* 1991, 41(3): 375-411.

[9] Eysenck, M. W. Incidental learning and orienting tasks. In C. R. Puff (Ed.). *Handbook of research methods in human memory and cognition.* New York: Academic Press. 1982: 197-228.

[10] Gibson, R. E. The strip story: A catalyst for communication [J]. *TESOL Quarterly,* 1975(9): 149-154.

[11] GiovannaD. Foreign language learners: words they hear and words they learn: a case study [J]. 2007(7): 103-125.

[12] Gu, Y. & Johnson, R. K. Vocabulary learning strategies and language learningoutcomes [J]. *Language Learning* 1996, 46(4): 643-679.

[13] Hirsh, D. and Nation, I. S. P. What Vocabulary Size is Needed to Read Texts Unsimplified Texts for Pleasure [J]. *Reading in a Foreign Language*

, 1992, 8(2): 689-696.

[14]Joe, A. What effects do text-based tasks promoting generation have on incidental vocabulary acquisition? [J]. *Applied Linguistics* , 1998, (19): 357-377.

[15]Keating, G. D. Task effectiveness and word learning in a second language: The involvement load hypothesis on trial [J]. *Language Teaching Research* 2008, (12): 365-386.

[16]Kim, Y. J. The role of task-induced involvement and learner proficiency in L2 vocabulary acquisition [J]. *Language Learning* , 2008(58): 285-325

[17] Krashen, Stephen. Why Bilingual Education? [OL]. http://www.ericdigests. org/1997-3/bilingual. html(accessed 20/07/2009).

[18]Laufer, B. The development of passive and active vocabulary in second language: Same or different? [J]. *Applied Linguistics* , 1998, 19(2): 255-271.

[19]Laufer B. What's in a word that makes in hard or easy? Some intra-lexical factors affecting the difficulty of vocabulary acquisition [A]. In N. Schmitt and M. McCarthy (Eds). *Vocabulary: Description, Acquisition and Pedagogy* . [C]. Cambridge: Cambridge University Press, 1997, 140-155.

[20] Laufer, B. , & Hulstijn, J. H. 2001a. Incidental vocabulary acquisition in a second language: the construct of task . [J]. *Applied Linguistics* , 22 (1): 1-26.

[21] Laufer, B. & Nation, I. S. P. A vocabulary size test of controlled productive ability. *Language Testing*, 1998, (16): 33-51.

[22] Nation, I. S. P. and Hwang K. Where would general service vocabulary stop and special purposes vocabulary begin? [J]. *System* , 1995, 23 (1): 35-41.

[23] Nagy, W. E. , R. A. Herman & R. C. Anderson.. Learning words from context [J]. *Reading Research Quarterly* 1985, (20): 233-253.

[24] Newton, J. Task-based interaction and incidental vocabulary learning: A case study [J]. *Second Language Research*, 1995 (11): 159-177.

[25] Slamecka, N. J. & P. Graf. The generation effect when generation fails [J]. *Journal of Experimental Psychology: Human Learning and Memory* 1978 (4): 592-604.

［26］Pulido D. Modeling the Role of Second Language Proficiency and Topic Familiarity in Second Language Incidental Vocabulary Acquisition through Reading ［J］. *Language Learning* , 2003, 53 (2)：233-284.

［27］Wesche, M. & Paribakht, T. S. Assessing second language vocabulary knowledge：Depth versus breadth. ［J］. *Canadian Modern Language Review*, 1996. 53 (1)：13-40.

［28］Wilkins, D. A. *Linguistics in Language Teaching* ［M］. London：Edward Arnold. 1972：95

Wittrock, M. C. Learning as a general process ［J］. *Educational Psychologist* , 1974, 11 (1)：87-95.

［29］白丽茹. 英语语法/词汇能力与听力理解能力潜在关系研究 ［J］. 山东外语教学, 2017 (5).

［30］白丽茹. 英语句子逻辑连贯能力与英语写作水平潜在关系研究 ［J］. 外语研究, 2019 (1) .

［31］陈方樱, 沈思. 数据分析方法及 SPSS 应用 ［M］. 北京：科学出版社有限责任公司, 2016.

［32］陈向明. 质的研究方法与社会科学研究 ［M］. 北京：教育科学出版社, 2000.

［33］陈向明. 教师如何作质的研究 ［M］. 北京：教育科学出版社, 2001.

［34］陈新仁. 语用学与外语教学 ［M］. 北京：外语教学与研究出版社, 2013.

［35］陈成辉, 肖辉. "听说写一体"写作教学模式实验研究：模因论的视角 ［J］. 外语界, 2012 (6)

［36］段士平, 严辰松. 多项选择注释对英语词汇附带习得的作用 ［J］. 外语教学与研究, 2004 (3)：213-218.

［37］范钛, 陈小凡. 双语教学的理论与实践研究 ［J］. 西南民族大学学报, 2003 (10)：418-421.

［38］盖淑华. 词汇附带习得研究概述 ［J］. 解放军外国语学院学报, 2003 (2)：73-76.

［39］盖淑华. 英语专业学生词汇附带习得实证研究 ［J］. 外语教学与研究, 2003 (4)：282-286.

［40］侯冬梅. Involvement load hypothesis and senior middle school students' vocabulary retention ［J］. 陕西师范大学学报 (社会科学版), 2002

(2)：394-398.

[41] 黄川眉. 二语词汇认知过程中的附带习得研究综述 [J]. 牡丹江教育学院学报，2010 (5)：48-49.

[42] 黄燕. 检验"投入量假设"的实证研究-阅读任务对中国学生词汇记忆的影响 [J]. 现代外语，2004 (4)：386-394.

[43] 龚学臣. 试验统计方法及 SPSS 应用 [M]. 北京：科学出版社，2018.

[44] 桂诗春. 语言学方法论：实验方法 [M]. 北京：外语教学与研究出版社，2017.

[45] 教育部. 全日制义务教育普通高级中学英语课程标准 [Z]. 北京：北京示范大学出版社，2006.

[46] 韩宝成. 外语教学科研中的统计方法 [M]. 北京：外语教学与研究出版社，2004.

[47] 雷蕾，韦瑶瑜，叶琳，张梅. 非英语专业大学生通过写作附带习得词汇研究 [J]. 解放军外国语学院学报，2007 (7)：53-56.

[48] 李红，田秋香. 第二语言词汇附带习得研究 [J]. 外语教学，2005 (3)：52-56.

[49] 李文. 基于"投入量假设"的不同阅读任务对词汇附带习得的实证研究 [D]，延安大学，2014.

[50] 李燕. 不同投入量的任务对产出性词汇知识附带习得的作用 [J]. 外语教学理论与实践，2008 (2)：6-9.

[51] 刘江涛，刘立佳. SPSS 数据统计与分析应用教程：基础篇 [M]. 北京：清华大学出版社，2017.

[52] 刘润清. 外语教学中的科研方法 [M]. 北京：外语教学与研究出版社，2015.

[53] 马道山，肖立. 创新与探索：外语教学科研文集 [M]. 北京：世界图书出版公司，2016.

[54] 马广惠. 外语教学研究中的定量研究与定性研究 [J]. 洛阳工学院学报（社会科学版），1999 (04).

[55] 马庆国. 管理统计——数据获取、统计原理 SPSS 工具与应用研究 [M]. 北京：科学出版社，2017.

[56] 牛瑞英. 合作输出相对于阅读输入对二语词汇习得作用的一项试验研究 [J]. 现代外语，2009 (3).

[57] （美）伯克约翰逊，拉里克里斯滕森. 教育研究：定量、定性和

混合方法［M］. 马健生等译. 重庆：重庆大学出版社，2015.

［58］（美）克雷斯威尔. 研究设计与写作指导［M］. 崔延强译. 重庆：重庆大学出版社，2007.

［59］欧卫红 等. 双语教学论［M］. 北京大学出版社，2009.

［60］秦晓晴. 外语教学研究中定量研数据分析［M］. 武汉：华中科技大学版社，2003.

［61］秦晓晴，毕劲. 外语教学定量研究方法及数据分析［M］. 北京：外语教学与研究出版社，2015.

［62］王启龙，孙坚. 高校外语教学研究（第一辑）［M］. 北京：科学出版社，2018.

［63］王斌华. 双语教育与双语教学［M］. 上海教育出版社，2003.

［64］王改燕. 二语自然阅读词汇附带习得研究［J］. 解放军外国语学院学报，2009（5）：48-53.

［65］汪徽. 字幕对伴随性词汇习得的影响［J］. 外语电化教育，2005（102）：47-52.

［66］汪榕培. 英语词汇学高级教程［M］. 上海：上海外语教育出版社，2002.

［67］文秋芳. 应用语言学研究方法与论文写作［M］. 北京：外语教学与研究出版社，2004.

［68］文秋芳. 熟手型外语教师运用新教学理论的发展阶段与决定因素［J］《中国外语》2020（1）.

［69］文秋芳. 辩证研究与行动研究的比较［J］. 现代外语，2019（3）.

［70］吴江梅，彭工，鞠方安. 现代外语教学与研究（2017）［M］. 北京：中国人民大学出版社，2017.

［71］吴江梅，彭工，鞠方安. 现代外语教学与研究（2017）［M］. 北京：中国人民大学出版社，2017.

［72］武松，潘发明. SPSS统计分析大全［M］. 北京：清华大学出版社，2014.

［73］吴旭东. 学习任务能影响词汇附带习得吗？——"投入量假设"再探［J］. 外语教学与研究，2010（2）：109-116.

［74］吴建设，郎建国，党群. 词汇附带习得与"投入量假设"［J］. 外语教学与研究，2007（9）：360-366.

［75］向群星. 如何进行外语教学科研方法研究——评《外语教学中

的科研方法》[J]. 中国教育学刊, 2015 (07).

[76] 许洪. 词频对英语词汇附带习得的影响 [J]. 长春师范学院学报, 2006 (6): 105-110.

[77] 薛薇. SPSS 统计分析方法及应用 (第 4 版) [M]. 北京: 电子工业出版社, 2017.

[78] 谢龙汉. SPSS 统计分析与数据挖掘 (第 3 版) [M]. 北京: 电子工业出版社, 2017.

[79] 杨鲁新, 王素娥等. 应用语言学中的质性研究与分析 [M]. 北京: 外语教学与研究出版社, 2012.

[80] 杨为亮. 注重形式及纯形式教学法对词汇学习的影响, [D] 江南大学硕士论文, 2009.

[81] 翟丽霞. 伴随性习得与第二语言词汇学习策略研究 [J]. 山东师范大学外国语学院学报, 2002 (2): 100-102.

[82] 张黎. 教育统计的世界: 统计原理与 SPSS 应用 [M]. 北京: 新华出版社, 2017.

[83] 张屹, 周平红. 教育研究中定量数据的统计与分析——基于 SPSS 的应用案例解析 [M]. 北京: 北京大学出版社, 2015.

[84] 赵祥云. 高校外语教育中教学与科研的关系 [J]. 太原城市职业技术学院学报, 2009 (12).

[85] 郑晶, 魏兰, 康添俊. 图式理论与外语教学实证探究 [M]. 上海: 上海大学出版社, 2017.

[86] 周山. 论外语教学中科研理念的确立 [J]. 湘潭师范学院学报 (社会科学版), 2008 (04).

[87] 周勤. 不同投入量的任务对语块习得的影响 [J]. 湖南医科大学学报 (社会科学版), 2009 (1).